Alexander Kohlhaas

Der Matrix Schlüssel

Sprache:
Werkzeug zur Manipulation oder Heilung

amadeus-verlag.com

Amadeus Verlag GmbH & Co. KG
Birkenweg 4
74579 Fichtenau
www.amadeus-verlag.com
Email: amadeus@amadeus-verlag.com

Druck:
WirMachenDruck
Satz und Layout:
Jan Udo Holey
Umschlaggestaltung:
Amadeus Holey

ISBN 978-398562-024-1

Inhalt

Vorwort

„Familien zerbrechen, Ehepartner stehen sich fremd gegenüber, enge Eltern-Kind-Bindungen zerreißen“, titelt die *Zeit* im Jahr 2022 und weiß auch zu berichten, wer dafür die Verantwortung zu tragen habe:

> *„Wenn Angehörige oder Freunde in der Pandemie zu Anhängern von Verschwörungsmythen werden, sich zu Corona-Leugnern entwickeln, sind die Belastungsproben schwer, zerstört das selbst innigste Beziehungen.“*[1]

Dasselbe gilt für den Russland-Ukraine-Konflikt oder den Konflikt in Palästina; Meinungen prallen aufeinander und werden selten toleriert. Doch woran liegt das? Und wie innig kann die Beziehung zuvor tatsächlich gewesen sein, wenn sie zur schweren Belastungsprobe wird, nur weil Meinungen differieren? Solche äußeren Umstände offenbaren oft, dass sich die Betreffenden schon vor Ausbruch des Konflikts nicht wirklich aufeinander einlassen konnten. Vorher schon müssen unausgesprochene Missverständnisse oder Feindseligkeiten der Kommunikationspartner vorgelegen haben. Äußere Auslöser sind häufig nur ein Ventil, das Unsichtbare sicht- und fühlbar werden zu lassen, um den Druck endlich aus dem Kessel lassen zu dürfen. Die Auslöser sind als Erlaubnis zu verstehen, all die aufgestauten Emotionen endlich einmal auf den Mitmenschen abfeuern zu dürfen. Doch wer ist es, der diese Erlaubnis erteilt? Und woher stammen einerseits absolut übergriffiges und andererseits angepasstes und unterwürfiges Verhalten?

Wie entsteht Streit? Welche Mechanismen lassen die Situation immer weiter eskalieren und was könnten wir tun, damit es nicht so weit kommt? Wieso gewinnen Eltern einen Streit ihren Kindern gegenüber häufiger, insbesondere wenn er vor unbeteiligten Personen ausgetragen wird? Wie kann typisches Streitverhalten frühzeitig durchbrochen werden? Selbst wenn es zu Streit kommen sollte, werden Sie mit Hilfe dieses Buches Ihre Kommunikationspartner wesentlich besser entschlüsseln können. Welche Technik hilft, wenn unser Anliegen nicht berücksichtigt werden soll und wir mit Schein-Argumenten überhäuft werden? Wie kann die Magie eines Totschwätzers gegen ihn verwendet werden, so dass nicht sein Opfer, sondern er selbst am Ende der Diskussion völlig ermattet ist?

Doch selbst wenn wir Menschen uns aufeinander einlassen wollen

– ein echter Deeptalk könnte mit einer einzigen Frage hergestellt werden –

hapert es manchmal schlicht daran, dass wir uns missverstehen. Obwohl wir in der Tiefe Liebe füreinander empfinden, streiten wir im Alltag oft genug über Nichtigkeiten. Woran liegt das? Wo kommt es her? Nach der Lektüre dieses Buches wissen Sie mehr!

Die Spaltung der Gesellschaft, der Familien und der Menschen untereinander ist indessen politisch gewollt. Mit Ängsten, deren Ursachen entweder frei erfunden sind oder die die Politik durch ihr Handeln selbst zu verantworten hat, spaltet sie die Menschen gezielt. Ängste vor dem Klimawandel, vor einem Virus, das nie gefährlicher als eine Grippe war, vor Migration und Gewalt oder vor Krieg werden genutzt, um die Spaltung voranzutreiben. Befremdlich, dass so viele Religionen mit der Angst vor Gott werben. Doch wie heißt es so schön?

„Love and fear cannot exist in the same space.“

oder frei übersetzt:

„Liebe und Angst können nicht gemeinsam innerhalb eines Raumes existieren.“

Der Satz „*Divide et impera*“ bzw. „*Teile und Herrsche*“ könnte ein alter Hut sein, wenn seine Bedeutung in der Breite und Tiefe verstanden worden wäre. Doch so, wie Geschwister gegeneinander um die Gunst, oft missbrauchender, Eltern streiten und nicht die Eltern für ihr Leiden verantwortlich machen können, so standen sich bei den sogenannten Corona-Demonstrationen Menschen feindselig gegenüber und konnten teilweise nicht erkennen, wer für ihre missliche Lage zur Verantwortung zu ziehen gewesen wäre – und auch, welchen Teil sie selbst zu der Gesellschaftskrise beitrugen und beitragen. Denn die Gesellschaft an sich ist schwer erkrankt,[2] der Makrokosmos, also die gesellschaftliche Situation oder die Atmosphäre zwischen den Nationen oder innerhalb von geschäftlich geführten Betrieben, ist nur ein Spiegel des Mikrokosmos, also der Situation innerhalb der Familien, Partner- und Freundschaften. Doch wie weit ist die Krankheit schon vorangeschritten, wenn die Gesellschaft sich nicht nur an spaltende und diffamierende Wörter wie „*Verschwörungstheoretiker*“, „*Klimaleugner*“, „*Nazi*“, „*Reichsbürger*“, „*Esoteriker*“ *oder* „*Querdenker*“ gewöhnt hat, sondern neuerdings Begriffe wie „*Friedensschwurbler*“ in den Wortschatz des gewöhnlichen Bundesrepublikaners übernommen werden sollen? Welche Folgen haben solche Begriffe für den gesellschaftlichen und individuellen Frieden? Und wer sind die Matrix-Macher? Mit welchen Techniken arbeiten sie seit Jahrtausenden, auf die die Massen immer noch hereinfallen? Und was passiert in einem Menschen, wenn Sie dessen Führer kritisieren?

Wenn es stimmt, dass die Politik ein Spiegel der Gesellschaft ist, wundert es uns dann wirklich, dass die Politik sich selbst beim „*Begaffen von Katastrophenorten*“ häufig menschenfern verhält, oder dass ein Robert Habeck Wirtschaftsminister werden kann? Oder ist er nur ein, von den Matrix-Machern eingesetzter, Handlanger, der seinen Meistern ein profanes Gesellenstück vorlegen soll? Doch mit welchen Techniken überrumpelt er die deutsche Gesellschaft? Denn der Doktor der Philosophie, der Robert, der, der Namensbedeutung nach *„voll Ruhm und Ehre Strahlende“;* dieser strahlende Geselle ist bei weitem nicht so dumm, wie es die Masse glaubt. Immerhin ist er es, der die Hegel'sche Dialektik mit seiner Wärmepumpendialektik in den Schatten stellt, während die Masse wieder einmal den Magiern und deren Gesellen hinterherläuft. Anstatt dass die Masse jedoch endlich die kommunikativen Tricks durchschauen lernt, lässt sie sich immer wieder von dem gefährlichsten Virus aller Zeiten befallen: dem 4T-Geistesvirus!

Doch was sind die Kennzeichen dieses Virus und wie könnten wir es überwinden, wenn wir denn nur endlich wollten? Wann endlich lernen wir, weshalb eine Lüge zur Wahrheit wird?

Und woher stammt die Realitätsverweigerung Habecks und was hätte Nietzsche ihm dafür an den Kopf geworfen?

Einem weiteren Spiegel der Gesellschaft, der sich in Annalena Baerbock manifestiert, der Chefdiplomatin und Außenministerin der Bundesrepublik, könnte man gewisse kommunikative Ungenauigkeiten noch nachsehen, wenn sie nicht gleich erklären würde, wir befänden uns in einem Krieg mit Russland. Deshalb kommen wir nicht umhin, die Sprache Annalenas einer genaueren Analyse zu unterziehen. Die Worte ihrer *„Kriegserklärung“* äußerte sie nämlich, als sie offenkundig auf einen Satz, der mehrere kommunikative, schmutzige Tricks beinhaltete, hereingefallen war. Ich würde sogar die These formulieren, dass Annalena aufgrund ihres programmierten Wesens einfach nicht anders konnte, als so dilettantisch zu antworten. In ihrem Wesen ist offenbar auch begründet, weshalb sie die Friedensvorschläge des Papstes nicht begreifen kann. Sie ist ein Spiegel, auch wenn wir den Spiegel als von den Matrix-Machern bewusst eingesetzt begreifen können. Die gesamte Gesellschaft sollte jedoch endlich bereit sein, sich mit diesem Spiegelbild auseinanderzusetzen. Eine reife Gesellschaft hätte ihr niemals den Posten ihres Außenministeriums überlassen, da sie längst erkannt hätte, welch immense Gefahr die Wesenszüge Annalenas für sie selbst bedeuteten.

Dieser Spiegel ist ein Teil dieses Buches! Die Frage bleibt, ob wir unseren Spiegel so akzeptieren wollen! Wollen wir das kriegslüsterne Spiegelbild so stehen lassen oder uns selbst zu mehr Frieden hin entwickeln? Oder schauen wir uns das Spiegelbild gar nicht erst an und verurteilen lieber den Spiegel oder dessen Erschaffer für das Bild, das uns der Spiegel präsentiert?

Meines Erachtens ist die lüsterne Kriegsrhetorik der Bundesrepublik viel zu weit fortgeschritten, als dass wir uns immer noch weigern sollten, dieses Spiegelbild anzusehen.

Während die Matrix-Macher ihrem Job nachgehen und das Völkerrecht munter mit Füßen treten, fällt derweil die Opposition in Talkshows immer wieder auf dieselben alten kommunikativen Tricks herein. Anstatt endlich zu lernen, mit diesen Tricks umzugehen,

macht sie sich lieber der Fehlkommunikation schuldig.

Nicht nur in der Opposition sind mangelnde Bildung oder geringe Kenntnisse über die menschliche Kommunikation zu beobachten. Es zieht sich quer durch alle gesellschaftlichen Schichten – egal welcher Bildungsstand. Kommunikation mag zwar teilweise Lehrinhalt an Universitäten und Schulen gewesen sein, aber wie sich Kommunikation gewinnbringend für **ALLE** Beteiligten gestalten könnte, und eben nicht nur für den manipulierenden Verkäufer, der seine Ware an den Mann bringen will, wird oft genug nicht vermittelt, und wenn, sehr häufig wieder vergessen. Schließlich gibt es ja wichtigere Dinge als unsere Mitmenschen, oder etwa vielleicht doch nicht?

Der Ansatz dieses Buches ist also, anhand verschiedener Modelle und Beispiele das Verständnis für Kommunikation zu erhöhen und den Mikrokosmos des Lesers zu bereichern. Denn *„communicare"* bedeutet eben nicht nur *„teilen, mitteilen, teilnehmen lassen"*, sondern auch *„vereinigen"*. Wer vereinigt, zieht den Menschen, die noch dem Mechanismus *„divide et impera"* dienen, den Zahn. Und wie bereichernd könnte echte Herz-zu-Herz-Kommunikation in Freund- und Partnerschaften sein?

Und darum geht es eben auch: Es geht auch darum, übergriffigen Menschen und ihrer Kommunikation Einhalt zu gebieten. Was können Sie konkret unternehmen, wenn Sie Ihr Chef anschreit und Rechenschaft einfordert für ein Problem, dessen Ursache Sie womöglich gar nicht zu verantworten haben? Was tun Sie, wenn Sie sich geradezu überrannt fühlen und erst einmal nicht schlagfertig reagieren können? Mein Vorschlag wird Sie womöglich verblüffen, denn es gibt Techniken und Tricks, wie Sie ihrem Gegenüber das Gefühl vermitteln können, dass Sie ihn ernst nehmen und die Kernbotschaft verstehen, obwohl Sie vielleicht in diesem Augenblick emotional gestresst sind! Vor allem lässt sich durch diese Tricks nicht nur Zeit gewinnen, sondern das Gegenüber kommt in die hervorragende Lage, sich abreagieren zu können, ohne dass Sie selbst zu sehr in den Fokus geraten. Im Gegenteil: Ihr Gegenüber wird sich sogar verstanden und abgeholt fühlen!

Sicher: Die vorgestellten Methoden lassen sich auch in negativer Art und Weise einsetzen, um Menschen zu manipulieren und nach Ihren Wünschen tanzen zu lassen. Sie werden allerdings sowieso schon eingesetzt, und nur durch entsprechende Bildung lassen sich diese manipulativen Tricks erkennen. Andererseits geben die Methoden ehrlichen und mitfühlenden Menschen eben nicht nur kommunikative Selbstverteidigungskenntnisse an die Hand, sondern die Möglichkeit, sich tief, wahrhaftig und ernst gemeint auf den Kommunikationspartner einlassen zu können. Ob Sie diese

Techniken mit Macht oder mit Liebe einsetzen wollen, liegt also an Ihnen selbst.

Übrigens scheue ich mich nicht davor, Ihnen ein sehr verpöntes Modell vorzustellen, das häufig angegriffen und kritisiert wird. Ich habe mich sehr früh in meinem Leben dazu entschieden, mir eine eigene Meinung zu bilden und keine ad-hominem-Argumente, also Argumente, die gegen einzelne Menschen gerichtet sind, für den Inhalt ihrer Botschaft gelten zu lassen. Mich interessiert der Inhalt ihrer Botschaft und was ich daraus lernen kann. Ich bin jederzeit frei darin, Inhalte als für mich stimmig oder eben nicht stimmig einzuordnen. Seien Sie versichert, dass ich keiner Religionsgemeinschaft oder Sekte und auch keinem Multi-Level-Marketing-Unternehmen angehöre. Und so überlasse ich es Ihnen selbst, was Sie aus diesem Büchlein mitnehmen wollen.

Lassen Sie uns nun in die Welt der Begegnung zwischen Menschen eintauchen:

Für den Frieden!

Ich weiß genau, was du meinst! Echt jetzt?

Das Vier-Seiten-Modell dürfte das geläufigste aller hier vorgestellten Modelle sein. Es geht auf Professor Dr. Friedemann Schulz von Thun zurück. Dieses Modell bietet Menschen, die liebevoll miteinander umgehen möchten, ein wunderschönes Potential. Allerdings möchte ich das Modell tiefer verstanden wissen, als es die meisten Kommunikationstrainer zu vermitteln vermögen. Doch dazu später mehr. Steigen wir doch erst einmal in den Kern des Modells ein.

Nach dem Vier-Seiten-Modell können sich Botschaften in vier Aspekte aufteilen – und zwar in folgende Teile:

Teil der Ich-Botschaft oder der Selbstaussage
Teil des Sachaspekts
Teil des Appells
Teil des Beziehungsaspekts

Stellen Sie sich bitte vor, ein Pärchen, Mann und Frau, sitzt nebeneinander im Auto und es befindet sich auf dem Weg in den Urlaub. Die Beifahrerin hat ihr Fenster seit einer Weile einen Spalt weit geöffnet. Die Bedienelemente für alle Fensterheber befinden sich, für beide gut erreichbar, in der Mittelkonsole und der Fahrer äußert den folgenden Satz in einem neutralen Tonfall:

„Boah, mir ist kalt!“

Was könnte der Satz in seiner Partnerin auslösen? Vielleicht schlösse sie das Fenster oder aber sie pfefferte ihm folgende *„Antwort“* an den Kopf:

„Das Fenster wirst du wohl auch selbst bedienen können!“

oder

„Na, gut dass du deinen Sklaven dabei hast!“

Was ist hier passiert? Lassen Sie uns den Satz *„Mir ist kalt.“* gemeinsam untersuchen:

	Selbstoffenbarung oder Ich-Botschaft: *„Mir ist kalt!“*	
Sachebene: *„Es ist kalt!“*	*„Mir ist kalt“!*	Beziehungsaspekt: *„Merkst du nicht, dass mir kalt ist?“*
	Appell: *„Schließ das Fenster!“*	

Sehen Sie? Aus einer einfachen Mitteilung über das eigene Wohlbefinden wird plötzlich die Beziehung infrage gestellt oder aus der einfachen Mitteilung über den Sachverhalt, dass es kalt sei, ein Appell formuliert. Oder eben nicht formuliert, sondern nur verstanden, denn das Modell wird auch als Vier-Ohren-Modell bezeichnet. Denn im Grunde wissen wir nicht genau, was der Fahrer ausdrücken wollte, außer, dass ihm kalt ist.

Was fangen Sie jetzt damit an? Netter akademischer Ausflug, nicht wahr? Oder vielleicht doch etwas mehr? Was nutzt uns dieses Wissen? Lassen Sie uns tiefer einsteigen:

Dieses Modell ist mir in meiner beruflichen Laufbahn mindestens viermal begegnet. Das erste Mal in den 1990ern auf einer Fachschule, die staatlich geprüfte Techniker ausbildet. Das zweite Mal in einer Unternehmensberatung, die ihre Mitarbeiter mit ihren internen Schulungen für den Kundeneinsatz vorbereiten wollte. Das dritte Mal in einer weiteren internen Schulung eines anderen Unternehmens und schlussendlich auch noch einmal in der Ausbildung zum Heilpraktiker für Psychotherapie. Oft genug haben selbst Trainer dieses Modell so verstanden, als dass alle Seiten einer Botschaft immer mitgesendet würden, wenn auch mit unterschiedlichen Schwerpunkten. Der Urheber der Nachricht soll sich seiner Kommunikation also immer vollkommen bewusst sein, also auch der oben genannte Fahrer, der zeitgleich sein Gefährt bei 180km/h über die linke Spur der Autobahn bewegt, ein Fahrzeug überholt und den Blinker bereits nach rechts gesetzt hat, weil ein hinter ihm fahrender Sportwagen bis fast auf den Stoßfänger aufgefahren ist und die Lichthupe betätigt. Möchte er in dieser Situation wirklich über seine Beziehung zu seiner Partnerin sprechen?

Zudem wurde während der Trainings nicht ausreichend oder gar nicht auf die Möglichkeit der Kommunikationsklärung eingegangen. Auch dazu später mehr!

Meine Erfahrung aus zahlreichen Beratungs-, Therapie- oder auch privaten Gesprächen zeigt, dass es keine goldene Regel gibt, wie viele Aspekte einer Nachricht wirklich mitgesendet werden. Es können alle vier sein oder auch nur zwei. Sehr häufig ist es auch nur ein einziger Aspekt, und genau dieser Umstand kann zu erheblichen Missverständnissen führen.

Kommen wir zurück zu unserem Fahrer und seiner Co-Pilotin. Nehmen wir an, der Fahrer hätte nur zwei Ebenen übermitteln wollen, die der Sach- und die der Ich-Botschaft. Dann ist die Info schlicht *„Es/mir ist kalt!“*

Jetzt mag man einwenden, weshalb der Sender diese Botschaft überhaupt übermitteln wollte, schließlich müsse sie doch einen Zweck gehabt haben. Nun, vielleicht war es nur ein laut ausgesprochener Gedanke oder, wie schon angedeutet, eine einfache Sachinformation, auf die dem Sender als Antwort ein einfaches *„Aha"* reichen würde. Letztlich wissen wir das an dieser Stelle noch nicht! Nur durch die noch zu erläuternde **Kommunikationsklärung** kämen wir einen Schritt weiter. Wir können auch nicht von der Hand weisen, dass dieser Satz etwas völlig anderes gemeint haben könnte, denn die Ich-Botschaft könnte lauten: *„Ich möchte mit dir plaudern!"*

Zurück zu unseren beiden Urlaubern: Die Partnerin unseres Autofahrers versteht die Botschaft offenkundig nicht auf reiner Sach- oder Ich-Ebene. Selbstverständlich hätte sie die Botschaft klären können, nur entspricht das leider selten der Realität, die sich zwischenmenschlich zeigt. Lautete die Antwort: *„Schließ das Fenster doch selbst!"*, er aber keinen Appell, sondern eine Information auf der Ich- oder Sachebene gesendet hätte, wäre die Kommunikation als Missverständigung zu werten. Ohne dass wir die weiteren Hintergründe des Pärchens kennen, denn wir kennen weder ihre Beziehung noch ihre Charaktere, können wir niemanden für das Missverständnis verantwortlich machen. Natürlich ist ihre Antwort nicht freundlich, das steht außer Frage, und als kleine Übung können Sie die Antwort unserer Co-Pilotin gerne mit dem Modell auflösen, denn sie ließe erst einmal tiefer blicken. Dennoch dürfen wir nicht vergessen, dass sie selbst einen unfreundlichen Appell gehört hat – auch wenn er tatsächlich nicht gesendet worden sein mag!

Frieden durch Kommunikationsklärung

Mit der Kenntnis dieser Methode hätte sie nach dem Empfang der Botschaft klärend fragen können, ob er möchte, dass sie das Fenster schließen solle. Mit der Antwort *„Nein danke, ich mag die frische*

Luft, ich glaube, ich halte gleich mal und ziehe meinen Pullover an.“, wäre die Kommunikation geklärt.

Da sie in der Ausgangssituation jedoch „*Schließ das Fenster doch selbst!*“ geäußert hatte, liegt der Ball nun bei ihm. Doch wie ist es in der Realität? Die Eskalationsspirale begänne sich zu drehen, oder aber er schluckte die Bemerkung hinunter (was genau schluckte er nun wirklich hinunter?) und spräche nicht weiter über die Kommunikation. Womöglich schaukelte sich etwas in ihm auf oder er registrierte ihren Ausspruch gar als Abbruch der Kommunikation, und wir werden später noch sehen, was Abbrüche der Kommunikation bei Menschen bewirken können.

Dennoch ist mit der Kenntnis dieser segensreichen Methode ein einfacher Frieden möglich, denn er kann nun deeskalieren und Frieden stiften, indem er einfach klarstellt, dass er keinen Appell aussprechen wollte.

Kann es so einfach sein? Ja, oft ist es wirklich so einfach. Wenn seine Partnerin die klärende Kommunikation akzeptiert, ist Frieden eingekehrt.

Schwierig wird es,

- wenn sie nun bei der Meinung bliebe, er habe ihr gegenüber einen Appell formuliert.
- wenn sich innerseelische Konflikte oder Beziehungsprobleme in der Kommunikation äußern.
- wenn Missverständnisse der Kommunikation langfristig heruntergeschluckt werden oder Kommunikation immer wieder verweigert wird.

Auf die letzten beiden Punkte gehen wir noch ein, doch stellen Sie sich bitte ein in den Urlaub fahrendes Paar vor, dessen Beziehung und Kommunikation entsprechend vorbelastet sind. Was könnte der Satz *„Mir ist kalt."* auf Beziehungsebene noch aussagen, wenn der Sender ***doch*** über seine Beziehung oder seine Erfahrungen sprechen wollte?

1. *„Wieso merkt* ***nie*** *jemand, dass es mir nicht gut geht?"*, (hier lägen eindeutig ungute Beziehungserfahrungen aus der Vergangenheit vor, die möglicherweise nicht einmal etwas mit der Partnerin zu tun hätten, sondern auf sie übertragen würden).
2. *„Eine Frau sollte sich um das Wohlergehen ihres Mannes kümmern und ist dafür verantwortlich!"*, (hier lägen ein ungelöster Vater-Mutter-Konflikt und ein Zurückfallen in einen kindlichen Zustand vor, das man auch als „Regression" bezeichnet, die als ein unreifer Abwehrmechanismus der Seele gilt).[3] Zudem wäre hier die Appellebene sowie die Ich-Ebene betroffen, die Sachlage, nämlich dass es kalt ist, dem Sender eher untergeordnet wichtig.
3. *„Du legst* ***immer*** *Wert darauf, dass ich auf deine Bedürfnisse achte, meine bekommst du* ***nie*** *mit."* Diese Botschaft ließe tiefer blicken, auch wenn wir die ganze, tiefe Bedeutung dieses Satzes noch nicht erkennen können. Wir wissen zwar etwas über die Wahrnehmung des Senders, kennen allerdings weder die Wahrnehmung der Empfängerin und ebenso wenig die Realität. Ganz nebenbei weiß der kommunikativ Geschulte, dass Wörter wie *„immer"* oder *„nie"* *„immer nicht"* stimmen. Verzeihen Sie mir dieses kleine Wortspiel, denn tatsächlich werden diese Wörter eher dazu verwendet, einer Sache Nachdruck zu verleihen. Das Wort *„immer"* dürfte eher selten stimmen. Therapeuten wird beigebracht, auf die *„immer-nie-Formulierungen"* zu achten, denn sie laden gerade dazu ein, den Blickwinkel aus einer anderen Perspektive zu betrachten, weil sie nicht in vollem Umfang stimmen können.

Wie Sie sehen, sind die möglichen Bedeutungen eines einfachen Satzes unendlich groß. Kommunikationsklärung oder tiefere Ebenen der Botschaften bzw. die tieferen Ebenen des Menschen und seiner Erfahrungen

lassen sich nur durch weiteres Nachfragen erreichen.

Fragen wiederum wirken neutral und stärken tendenziell die Verbindung, wenn sie nicht aus dem Eltern-Ich heraus gestellt werden und wenn wir auf Warum-Fragen verzichten. Doch auch dazu später mehr!

Lassen Sie uns noch einen weiteren Satz analysieren, der genau so in Wikipedia verwendet wird:

> *„Um Kommunikation zu beschreiben, die durch Missverständigung auf den verschiedenen Ebenen gestört wird, beschreibt Schulz von Thun als Beispiel die folgende Situation: Ein Mann und eine Frau sitzen beim Abendessen. Der Mann sieht Kapern in der Soße und fragt: ‚Was ist das Grüne in der Soße?' Er meint damit auf den verschiedenen Ebenen:*
>
> *Sachebene: Da ist etwas Grünes.*
>
> *Selbstkundgabe: Ich weiß nicht, was es ist.*
>
> *Beziehung: Du wirst es wissen.*
>
> *Appell: Sag mir, was es ist!*
>
> *Die Frau versteht den Mann auf den verschiedenen Ebenen folgendermaßen:*
>
> *Sachebene: Da ist etwas Grünes.*
>
> *Selbstkundgabe: Mir schmeckt das Essen nicht.*

Beziehung: *Du bist eine miserable Köchin!*

Appell: *Lass das nächste Mal das Grüne weg!*

Die Frau antwortet gereizt: ‚Mein Gott, wenn es dir hier nicht schmeckt, kannst du ja woanders essen gehen!'"[4]

Diese Erklärung ist mir zu missverständlich ausgedrückt, denn selbstverständlich können diese Erläuterungen so zutreffen, **müssen es aber nicht.** Zudem lassen diese Erläuterungen kaum die Erkenntnis zu, dass nur eine Seite der Botschaft gemeint sein könnte. Und so zeigt es auch die Praxis. Nicht so, wie der Kommunikationstrainer anhand seiner Kenntnisse über dieses Modell glaubt, dass ein Satz auf den vier Ebenen gemeint wäre, ist er auch gemeint, sondern simples Nachfragen versetzt uns in die Lage, den Sender und dessen Beweggründe wirklich verstehen zu können. Selbstverständlich tragen zur Entschlüsselung einer Botschaft auch der Charakter des Senders sowie die Tonlage und die Mimik bei. Der Möglichkeitsraum ließe auch zu, dass der Sender zwar nicht wüsste, welches Grünzeug er da gerade zu sich nimmt, es ihm aber schmeckte und es zukünftig beim Kochen gerne selbst verwenden möchte. Nach einer einfachen Antwort der Empfängerin auf Sachenebene könnte der Sender tiefer einsteigen. Sollte das tiefere Einsteigen des Senders jedoch ausbleiben und die Köchin an den wahren Gründen der Kommunikation interessiert sein, könnte sie nur durch Nachfragen herausfinden, welche Beweggründe für die Kommunikation eine Rolle spielten. In dem Verständnis dieses Modells liegt ein großer Segen und Menschen könnten sich durch die Anwendung dieser Methode wirklich tiefer begegnen lernen. Unverständnis entsteht oft nur dadurch,

dass wir selbst annehmen, was der Kommunikationspartner gemeint haben könnte.

Wie oft werden gut gemeinte Botschaften erst durch ihr Missverstehen zu negativen Botschaften!

Insbesondere während oder nach Trennungen von Freund- und Partnerschaften suchen viele Menschen Unterstützung und Beistand im Freundes- und Bekanntenkreis. Häufig geht es nur darum, die eigene Sichtweise der Dinge zu schildern und allzu oft verstärken die Bekannten diese Sichtweise noch, indem sie eben nicht weiter nachfragen, wenn ihnen von Kommunikation mit dem oder der Ex berichtet wird. Denn diese Freunde akzeptieren dann das Verständnis des Kommunikationspartners, also desjenigen, der von der Trennung berichtet. Menschen neigen allerdings noch mehr dazu, Kommunikation misszuverstehen, wenn sie sich verletzt fühlen. Und wie oft lassen sich Freunde und Bekannte zu vorschnellen Urteilen gegen einen unbeteiligten Dritten hinreißen und brechen ihren Stab über diesen, ohne die wahre Bedeutung der Kommunikation aller Beteiligten jemals im Ansatz verstanden zu haben.

Viel hilfreicher, als einseitige Schuldzuweisungen auszusprechen, wäre es, empathisch zuzuhören, die Gefühlslagen aller Beteiligten zu würdigen und die Kommunikation der Beteiligten gemeinsam zu untersuchen – dem Freund zu helfen, dessen Gefühle und die Kommunikation zu klären –, ohne Menschen zu verurteilen. Doch wie könnten wir empathisch zuhören?

Empathisches Zuhören

In einer, nur scheinbar schneller drehenden Welt, denn auch das ist nur einer der Glaubenssätze, die uns von den Medien vorgegaukelt werden, einen Text über empathisches Zuhören zu schreiben, erscheint wie eine Lächerlichkeit – eine Farce. Denn die Zeit vergeht nicht schneller – die Menschen füllen die ihnen zur Verfügung stehenden Zeit nur mit Dingen, die ihnen wichtig erscheinen. Diese Dinge ändern sich, die Zeiten bleiben.

Modernes Wegwischen als Form der Verrohung?

Menschen kommunizieren heutzutage per *„Daumen-hoch"* oder *„Daumen-runter"*, zwitschern sich kurze Nachrichten über *„Mikro-Blogs"* oder entscheiden per Wischtechnik, ob ihnen das gezeigte Bild oder Profil gefällt. Auch geschäftliche, selbst kurze Mails werden selten zu Ende gelesen – denn dafür reichte die Zeit nicht – wird behauptet. Solche Menschen wähnen sich in der Lage, eine Vielzahl von Informationen effizient kontrollieren zu können, doch das ist ein Irrtum. Tatsächlich reicht die Aufmerksamkeit oft nicht mehr – und es besteht nur noch selten der Wille, sich auf andere Menschen einzulassen. Wenn sich die Gesamtgesellschaft jedoch immer mehr nur auf Oberflächlichkeiten und schnelle Klicks einlassen kann – selbst Sach-Videos werden oft, wenn sie eine gewisse Länge überschreiten, nicht mehr angesehen –, muss dies zwangsläufig mit einem Abstieg sozialer und weiterer Kompetenzen sowie einer Verrohung einhergehen. Wer möchte sich selbst noch mit dem Lesen von Studien und dem Reflektieren der Ergebnisse oder insbesondere mit Studien auseinandersetzen, deren Ergebnisse nicht den Informationen des Mainstream-Journalismus entsprechen oder ihnen sogar entgegenstehen? Erst durch dieses Verhalten der vielen Einzelnen wird *„divide et impera"* ermöglicht. Selbstverständlich ist es viel einfacher, sich auf die Informationen von ARD, ZDF und Konsorten zu verlassen.

Glauben Sie, dass die menschenverachtenden Covid-Maßnahmen mit einer wachen Bevölkerung hätten umgesetzt werden können? Oder hätte eine wache Gesellschaft gewisse verantwortliche Personen nicht eher Anstalten anvertraut, die sich mit Angst- und Panikneurosen auskennen?

Welche schweren psychischen Störungen werden inzwischen gesellschaftlich akzeptiert, wenn deren zugrundeliegenden Symptome Menschen einerseits als *„Nazis"* bezeichnen und sie gleichzeitig als

„*Friedensschwurbler*“ oder „*Putin-Versteher*“ brandmarken lassen? Denn selbst wenn Putin als Feind begriffen würde, wäre es doch Grundvoraussetzung, sich in diesen hineinzuversetzen, um dessen Pläne besser voraussehen zu können. Die Spaltung in Freund oder Feind, und damit auch abwertende Bezeichnungen wie „*Friedensschwurbler*“ etc., sind hingegen oft genug eine Vorstufe zum Krieg.

Wer sich nicht auf andere Menschen einlassen kann oder will, kann sich in der Regel auch nicht auf sich selbst einlassen. Diesem Nicht-Einlassen-Können liegen meist eine oder mehrere Verletzungen aufgrund unguter Beziehungserfahrungen oder Traumata zugrunde – wobei wir wieder bei der eingangs beschriebenen Lage wären, dass ein Großteil der Gesellschaft schwer erkrankt ist.[2] Erst durch das Einlassen-Können auf andere Menschen werde ich selbst in die Lage versetzt, mich reflektieren und vielleicht verfeinern oder verbessern zu können. Wie oft habe ich die Erfahrung gemacht, dass Hinweise, wie man empathisch zuhören könne, sehr dankbar aufgenommen worden sind. Würde ein funktionierendes Schul- und Wertesystem so etwas nicht in jedem Lehrplan verankern?

Empathie als Chance für Wachstum

„Empathisch zu sein, bedeutet, die Welt durch die Augen der anderen zu sehen und nicht unsere Welt in ihren Augen.“,[5]

ist ein Zitat von Carl Rogers, dem Begründer der klientenzentrierten Gesprächstherapie (im Folgenden „GPT“ genannt).

> *„Sie geht von folgender Grundhypothese aus: Jedem Menschen ist ein Wachstumspotential zu eigen, das in der Beziehung zu einer Einzelperson (etwa einem Therapeuten) freigesetzt werden kann. Voraussetzung ist, dass diese Person ihr eigenes reales Sein, ihre emotionale Zuwendung und ein höchst sensibles, nicht urteilendes Verstehen in sich selbst erfährt, zugleich aber dem Klienten mitteilt.“*[6]

Diese Methode eignet sich nicht nur für die Beziehung zwischen einem Psychiater oder Psychologen und dessen Klienten, sondern Rogers stellt auch an anderer Stelle klar,

> *„dass sich sämtliche Erkenntnisse aus dem Bereich der Psychotherapie verallgemeinern lassen“*

und

> *„dass Psychotherapie nur ein Sonderfall aller konstruktiven zwischenmenschlichen Beziehungen ist.“*.[7]

Es würde den Rahmen dieses Buches sprengen, wenn die GPT nach Rogers in allen Einzelheiten erläutert würde. In diesem Buch werden Modelle und Kenntnisse weitergegeben, die sich schnell in die Praxis umsetzen lassen. Bei Rogers GPT ist meines Erachtens ein Einlesen in die Methode zu oberflächlich. Den gesamten Segen und die Schönheit der Methode erlernt man besser in der Praxis. Der theoretische Teil ist in vielen Seminaren klein gehalten, weil die

Methode simpel ist. Dennoch bringt sie vielen Menschen ein völlig neues Bild der Kommunikation. Sie zeigt, wie liebe- und verständnisvoll Menschen miteinander umgehen könnten, wenn ihnen jemand gegenübersäße, der einfühlsam spiegelte. Probieren Sie es doch einmal aus. Es gibt so viele Heilpraktiker- oder Kommunikationsschulen, in denen die Methode innerhalb weniger Tage vermittelt wird. Recherchieren Sie doch mal nach möglichem Bildungsurlaub für einen solchen Kurs, einem Urlaub, der vielen Menschen überhaupt nicht bekannt ist. Er hat nichts mit dem normalen Erholungsurlaubsanspruch zu tun, sondern existiert als Anspruch für viele (leider nicht für alle) Arbeitnehmer neben dem eigentlichen Urlaubsanspruch. In den meisten Bundesländern können Sie dafür fünf Arbeitstage pro Jahr in Anspruch nehmen.[8]

Echter Deeptalk mit zwei einfachen Fragen

Für die Fähigkeit des empathischen Zuhörens möchte ich Ihnen zwei einfache Fragen mit auf den Weg geben, die nichts mit der GPT nach Rogers zu tun haben, aber dennoch unter die Kategorie *„Empathisches Zuhören"* fallen. Menschen glauben häufig zu wissen, welche Gefühle und Emotionen ein Gesprächspartner durchlebt haben muss, wenn dieser ihnen von einem emotionalen Erlebnis erzählt. Ganz so leicht ist es in der Praxis jedoch nicht. Denn tatsächlich projizieren wir unser Empfinden in die Situation des anderen. Wir nehmen in der Regel, bis auf wenige, sehr feinfühlige Menschen, unsere Gefühle und Emotionen, die in uns in der geschilderten Situation entstanden wären, und packen sie in die Erzählung des Gesprächspartners. Wir glauben, unser Gefühl müsse ja auch bei unserem Gesprächspartner entstanden sein. Doch das ist ein Trugschluss! Wenn es also tiefer gehen könnte, bleibt es in der Tat häufig sehr oberflächlich! Zwei einfache Fragen könnten das ändern:

„Wie ging es dir damit?"

oder

„Was hat das mit dir gemacht?"

Auch hier möchte ich vorschlagen: *„Probieren Sie's einfach mal aus!"* Diese beiden Fragen wirken häufig öffnend. Sie werden, wenn Ihr Kommunikationspartner diese Art der Frage noch nicht kennt, ein *„verblüfftes Gesicht"* erblicken. Denn die meisten Menschen sind es tatsächlich nicht gewohnt, dass sich andere wirklich für ihr Gefühlsleben interessieren. Diese Art der Fragen bewirkt, dass der Gesprächspartner noch mehr in sich hineinlauscht, seine Gefühle selbst erst einmal klären muss, damit er sie erklären kann, und häufig Gefühls-Welten vermittelt, die sich der Fragende eben nicht hätte vorstellen können. Logisch ist jedoch, dass beide Seiten sich einigermaßen gut kennen sollten, damit eine solche Frage nicht als

Frage nach einem Seelenstriptease oder anderweitig missverstanden wird.

„Mit anderen kann nur segensreich kommunizieren, der mit sich selbst in guter Verbindung steht."

Druck von allen Seiten

Das Strukturmodell Sigmund Freuds unterteilt die Psyche des Menschen in drei Instanzen. Diese drei Instanzen sind das *„Über-Ich“*, das *„Ich“* und das unbewusste *„Es“*.

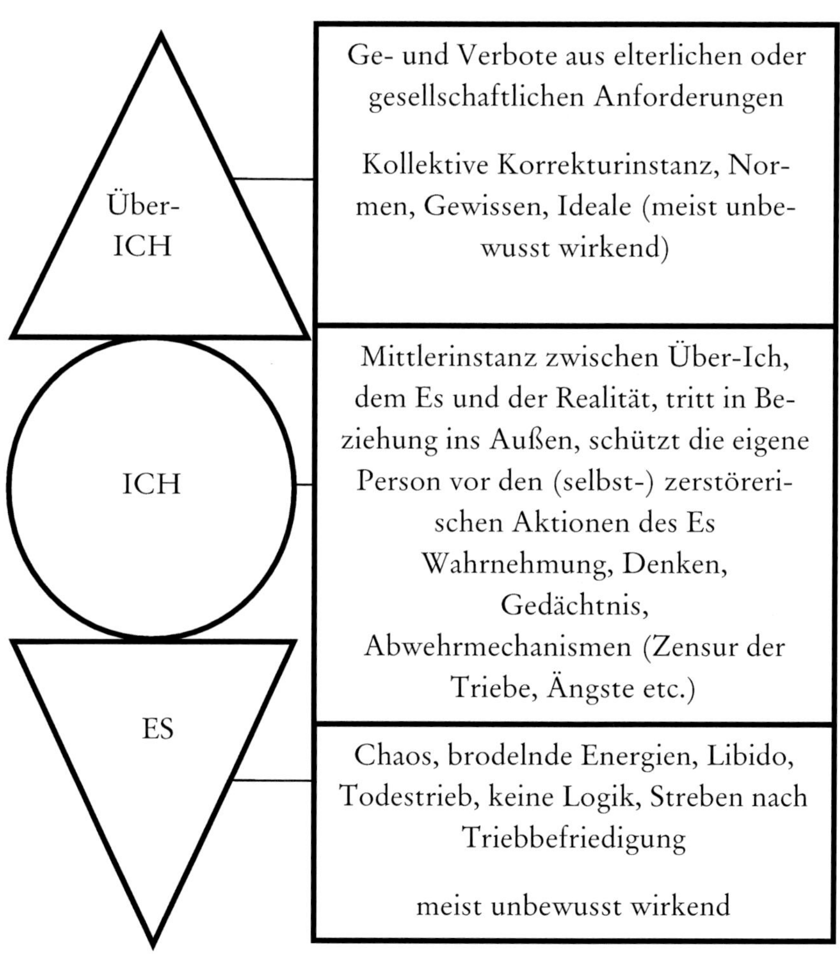

Das vorliegende Buch möchte sich hauptsächlich mit Kommunikation zwischen Menschen beschäftigen, deshalb soll hier nur kurz auf das Strukturmodell eingegangen werden. Das „*Ich*" vermittelt zwischen den Aspekten des Über-Ichs, also dem Gewissen oder den kollektiven Sitten und Normen, den Anforderungen, die von außen an die Person gestellt werden, und den Trieben des sagenumwobenen „*Es*", dem dunklen Teil, dem Triebhaften – ich bin fast geneigt, zwischen dem „*Leibhaftigen*" höchstpersönlich zu schreiben, es allerdings nicht unbedingt ernst zu meinen.

Sigmund Freud und dessen Thesen werden weit und breit kritisiert, abgewertet oder als völlig überholt angesehen, teils aufgrund seltsam anmutender Auffassungen wie des Penisneids von Mädchen gegenüber Jungen oder des Ödipuskomplexes. Nichtsdestotrotz hat er eine große Menge Grundlagenarbeit geleistet. Menschliche Erkenntnis kann sich erst durch das Formulieren neuer Thesen entwickeln, die Antithesen bedürfen, um letztlich zu neuen Erkenntnissen zu gelangen – den Synthesen –, die wiederum des Widerspruchs bedürfen. Der Kritische Rationalismus nach Karl Popper beschreibt eine Lebenseinstellung,

> „*die zugibt, dass ich mich irren kann, dass du recht haben kannst und dass wir zusammen vielleicht der Wahrheit auf die Spur kommen werden.*"[9]

Erzählen Sie das doch mal unseren Vorzeige-Mainstream-„*Wissenschaftlern*" à la Drosten, Lauterbach & Co.[ABCDEFGHI] und vergleichen Sie deren Handeln und deren Abwertungen anderen Wissenschaftlern gegenüber mit dem oben genannten Ausspruch Karl Poppers. Wie passend, dass Karl Popper diesen Satz in einem Buch verwendet hat, das den folgenden Titel trägt:

»Die offene Gesellschaft und ihre Feinde II. Falsche Propheten«

Anhand der Grundlagenarbeiten von Sigmund Freud haben sich zahlreiche Forscher auf den Weg gemacht und uns Menschen Erkenntnisse oder Therapiemöglichkeiten hinterlassen, so dass wir schlicht Zeit sparen können, um schneller Ergebnisse zu erzielen.

Dass das „*Es*" als dunkel und voller Triebe dargestellt wird, könnte auch an der jüdischen Herkunft Freuds liegen, da abrahamitische Religionen dazu neigen, in „*Schwarz*" und „*Weiß*" zu spalten oder ihre Anhänger teils mit völlig abstrusen, widersprüchlichen oder menschenfeindlichen Regelungen zu überziehen. Ein Auflehnen gegen solche Regeln könnte man einerseits als triebhaft darstellen, so wie es gang und gäbe innerhalb der abrahamitischen Religionen ist. Andererseits ist jedoch gerade dieses Aufbegehren alles andere als triebhaft, sondern ein völlig normaler Vorgang gegen Menschenfeinde, die sich als moralische Instanz in das Über-Ich des Individuums einnisten, schwachsinnige Gesetze erlassen und daraus in der Realität durch Steuern, Ablassscheine, Spenden u.v.m. profitieren. Man könnte ganz im Gegenteil behaupten, dass Menschen, die querdenken und alte Sitten durch neue, bessere zu ersetzen suchen, ihr individuelles, freies Gewissen eben noch nicht verloren haben. Ist es nicht als fragwürdig zu bezeichnen, dass Menschen immer noch in Kriege ziehen und sich gegenseitig zu Hass aufstacheln lassen, weil einige, wenige Interessenten davon profitieren? Welchen Wert hat da ein kollektives Gewissen? Denn genau genommen **sind es doch die Ethik und die Sitte, die besseren Sitten entgegenwirken,** wie Nietzsche es formulierte:

> *„Die Sitte repräsentiert die Erfahrung früherer Menschen über das vermeintlich Nützliche und Schädliche – aber das Gefühl für die Sitte (Sittlichkeit) bezieht sich nicht auf jene Erfahrungen als solche, sondern auf das Alter, die Heiligkeit, die Indiskutabilität der Sitte. Und damit wirkt dieses Gefühl dem entgegen, dass man neue Erfahrungen macht und die Sitten korrigiert: d.h., die*

Sittlichkeit wirkt der Entstehung neuer und besserer Sitten entgegen: sie verdummt.“[10]

Verzeihen Sie mir den kleinen philosophischen Ausflug, den ich mit einem Verweis auf einen von mir geschriebenen Artikel über das, allzu oft nur scheinbar, ethische Handeln unseres bundesrepublikanischen Ethikrats beende.[J]

Trotz der Schwächen des Strukturmodells zeigt es jedoch Wahres. Es zeigt vor allem deutlich, dass es zu enormen Spannungszuständen innerhalb der Psyche des Menschen kommen kann, weil in ihr widerstrebende Kräfte wirken. Diesen Aspekt haben zahlreiche Wissenschaftler und Forscher weiterentwickelt. Neben dem Aspekt des Konflikts der Triebe, die dem Gewissen entgegenstehen können, oder dem Aspekt des Konflikts zwischen innerem Erleben und äußerer, erfahrener Realität, lassen sich zahlreiche weitere innerseelische Konflikte aufzählen. Das sollen drei kleine Beispiele erläutern:

1. Der Impuls, einen anderen Menschen zu schlagen oder zurückzuschlagen, wird bioenergetisch im Bereich des Nackens zurückgehalten, was dauerhaft zu Muskelverspannungen in diesem Bereich führen kann.[11]
2. Jeder Mensch ist dem Spannungszustand zwischen dem Wunsch nach Autonomie und Freiheit und andererseits dem Wunsch nach Nähe, Verbindung und Beziehung ausgesetzt, der nicht nur innerpsychisch, sondern auch zum Beziehungspartner hin ausgehandelt werden muss, da dessen Vorstellungen vollkommen unterschiedlich von den eigenen Bedürfnissen abweichen können. *„Bei manchen kirchlichen Trauungen fällt der Satz: ‚Wo du hingehst, da will auch ich hingehen‘. 1954 stimmten noch 50 Prozent aller Paare ohne Einschränkung zu, 1997 waren es nur noch 12 Prozent. Studierte, junge Menschen und Singles lehnen bedingungslose Abhängig-*

keit am häufigsten ab, sie fühlen sich ihrem Partner verbunden, legen aber auch Wert auf Selbstständigkeit und persönlichen Freiraum.“[12] *„Bei einer Befragung mit rund 4.000 Teilnehmern zum Thema ‚Trennungsgründe‘ nannten 26 Prozent der Befragten: ‚Wir hatten unterschiedliche Bedürfnisse nach Nähe und Freiraum‘.“*[13]

3. Bei Todesfällen, die mit einer zuvor lange durchlebten Krankheitsgeschichte einhergehen, erleben Angehörige neben den normalen Reaktionen wie Wut, Verzweiflung, Trauer, Resignation etc. oft auch gegensätzliche Gefühle wie Erleichterung, Freiheit und sogar Freude, weil eine sehr schwere Zeit des Leidens nun vorübergegangen ist und der Aufbruch in andere, bessere Zeiten bevorstehen könnte. Das Äußern dieser sich gegensätzlich anmutenden Gefühle bringen sie meist nicht über die Lippen, aus Angst, vom Umfeld dafür verurteilt zu werden. Solche Gefühle werden tabuisiert, das Über-Ich, das hier zweifellos überhaupt nicht als gesund zu bezeichnen ist, verbietet es – als ob erst eine gewisse Zeit verstreichen müsste, bevor Angehörige von Verstorbenen wieder Freude empfinden dürften. Sie empfinden es häufig als sehr erleichternd, wenn sie über alle ihre Gefühle reden dürfen und dafür nicht verurteilt werden.

Das gilt auch für viele andere Lebensbereiche, in denen sich Menschen oft genug gegenseitig ihr Menschsein verbieten. Wie oft schon habe ich den Satz gehört: *„Aber da kann ich mit niemand anderem drüber sprechen!“* Dieser Satz sagt oft nicht nur etwas über die Betroffenen selbst, sondern insbesondere über ihr Umfeld und die Gesellschaft aus. Das letzte in Punkt 3 genannte Beispiel dürfen Sie gerne in Erinnerung behalten, wenn wir uns mit dem ARK-Modell (*Affinität, Realität und Kommunikation*) befassen. Was passiert, wenn Menschen nicht über ihre Realität sprechen dürfen oder dafür verurteilt werden, werden wir noch erarbeiten.

Das Innere Kind in der Kommunikation

Der Grundlagenarbeit von Sigmund Freud ist es zu verdanken, dass Dr. Eric Berne anhand dessen ein faszinierendes Modell entwerfen konnte, das den Menschen in ihrer Kommunikation erheblich weiterzuhelfen vermag. Dabei handelt es sich um die Transaktionsanalyse. Nach den Vorstellungen von Dr. Berne führen die Menschen tagtäglich eine Reihe von Transaktionen aus, die sie nicht wirklich frei agieren lassen. Den seltsamen Transaktionen, die Menschen miteinander spielen, liegt die Strukturanalyse zugrunde, die den Menschen in drei Ich-Zustände unterteilt, bei denen es sich um zusammenhängende Gefühls- und Gedankensysteme handelt.

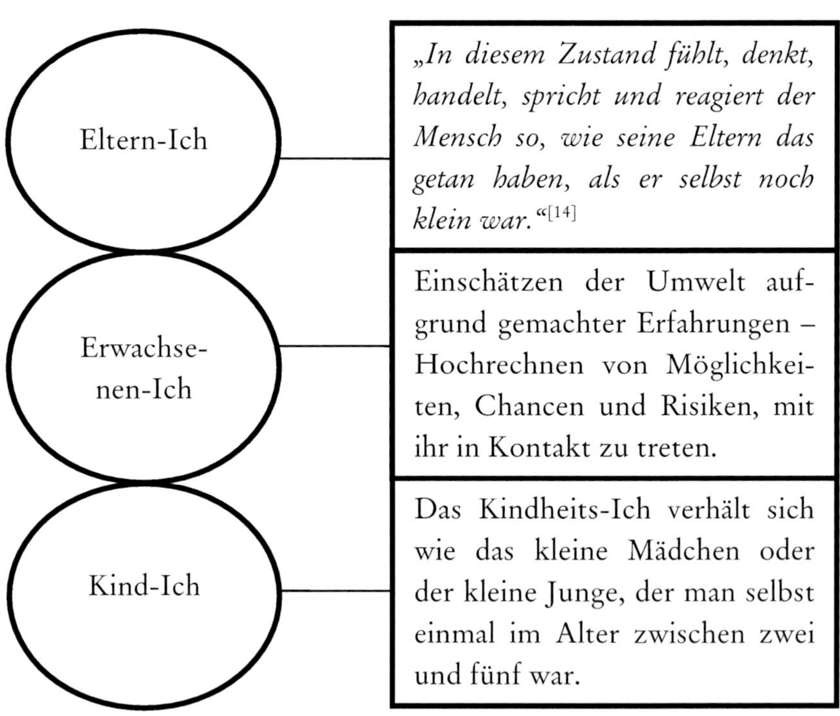

Diese drei Ich-Zustände bestehen also aus dem Eltern-Ich, dem Erwachsenen-Ich und dem Kind-Ich. Sie sind als einzelne Sphären zu verstehen, die innerhalb eines Menschen existieren. Durch Kommunikation oder andere Umstände, auf die wir noch eingehen, werden einzelne Zustände besonders stark aktiviert, während andere möglicherweise völlig unbeteiligt sind. Bei manchen Menschen sind diese Zustände stark voneinander abgegrenzt. Befinden sie sich beispielsweise in einem stark aktivierten Eltern-Ich-Zustand, haben sie keine Möglichkeit, auf den Zustand des Erwachsenen-Ichs zurückzugreifen.

Dr. Berne erläutert, dass es Menschen mit stark abgegrenzten Zuständen gibt, die sich nicht mehr erinnern können, was sie gesagt oder getan haben, wenn sie sich zuvor in einem anderen Zustand befunden haben: Nehmen wir an, jemand fiele aufgrund einer Kommunikation in den Zustand des trotzigen Kind-Ichs. Sobald die Situation vorüber und der Zustand des Erwachsenen-Ichs aktiviert wäre, hätte derjenige keinen Zugriff auf die Erinnerungen an die Kommunikation des eigenen Kind-Ichs. Er wüsste also nicht mehr, was kommuniziert worden wäre.

Das *„Eltern-Ich"* beeinflusst uns beispielsweise, indem es die Gewissensfunktion übernimmt. Dabei ist nachdrücklich hervorzuheben, dass das Eltern-Ich eben nicht so zu verstehen ist, als dass es sich aus individuellen Beobachtungen und daraus zugrundeliegenden freien, eigenen Entscheidungen herausgebildet hätte, sondern der Mensch die Eigenschaften seiner Eltern übernommen hat und so *„fühlt, denkt, handelt, spricht und reagiert […], wie seine Eltern das getan haben, als er selbst noch klein war."*[14]

„Das Erwachsenen-Ich arbeitet wie ein Computer"[15], wertet seine Umwelt *„objektiv"* aus und errechnet aufgrund gemachter Erfahrungen mögliche Chancen und Risiken. Das Erwachsenen-Ich wird von Kommunikationstrainern sehr häufig als weise und reif be-

zeichnet. Das stimmt allerdings nicht in vollem Umfang, wie wir noch sehen werden, denn nur ein Teil des Erwachsenen-Ichs arbeitet wie ein Computer. Wir werden dem Computer später noch einmal begegnen, wenn er als „*analytischer Verstand*" bezeichnet wird.

Das Kind-Ich wird häufig als kindlich oder unreif angesehen. Auch das ist nicht richtig. Es „*verhält sich einfach wie ein Kind in einer ganz bestimmten Lebensphase*",[15] die dem Alter von etwa zwei bis fünf Lebensjahren entspricht. „*Es ist für jeden einzelnen Menschen sehr wichtig, dass er sein Kindheits-Ich begreift, und zwar nicht nur deshalb, weil es ihn ein ganzes Leben begleitet, sondern auch, weil es ein wesentlicher Teil seiner Persönlichkeit ist.*"[15]

Das Eltern-Ich kann wie folgt unterteilt werden:

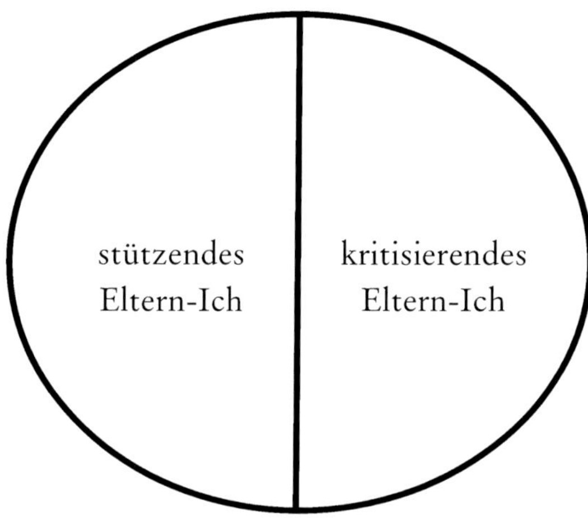

Auch das Kind-Ich unterteilt sich in drei Bereiche:

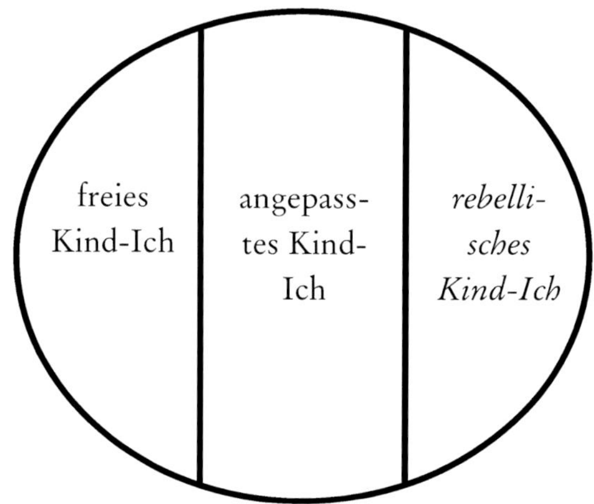

Das Eltern-Ich unterteilt sich dem Modell nach also in das stützende, fürsorgliche, natürliche und andererseits in das kritisierende, kontrollierende Eltern-Ich. Das Kind-Ich unterteilt sich in das freie, in das angepasste und in das rebellische, trotzige Kind-Ich.

> *„Das natürliche Eltern-Ich (im Gegensatz zum kontrollierenden Eltern-Ich) in der Mutter und im Vater […] besitzt natürlicherziehenden und zugleich schützenden Charakter. Beide Eltern wollen im Grunde nur das Beste […]. Sie sind vielleicht schlecht informiert, aber als natürliche Eltern sind sie wohlgesinnt oder doch zumindest harmlos. Sie ermutigen Jeden [also das Kind] auf eine Art und Weise, die aus ihrer Weltsicht heraus und nach ihrer Lebenstheorie ganz dazu angetan ist, ihm Wohlbehagen und Erfolg zu bringen. Sie übermitteln ihm Rezepte, die sie meist selbst von den Großeltern übernommen haben, und diese Rezepte sind häufig ein Inbegriff der Spießbürgerlichkeit.“*[16]

Wer spricht wirklich?

Und jetzt wird's spannend, denn Dr. Berne benennt ja schon Rezepte, die übernommen worden sind, und die, objektiv betrachtet, nicht unbedingt nützlich sein müssen. Laut Berne erstellen Menschen auf der Grundlage dieser Rezepte Skripts, Spiele und letztlich sogar Lebenspläne und Lebensentwürfe. Diese Lebenspläne werden im Kindesalter entworfen und bleiben ein Leben lang bestehen. Man könne viel über den Lebensplan eines Menschen erfahren, wenn man ihn nach seinem Lieblingsmärchen aus seiner Kindheit befragte. Wer war der Held Ihres Lieblingsmärchens? Wer der Schurke? Welche Eigenschaften verachten Sie daraus, welche bewundern Sie? Welche Ereignisse rühren Sie, welche empören Sie? Und was hat das mit Ihrem heutigen Leben zu tun? Auch ein Märchen besteht aus Rezepten und Skripts. Doch wie sehen sie in der Praxis aus?

„Arbeite hart!“[16]
„Mach den Teller leer!“
„Sei ein gutes Mädchen!“[16]
„Das Kind verträgt die Wahrheit nicht!“
„Geh sparsam mit deinem Geld um!“[16]
„Du bist doch viel klüger als alle anderen!“
„Setz dich durch und lass dir nichts gefallen!“
„Das verstehst du noch nicht, dafür bist du viel zu klein!“
„Nicht für die Schule lernen wir, sondern für das Leben!“
„Jemand aus unserem Stand wird es nie zu etwas bringen!“
„Gib dich mit dem zufrieden, was du vorgesetzt bekommst!“

Das kontrollierende, kritische Eltern-Ich wird auf die Durchsetzung solcher Regeln achten und ist dabei unter Umständen ein äußerst unangenehmer Teil, der in uns Menschen wirkt. Er kontrolliert, überwacht, pocht auf die Regeln, setzt sie durch, droht Konsequenzen an, wenn sie nicht beachtet und bestraft letztlich, wenn sie nicht befolgt werden. Welche Möglichkeiten hat das Kind nun, darauf zu reagieren?

Ein angepasstes Kind-Ich befolgte die Regeln, ohne über deren Sinn nachzudenken, da es auf die Anerkennung der Eltern angewiesen ist. Das natürliche und freie Kind-Ich möchte spielen, in Pfützen springen, möglichst viele Süßigkeiten essen, lieben, leben, lachen, weinen, singen, spontan, kreativ und frei sein. Wenn das Kind durch die Einhaltung von Rezepten oder Ansagen in den Bedürfnissen des freien Kind-Ichs zu weit eingeschränkt wird, wird es trotzig reagieren. *„Nein, das mache ich nicht!“*, könnte eine der Standardantworten des Kindes sein. Und wie viele Erwachsene pusten immer noch ihre Wangen auf, verschränken die Arme, reißen die Augen mit einem deutlich vernehmbaren Kopfschütteln auf, rennen weg, halten sich die Ohren zu und singen: *„Lalalala, ich hör‘ nix mehr!“* oder reagieren in irgendeiner Form so, wie man es von einem kleinen, fünf Jahre alten Kind erwarten würde? Und manchmal auch nur deshalb, weil sie jemand auffordert, selbstständig zu denken? In welchem Zustand befindet sich ein scheinbar erwachsener Mensch in solchen Momenten?

Solche oben genannten Befehlssätze wirken natürlich auch in den Eltern des Kindes. Nehmen wir an, ein Vater äußerte dem Sohn gegenüber den Satz: *„Nicht für die Schule lernen wir, sondern für das Leben!"*

Der Aktionssatz stammte aus dem Eltern-Ich des Vaters und diktierte DESSEN Leben. Doch auch in ihm wirkte das rebellierende, trotzige Kind-Ich, das sich diesen Anweisungen widersetzen und zumindest einen Ausgleich dazu schaffen wollte.

Dominierte nun das trotzige Kind-Ich des Vaters, fände dessen Sohn in der Realität möglicherweise einen Vater vor, der ohne Schul- oder Berufsabschluss keinerlei geregelter Arbeit nachginge, dem Müßiggang frönte und auch niemals nur ein Buch anfassen würde, um aus den Inhalten etwas für das Leben zu lernen. Welche Schlussfolgerungen könnte ein Kind aus der Formulierung dieses Satzes ziehen, wenn die es umgebende Realität etwas völlig anderes beweisen würde? Das Erwachsenen-Ich des Kindes würde zwischen den Instanzen des freien, des trotzigen und des angepassten Kind-Ichs vermitteln, da es gelernt hat, unerwünschtes Verhalten oder unerwünschte Gefühlsregungen zu unterlassen, da dies nur selten mit bestmöglichen Reaktionen seitens der erwachsenen Umgebung honoriert wird. Es

> *„[...] wird bald zu einer Art Experte, der herausbekommt, was die Menschen wollen oder was sie tolerieren, schlimmstenfalls, worüber sie sich am meisten aufregen oder ärgern werden, vielleicht auch, wann sie sich am meisten schuldig oder sich verletzt fühlen, wann sie hilflos und erschrocken sein werden. Das Er-*

wachsenen-Ich im Kind studiert also mit großer Intelligenz und mit vorzüglichem Wahrnehmungsvermögen die menschliche Natur und wird daher auch als ‚der Professor' bezeichnet. Dieser Professor versteht in der Praxis mehr von Psychologie und Psychiatrie, als das bei jedem wirklichen erwachsenen Professor der Fall ist. Allerdings kann ein erwachsener Professor nach vielen Jahren erstklassiger Ausbildung und praktischer Erfahrung doch ein Wissen erwerben, das etwa 33% von dem beträgt, das er einmal besessen hatte, als er vier Jahre alt gewesen war."[17]

„*Zieh nicht so kurze Röcke an!*", könnte ein weiterer Aktionssatz eines Vaters gegenüber der Tochter sein. Welchen Wert hätte er, wenn er andererseits begeistert attraktiven Frauen mit kurzen Röcken hinterhersähe? Ein Gegenskript könnte die Folge sein, ohne dass sich die Tochter über die Ursache dessen bewusst wäre.

Ein weiterer, simpler Satz aus dem Eltern-Ich lautet häufig: „*Geh mit deinem Geld sparsam um!*" Und wie antwortet das trotzige Kind-Ich auf diesen Satz? „*Pah, ich mache, was ich will!*", und haut in trauter Einigkeit mit dem freien, unbeschwerten Kind-Ich die „*Kohle auf den Kopp*". Übrigens wäre die letzte Aktion ein sehr gutes Beispiel für ein Gegenskript eines inzwischen erwachsenen „*Kindes*", dessen Eltern sehr sparsam gelebt haben.

Wer bestimmt den Lebensplan?

Skripts und Aktionssätze werden laut Dr. Berne in den ersten, wenigen Lebensjahren zu einem Lebensplan geschrieben – und zwar von dem Kind selbst. Denn diese Skripts, Gegenskripts und Aktionssätze entfalten erst ihre Wirkung, wenn sie vom Kind akzeptiert worden sind – und dazu muss es zig Erfahrungen und Beobachtungen auswerten. Bis sich diese Skripts manifestieren, bedarf es einer Menge an Einflüssen.

„Man spricht bei diesem Vorgang deshalb von Programmierung, weil die Auswirkungen dieser Direktiven mit größter Wahrscheinlichkeit ein ganzes Leben lang anhalten. Für das Kind [insbesondere in sehr jungen Jahren, in der die Programmierung ja schon stattfindet] ist der Wunsch der Eltern zugleich ihr Befehl, und das bleibt das ganze Leben lang so, wenn nicht irgendeine drastische Erschütterung die Dinge auf den Kopf stellt. Jede schwere Prüfung […] oder auch eine Ekstase kann das Kind rasch aus den Fesseln der Eltern befreien. Die Lebenserfahrung und die Psychotherapie können das gleiche bewirken, lediglich in langsamerem Tempo. Auch der Tod der Eltern hebt nicht immer die übermächtige Bindung an sie auf. In den meisten Fällen wird sie dadurch nur noch stärker. Solange das Kindheits-Ich eines Menschen nicht wirklich frei ist, sondern angepasst bleibt, wird eine von ihrem Skript bestimmte Person auch die elendsten Aufgaben erfüllen, die sein Eltern-Ich von ihm fordert, und sie wird auch die unsinnigsten Opfer bringen […].“[18]

Im Gegensatz zu den mühselig, durch zig Erfahrungen geschriebenen Skripts, **reicht eine einzige traumatische Situation oft schon aus, durch die sich ebenso Aktions- oder Befehlssätze manifestieren können**, doch dazu kommen wir später noch. Um das Modell besser verstehen zu können, fehlen uns nur noch wenige Aspekte.

Häufig herrscht die Meinung vor, das gesamte Erwachsenen-Ich sei vollständig rational. Doch das lehrte Dr. Berne anders. Laut Berne sind es besonders die Sphären zwischen den Bereichen, die einen sehr starken Einfluss auf uns ausüben:

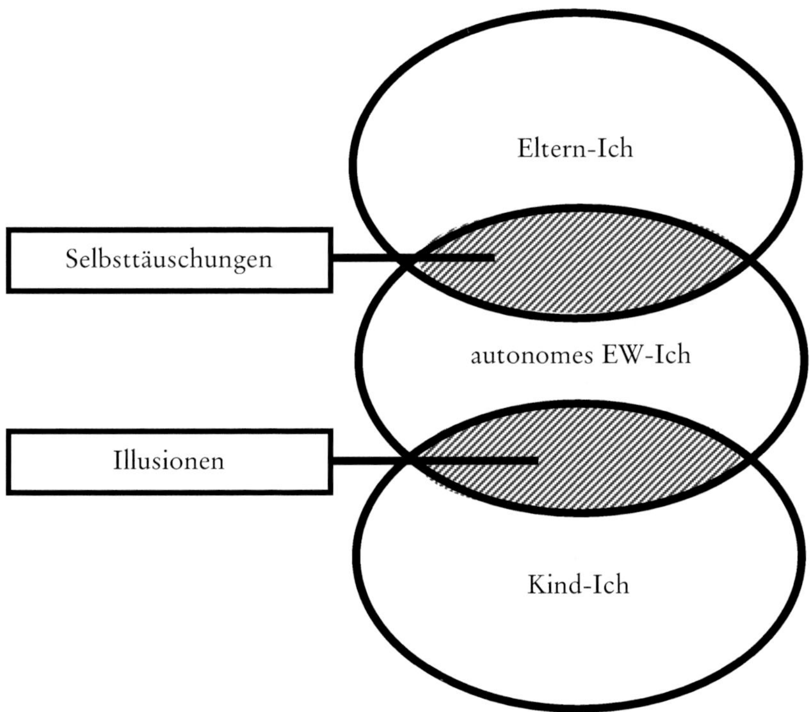

Illusionen und Selbsttäuschungen

Die schraffierten Bereiche, die mit Illusionen und Selbsttäuschungen bezeichnet sind, sind die Gebiete, in denen der Mensch eben nicht aus dem Erwachsenen-Ich heraus frei und neutral handelt, sondern in denen er massiven Irrtümern ausgesetzt ist bzw. sich diese Irrtümer zu seiner Umwelt hin ausdrücken. Tatsächlich ist es so, dass nur wenige Erwachsene wirklich frei und rational ihre Umgebung beurteilen und kaum dazu in der Lage sind, zu reifen und zu eigenen Schlüssen zu gelangen. Bei den Selbsttäuschungen glaubt der Mensch, dass Ideen, Normen oder Lebensgrundlagen seinem eigenen, wahren Ich entstammten, die ihm tatsächlich allerdings von den Eltern vorgelebt, *„eingeimpft"* und aufgezwungen worden sind.

Sie sind nun so stark mit ihm selbst verwachsen, dass er sein wahres Ich nicht erkennen kann. Diese Täuschung ist häufig so nachhaltig, dass das individuelle, freie Erwachsenen-Ich auf Erbsengröße zusammenschrumpft.

Ein Beispiel dafür wäre laut Dr. Berne das Ausleben besonderer Tischmanieren, die dem Kinde beigebracht worden sind, die der Erwachsene dann später, im Laufe des weiteren Lebens, vehement von anderen einfordert. Es geht dabei ausdrücklich nicht um persönliche Vorlieben, sondern um Normen und Gesetze, die man anderen Menschen überstülpen will, **die von den eigenen Eltern stammen**. Wären besondere Tischmanieren eine persönliche Vorliebe, ohne dass sie anderen übergestülpt werden sollen, und ohne dass Befehlssätze diese Tischmanieren von dem angepassten Kind-Ich verlangten, könnte man sie eher als frei in das Erwachsenen-Ich integriert verstehen. Das Erwachsenen-Ich akzeptiert andere Erwachsenen-Ichs, auch wenn sie sich anhand unterschiedlicher Informationen oder Vorlieben anders entscheiden.

Bei den Illusionen des Kindheits-Ichs handelt es sich um die Illusionen des Kindes, die der Erwachsene übernommen und akzeptiert hat und diese zu rechtfertigen versucht. Berne bezeichnet beide Bereiche, also den Bereich der Illusionen und den der Selbsttäuschung, **als Verseuchung.** Eine Illusion des Kindes ist beispielsweise der Glaube daran, dass

> *„[…] man belohnt wird, wenn man artig ist, und dass man bestraft wird, wenn man ungezogen ist. Gut bzw. artig bedeutet in erster Linie, dass man nicht zornig oder sexy ist, dafür darf man aber ängstlich oder beschämt sein.“*[19]

Tatsächlich werden diese Grundsätze das sogenannte *„magische Denken“* des Kindes noch verstärken. Denn Eltern behandeln ihr Kind meist nach dem Grundsatz

„Wenn du das tust, was wir wollen, wirst du belohnt, wenn nicht, wirst du bestraft!“

Selbst das Märchen des Weihnachtsmanns, das stark in die Realität des Kindes eindringt, behandelt das Kind diesem Grundsatz entsprechend. Andernfallss tauchte schließlich Knecht Ruprecht auf, um das Kind zu bestrafen. Welche Erlösung der Weihnachtsmann doch für das Kind sein muss. Auch in Märchen geht es um den Kampf zwischen „*Gut*“ und „*Böse*“. Der Held bezwingt den Schurken und ein oder mehrere Teilnehmer des Märchens werden befreit bzw. erlöst. Ganze Religionen, Sekten, Parteiapparate und Ideologiesysteme funktionieren anhand dieses Skripts, das auf „*Gut*“ und „*Böse*“ und „*Belohnung vs. Bestrafung*“ beruht. Quer durch die Gesellschaft wird dieses Spiel gespielt und zahlreiche Transaktionen aufgrund dieses Skripts aufgeführt, die letztlich alles andere als förderlich sind.

Erlaubte Emotionen

Wut und deutliches Aussprechen der eigenen Emotionen und Gefühle werden Kindern häufig untersagt. Dennoch gibt es Situationen, in denen es sozusagen gestattet ist, Wut oder ähnliche Empfindungen auszudrücken, da das Familiensystem **es erlaubt**, sie zu äußern. Wenn Baby A erlaubt wird, bei einem gleichartigen Vorfall Wut zu äußern, während es in einer anderen Familie eher üblich ist, auf solche Vorfälle mit Verletzungsgefühlen zu reagieren, wird Baby B aus der zweiten Familie zwanzig Jahre später in einer ähnlichen Situation eher so antworten:

„Ich habe mich verletzt gefühlt!“

Baby A würde hingegen äußern:

„Ich bin wütend geworden!“

Ein dritter Erwachsener würde vielleicht antworten, er habe Angst gehabt, ein vierter, er sei unzulänglich.

> *„In Wirklichkeit ist allerdings keiner [sic] der oben genannten Reaktionen wirklich ‚natürlich‘; jede von ihnen ist bereits in der frühen Kindheit erlernt worden; zumindest ist in dieser Periode über sie entschieden worden. […] Bei nahezu allen Gefühlen wie des Zorns, des Verletztseins, der Schuld, der Angst und der eigenen Unzulänglichkeit handelt es sich in Wirklichkeit um eine ‚Masche‘ […], um den beabsichtigten Spielgewinn zu erzielen.“*[20]

Einen Spielgewinn erhalten Menschen laut Dr. Berne nicht nur durch andere, sondern insbesondere von sich selbst. Das Kind-Ich möchte gewisse Emotionen und Gefühle ausdrücken, während das Eltern-Ich die Freigabe zum Ausdruck dieser Emotionen nur dann erteilt, wenn die betreffende Person im Außen mit ähnlichen Situationen konfrontiert wird, wie es in der Kindheit schon der Fall war. Es muss also eine gewisse Schwelle erreicht werden und erst das Übertreten dieser Schwelle führt zu der Reaktivierung des alten, und so gut erlernten und wiederholten, Sinneseindrucks wie *„Ich bin unzulänglich und weil DU mich gerade dazu bringst, mich unzulänglich zu fühlen, bist DU schuld an meinem Gefühl und ich werde es dir heimzahlen. Jetzt weine ich, damit du mich trösten musst und deine Schuld bezahlst, und ich darf mich endlich wieder klein fühlen, oder ich werde wütend und konfrontiere dich mit deinen Unzulänglichkeiten, die drei Wochen, drei Monate, drei Jahre oder drei Jahrzehnte alt sind, die zwar mit der aktuellen Situation nichts zu tun haben, aber in meiner Wut bin ich auch nicht in der Lage, das zu reflektieren, und ich werde dir alle Situationen nacheinander auftischen, damit du deine Schuld anerkennst, du Schwein! Überdies kann ich mich dank meines Wutausbruchs endlich wieder groß fühlen, aber das sag' ich dir nicht."*

Berne bezeichnete ein solches Spiel als JEHIDES: *„Jetzt hab ich dich endlich, du Schweinehund!"*, und benannte noch zahlreiche andere, die Menschen miteinander spielen und dabei nicht wirklich frei agieren lassen.

Erwachsener K hat schon als Baby K indessen früh gelernt, nach einem Streit gemeinsam mit allen Beteiligten über die Situation zu sprechen, zu ergründen, welche Emotionen, Gefühle und Ich-Zustände zum Ausbruch des Streits geführt haben, die Argumente und Emotionen der Beteiligten zu achten, zu würdigen und gemeinsam daraus zu lernen. Diesem Menschen K ist schon früh die Erlaubnis seiner Eltern erteilt worden, selbstständig zu denken.

> *„Eine der wichtigsten Erlaubnis ist die, die einem die Möglichkeit gibt, damit aufzuhören, sich blöd zu benehmen und statt dessen eigenständiges Denken zu beginnen! Viele Patienten in fortgeschrittenem Lebensalter [...] sind [...] geradezu entzückt, wenn sie im Alter von 56 oder gar 70 Jahren die erste intelligen-*

te Beobachtung ihres gesamten Erwachsenenlebens machen, die sie dann auch laut aussprechen."[21]

Erst als Erwachsener wird K jedoch akzeptieren müssen, „*wie zäh sich Menschen an ihre Skripts klammern, während sie sich gleichzeitig darüber beklagen, wie unangenehm die mit diesem Skript verbundenen Situationen für sie sind.*"[22]

Mit diesen grundlegenden Kenntnissen der Methode können wir nun gemeinsam mögliche Missverständnisse in der Kommunikation zwischen Menschen und in der Anwendung dieser Methode untersuchen, damit wir daraus lernen können, uns friedlicher miteinander zu verbinden.

Wenn erwachsene Kinder sprechen

„Hast du dein Zimmer aufgeräumt?“
„Wann fängst du endlich mit deinen Hausaufgaben an?“
„Du hast den Müll ja immer noch nicht rausgebracht!“
„Musst du schon wieder so viel Geld für unnütze Dinge ausgeben?“

Sie erahnen es vermutlich schon. Das sind Fragen, die wir aus dem Eltern-Ich kommend verstehen und die wir dem kritischen Eltern-Ich zuordnen können. Welcher Zustand wird nun im Kind aktiviert, wenn es solche Sätze von seinen Eltern hört? Es wird sich entweder anpassen, das Zimmer aufräumen, den Müll rausbringen oder die Hausaufgaben machen. Bei der *„unnützen Geldausgabe“* wird es schon komplexer, denn das Kind weiß aus seinem angepassten Kind-Ich, dass es die Geldausgabe möglicherweise nicht hätte tätigen sollen, um Ärger zu vermeiden, während das freie Kind-Ich genau diese Ausgabe so tätigen wollte. Das Eltern-Ich **des Kindes** hat sich vielleicht ebenso mahnend eingeschaltet, hier hat sich aber offensichtlich das freie Kind-Ich durchgesetzt. Natürlich könnte das Kind angepasst reagieren und so tun, als sei es ihm unabsichtlich *„einfach so passiert“* und es habe nicht darüber nachgedacht, dass ihm nun das Geld, das es für andere Dinge gebraucht hätte, ausgegangen sei. Es könnte um Entschuldigung bitten, und, falls es keine weiteren Konsequenzen der Eltern gäbe, seinen Gewinn, nämlich den Triumph des freien sowie des rebellischen Kind-Ichs, genießen. Aus diesen Situationen entstehen Skripts und Spielanweisungen, die das Kind für sein Leben schreibt. Das rebellische Kind-Ich könnte auf die Kritik der Eltern einfach mit dem Ausspruch antworten: *„Pah, das ist mein Geld und ich mache damit, was ich will!“*, oder: *„Ich will das aber!“* Tatsächlich führt die Form dieser o.g. Fragen auch unter Erwachsenen schnell dazu, dass der Gesprächspartner, dem die Frage gestellt wird, in den Zustand des Kind-Ichs fällt bzw. diesen aktiviert.

„Warum hast du für den Einkauf so lange gebraucht?“,

bringt den Empfänger der Nachricht, obwohl er, in Lebensjahren gerechnet, erwachsen ist, in den Zustand des rechtfertigenden Kind-Ichs. Mögliche Antworten wären:

„Ich habe eben noch Nachbar X getroffen und mit ihm geplaudert.“

„Entschuldigung, das tut mir leid!“

„Ich habe doch überhaupt nicht lange gebraucht, und außerdem, was geht dich das an?“

Alle drei Antworten könnten wir dem rechtfertigenden Kind-Ich zuordnen, und insbesondere die letzte Antwort zeigt die Emotionalität des antwortenden Kind-Ichs, das sich in die Ecke gedrängt fühlt. Die Eskalationsspirale würde sich mit dieser Antwort schnell zu drehen beginnen. Nun zeigt sich, ob der Gesprächspartner glaubt, einen anderen, eigentlich erwachsenen Gesprächspartner kontrollieren zu dürfen.

„Dann ruf an, wenn du dich verspätest!“

„Ich habe dir gesagt, du sollst um fünf Uhr hier sein!“

Hinter der ersten unfreundlichen Reaktion ließe sich nur noch mit einiger Phantasie ein freundlicher Ansatz vermuten, die zweite Reaktion ließe auf unbewusste Skripts oder Spiele zwischen beiden schließen, mindestens aber auf einen stark kontrollierenden Teil, der sich das Recht herausnimmt, andere Menschen nach dessen Pfeife tanzen zu lassen. Ein solches Verhalten *kann* nur zur Eskalation führen.

Aus diesen Gründen raten manche Kommunikationstrainer dazu, sich von anderen Menschen nicht aus dem Eltern-Ich heraus ansprechen zu lassen, da hier schon fast die Schwelle zur Selbstverteidigung erreicht sei. Das zeigt, wie stark aufgeladen solche Interaktionen verstanden werden. Doch sind Fragen aus dem Eltern-Ich tatsächlich immer kritisch zu verstehen, und ist die Schwelle zur Selbstverteidigung wirklich so schnell erreicht? Wäre es förderlich, auf eine einzige Frage hin sofort die Fehde zu eröffnen?

Stellen Sie sich vor, der Fragesteller, der die Eingangs-Warum-Frage gestellt hat, reagierte auf die Antwort

„Ich habe doch überhaupt nicht lange gebraucht, außerdem was geht dich das an?"

mit

„Ich habe mir Sorgen um dich gemacht, weil der Sturm immer schlimmer wird!"

Auf einmal wandelte sich die gesamte Bedeutung des ursprünglichen Satzes. Denn das Eltern-Ich besteht nun eben auch aus dem fürsorglich, stützenden und liebevollen Teil. Wir hätten zwar immer noch eine Eltern-Kind-Ich-Transaktion, die dennoch tendenziell wesentlich liebevoller einzuschätzen wäre als bei der Reaktion: *„Ich habe dir gesagt, du sollst um fünf Uhr hier sein!"*

„Warum fährst du ohne Licht herum?"

Selbstverständlich gibt es Menschen, die ihren kritischen Eltern-Ich-Zustand dauerhaft aktiviert haben und mit denen es schwerfällt, auszukommen. Sie fallen durch häufiges Nörgeln und Meckern an anderen Menschen auf bzw. belehren sie, was sie, ihrer Meinung nach, so alles besser machen könnten. Keine Frage, das sind anstrengende Zeitgenossen. Nehmen wir an, zwei Arbeitskollegen träfen aufeinander.

„Dein linker Scheinwerfer funktioniert nicht!"

Es gäbe zahlreiche Vermutungen, aus welchem Ich-Zustand heraus dieser Satz geäußert worden sein könnte. Handelte es sich um den ständigen Besserwisser, könnte hauptsächlich das kritische Eltern-Ich beteiligt sein. Vielleicht ginge es diesem Typen nur um sich selbst und er glaubte, ständig aller Welt beweisen zu müssen, wie aufmerksam er sei. Vielleicht bräuchte er auch die entsprechende Anerkennung.

Wir können jedoch nicht von der Hand weisen, dass auch der stützende, fürsorgliche Teil aktiviert sein könnte und keine Kritik in der Botschaft hätte mitschwingen sollen. Der Sender der Botschaft möchte möglicherweise nicht, dass sein Kollege oder ein anderer Verkehrsteilnehmer deswegen Schaden nähme. Es könnte auch nur das Erwachsenen-Ich sein, das die Botschaft übermittelt, weil es eine freundliche Botschaft übermitteln möchte und davon ausgeht, dass es dem Fahrer selbst einfach noch nicht aufgefallen ist. Aus einer einfachen Satzkonstruktion heraus ist es demnach nicht so leicht, auf den Ich-Zustand des Senders zu schließen. Dafür müssten wir mehr über ihn wissen. Doch auf der Seite des Empfängers zeigte sich anhand dessen Reaktion, mit welchem Ich-Zustand die Botschaft aufgenommen worden wäre. *„Alles klar, danke, das werde ich ändern!"* oder *„Ja danke, ich habe es schon bemerkt und* *werde die Birne später wechseln!*" könnte dem Erwachsenen-Ich zugeordnet werden. Oder dem angepassten Kind-Ich! Beide Reaktionen könnten identisch lauten und zwei völlig verschiedenen Zuständen entspringen! Das trotzige Kind-Ich oder der Dämon des Kind-Ichs, den Berne gerne mit in die Betrachtung aufgenommen hat, ließen sich jedoch schnell anhand ihrer Antworten erkennen.

Nehmen wir an, bei dem Zeitgenossen, der ohne Licht in der Gegend herumführe, handelte es sich um jemanden, der häufiger durch Nachlässigkeiten auffiele. Ob das Bremspedal mal zum Boden durchfiele, die Rechnungen nicht bezahlt würden, die Qualität der Arbeiten immer wieder mangelhaft wäre oder dessen Verhalten dem Unternehmen mehrmals unnötige Kosten aufgebürdet hätte, wie würden Sie die Fragestellung dann einschätzen? Bzw. welche realistische Chance hätte derjenige, der auf das defekte Licht aufmerksam machte, das Erwachsenen-Ich des Kollegen zu erreichen, wenn sich dieser doch offenbar als Dauerlösung im Kindheits-Ich eingerichtet hätte und nur selten den Erwachsenen-Modus aktivierte?

Erwachsene, die ständig Kind bleiben wollen

Es gibt Menschen, die es sich in ihrem Kindheits-Ich gemütlich gemacht haben und **deren Verhalten letztlich dazu führt**, dass sie aus dem Eltern-Ich des Kommunikationspartners heraus angesprochen werden. Sie wollen Eltern bzw. Elternfiguren in ihrem Umfeld, die für sie Verantwortung übernehmen, beschweren sich dann jedoch nicht selten über die sie zahlreich umgebenden Eltern oder über deren bevormundende Behandlung.

Selbstverständlich macht auch ein Erwachsenen-Ich Fehler oder übersieht etwas, wie den hier erwähnten, nicht funktionierenden Scheinwerfer. Je länger die defekte Glühbirne an ihrem Platz verbliebe, umso mehr würde dieses Verhalten des „*Schussels*" den darauf hinweisenden Kollegen in den Zustand des Eltern-Ichs bringen. Auch wenn die Botschaften in Erinnerung an das Wechseln der Glühbirne deutlicher würden und damit das kritische Eltern-Ich mehr zum Vorschein käme, könnte der fürsorgliche Teil dennoch deutlich stärker aktiviert sein, der sich schlicht und einfach um den „*Schussel*" sorgte.

Böte der Kollege Hilfe beim Wechseln der Birne an, so könnte auch das aus dem freundlich gestimmten Erwachsenen-Ich oder dem stützenden Eltern-Ich stammen.

Jemandem etwas beizubringen, wird den Lernenden jedoch häufig ins Kind-Ich befördern, weil Erinnerungsketten aktiviert werden, die an das Lernen mit Eltern, Lehrern etc. erinnern. Menschen fühlen sich bei Inanspruchnahme von Hilfe nicht selten klein und befinden sich damit definitiv nicht mehr im Zustand des Erwachsenen-Ichs. Das wiederum könnte dazu führen, dass der sich klein Wähnende dem Hilfesteller irgendwann eins auswischen müsste, um für sich selbst vermeintliche Augenhöhe wiederherzustellen. So zeigen sich kindliche Skripts – und neue Spiele beginnen.

Denn eins lässt sich doch nicht von der Hand weisen: Wie viele handwerklich begabte Männer wollen es den Frauen zeigen? Wollen zeigen, wie großartig sie sind? Wie einzigartig sie Glühbirnen wechseln können? Und den Dachstuhl reparieren, das Dach decken oder sonstige Dienstleistungen erbringen können? Und wie oft wird dieses Spiel gespielt? Selbstverständlich könnten das Entscheidungen Erwachsener sein – doch wie oft sind es Spiele? Denn der Alleskönner-Kerl möchte nicht selten dafür bewundert werden oder eine sonstige Belohnung erhalten, oder etwa nicht? Vielleicht mag er auch nur das Spiel „*Ich will doch nur helfen!*" spielen.

Und was passiert, wenn eines Tages gewisse Dienstleistungen nicht zur Zufriedenheit der Dienstleistungsempfängerin ausgeführt worden sind? Dann bleibt die Belohnung aus! Oder die Bewunderung! Der Zweck des Spielpartners wird auf einmal infrage gestellt, und zwar durch den Alleskönner selbst. Denn wirklich eingestehen möchte er sich nicht, dass auch er Fehler hat. Das war schließlich nicht die Grundlage des Spiels. Jemand, der sich groß wähnt, muss sich nur deswegen groß wähnen, damit die Traurigkeit des Sich-Klein-Fühlens nicht ausgehalten werden muss. Kann derjenige überhaupt aushalten, dass Frauen auch ganz gut selbst Glühbirnen wechseln können? Oder dass sie selbst in anderen Bereichen, aus Sicht des Alleskönners, ganz schön groß sein können? Oder werden solche Frauen dann plötzlich uninteressant? Oder für andere Männer gerade deswegen interessant?

Der Teil, der ungern Verantwortung übernimmt, nimmt gewisse Dienstleistungen natürlich gerne in Anspruch. Dennoch strebt auch dieser Teil häufig in irgendeiner Weise dazu, wieder Augenhöhe herstellen zu wollen – und sei es, wenn Fehler des anderen konstruiert werden oder dieser dazu gebracht wird, Fehler zu begehen.

Spiele haben wechselnde Gewinner und Verlierer. Doch die, die diese Spiele spielen, halten so gerne an ihnen und an ihren Skripts fest, weil sie seit Kindestagen einstudiert sind. Selbst wenn solche Skripts und Spiele der betreffenden Person objektiv Schaden zufügen, wird sie nur schwer davon loslassen können. Selbst wenn Außenstehende auf diese Skripts aufmerksam machen, werden das trotzige oder das illusionäre Kind-Ich aktiviert und entweder wird *„zurückgeschossen“* oder die Wahrnehmungssperre eingeschaltet.

Ergänzend sei noch formuliert, dass selbstverständlich auch Erkrankungen zu Wahrnehmungs- oder anderen Einschränkungen führen können, die nichts mit dem Kind-Ich-Zustand zu tun haben müssen. Diese Menschen brauchen einfach Unterstützung, doch auch in Helferberufen zeigt sich häufig ein ausgeprägtes Eltern-Ich, das den Hilfeempfängern gegenüber ausgesendet wird.

„Du hast die Rechnung nicht korrekt verbucht!"

Nehmen wir an, dieser Satz würde auf einen **objektiven** Fehler des Buchhalters seitens des Abteilungsleiters aufmerksam machen wollen, das aus dem Erwachsenen-Ich heraus gesendet worden wäre. Ein oder zwei einfache Sätze wie *„Stimmt, vielen Dank. Ich korrigiere das!"* würden ausreichen, die Situation zu bereinigen. Erwachsene wissen voneinander, dass Fehler passieren können. Der Buchhalter würde sich somit einfach bemühen, den Fehler nicht zu wiederholen. Auch falsch getroffene Entscheidungen aufgrund von Informationen, die bei einer möglichen Entscheidungsfindung nicht verfügbar waren, ließen sich noch dem Erwachsenen-Ich zuordnen.

Wenn die Nachricht jedoch auf jemanden trifft, der sich gerne im Kind-Ich befindet, wartet er möglicherweise auf Rache oder sammelt Gutscheine, um es seinem Abteilungsleiter heimzuzahlen. Denn der Satz *„Stimmt, ich korrigiere das!"* könnte auch aus dem angepassten Kind-Ich geäußert worden sein. So würde der Abteilungsleiter später mit Vorwürfen überhäuft, er würde *„immer nur"* Kritik äußern, andere abwerten etc. Wenn der Abteilungsleiter jedoch ausschließlich aus dem Erwachsenen-Ich heraus gehandelt hätte, in dem Bewusstsein, dass wir alle Fehler machen und Kontrolle als wichtigen Mechanismus sähe, bessere Arbeitsergebnisse zu erzielen, und dabei keine Spielchen spielen wollte, wird er schwer verstehen können, was das andere Kind-Ich ihm gerade unterstellen möchte. Denn er selbst hätte seinen Buchhalter bis zu dieser Eskalation womöglich nie als *„klein"* wahrgenommen.

Es gäbe noch eine Antwortmöglichkeit des verletzten Kindes des Buchhalters. Er könnte auf einen Fehler des Abteilungsleiters warten, um wieder Augenhöhe herzustellen. Möglicherweise eskalierte er den Fehler sogar an Vorgesetzte oder tratschte darüber, nicht ohne gleichzeitig zu erklären, gegen welche Gesetze, Normen, Regelungen oder ungeschriebene Sitten der Abteilungsleiter nun verstoßen habe.[K] So spielen Eltern- und Kind-Ich des Buchhalters ihre Spiele. Wohlgemerkt ist das Kind-Ich des Buchhalters aufgrund vergangener Zeiten verletzt, der Hinweis des Abteilungsleiters auf keinen Fall die Ursache, sondern der Auslöser für das Sichtbarmachen der Verletzung des Kind-Ichs des Buchhalters.

Können wir solche oder ähnliche Situationen in unserer Gesellschaft nicht sehr häufig beobachten? Könnte es sein, dass das Erwachsenen-Ich Erwachsener viel mehr eingeschränkt wird, als Dr. Berne das zum Ausdruck brachte? Ist die folgende Abbildung nicht häufig Realität?

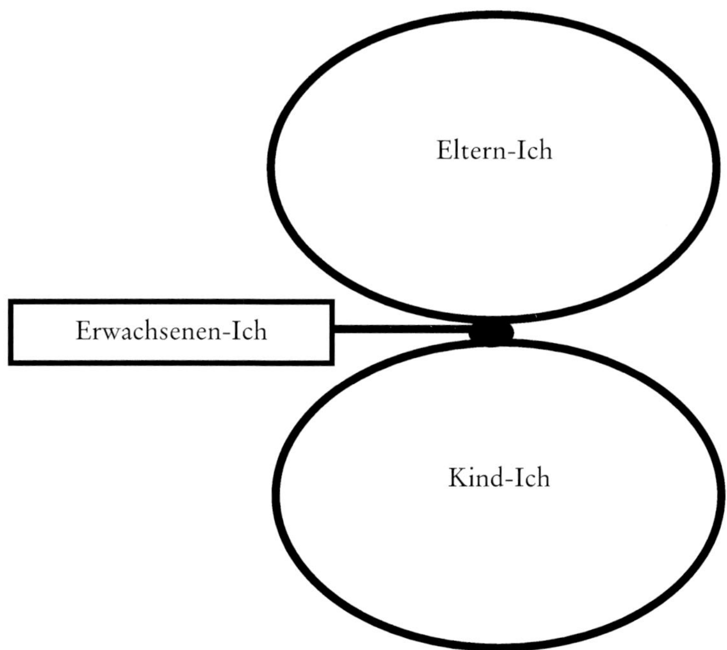

Der spirituell interessierte Leser möge das Wort *„Erwachsenen-Ich“* doch einmal durch das Wort *„Seele“* ersetzen und einen Blick in den Zustand dieser Welt werfen.

„Ich will doch nur spielen!“

Vor einigen Wochen meldete sich ein Freund per Messenger bei mir, ob ich abends vorbeikommen wolle, um zu spielen. Wir sitzen, mit wechselnder Teilnehmerzahl, zum Wochenende hin gerne mal bis nachts zusammen und spielen ein Brettspiel. Ich hatte hingegen tagelang zum Thema „*Transaktionsanalyse*“ recherchiert. Die Struktur und die Inhalte des Kapitels dieses hier vorliegenden Buches entwickelten sich in meinem Kopf so einigermaßen zu einem sinnvollen Konstrukt, „*das dringend auf's Papier wollte!*“ Der „*volle Kopf*“ musste sich erst einmal in der schriftlichen Formulierung des Anfangs eines Kapitels leeren dürfen. Das Thema Transaktionsanalyse begleitet mich nun schon einige Jahre und auch das ungute Gefühl, das sie häufig zur Manipulation von Menschen eingesetzt wird und ich dem gerne etwas entgegensetzen möchte.

Auf seine Frage hin habe ich meine Situation erläutert und ihn gefragt, ob es für ihn in Ordnung sei, wenn ich die Entscheidung kurzfristig, also abends, treffen könne, um erst dann zu- oder abzusagen.

Was ist bis hierhin passiert? Seine Frage kommt doch eindeutig aus dem freien Kind-Ich. Es erscheint logisch, dass er diese Frage meinem freien Kind-Ich gegenüber stellen möchte. Beide Kinder einigen sich in der weiteren Folge, ob sie miteinander spielen wollen.

Doch seine Frage kann entweder alle meine Seins-Zustände berühren oder auch nur den Zustand, der aktuell stark aktiviert ist! Da er mich aus der Entfernung per Messenger kontaktierte, konnte er nichts über meinen aktuellen Zustand wissen. Doch in welchem war ich tatsächlich? Bzw. welche Ich-Zustände könnten bei mir durch die Frage aktiviert werden? Ich lade Sie ein, meinen damaligen Zustand selbst einzuschätzen, bevor ich Ihnen meine Interpretation vorstelle.

Mein freies Kind-Ich möchte schöpferisch und konstruktiv tätig sein. Schreiben macht mir Freude, auch wenn allen meinen Instanzen bewusst ist, dass diese Seite der Freude auch eine andere Seite hat. Das offene und wissbegierige Kind-Ich hat sich über Tage viele Informationen verschafft, die gleichzeitig als Wirkung in das Erwachsenen-Ich einstrahlen, denn der schlaue Computer des Erwachsenen-Ichs benötigt Informationen, um besser mit der Umwelt agieren zu können. Das wäre die zweite Instanz. Da ich versuche, auf meinen Flow und auch auf mein Energielevel zu achten, fällt es mir schwer, mein Eltern-Ich mitverantwortlich für die Situation zu machen. Wie sehen Sie das? Wenn Sie meine anderen Bücher kennen, erahnen Sie vielleicht, dass ein Skript meiner Eltern oder aber mein eigenes kritisches Eltern-Ich ebenso aktiviert sein könnten.

Eine bewusste, innere Auseinandersetzung des Eltern-Ichs mit meinem Kind-Ich hat es nicht gegeben. Dennoch könnte das kontrollierende Eltern-Ich angeben, dass ich erst spielen dürfe, wenn ich beispielsweise fünf Seiten getippt oder ein gewisses Thema ausformuliert zu Papier gebracht hätte. Mein angepasstes Kind-Ich würde versuchen, diese Anweisungen zu befolgen. Doch diese Anweisungen ließen Skripts vermuten, denn hier ginge es schon um *„Gewinnen oder Verlieren“*. Wenn der Befehl lautete, nach fünf Seiten des Schreibens hätte ich mir die Belohnung des Spielens verdient, würde ich mich selbst als Verlierer sehen, wenn ich *„nur“* viereinhalb Seiten zu Papier hätte bringen können. Solche Skripts lassen uns nicht frei agieren. Im Gegenteil: Sie machen das Leben ganz schön schwer.

Mein fürsorgliches Eltern-Ich gäbe mir natürlich die Erlaubnis, zu spielen.

Auch meine Antwort meinem Freund gegenüber könnten wir einer näheren Untersuchung unterziehen. Hier gäbe es Kommunikationstrainer, die behaupteten, ich hätte rechtfertigend oder zumindest erklärend geantwortet und dem Freund stünde nicht das Recht zu, diese Informationen zu erhalten. Ich müsse mich nicht erklären. Ist es jedoch wirklich so einfach und wollen wir es uns mit dieser *„einfachen"* Ansicht am Ende nicht wieder schwerer machen? Denn ich habe aus vollem Bewusstsein so geantwortet, die Erklärungen waren freundlich gemeint und zudem habe ich in der Antwort wertschätzend mitgeteilt, dass ich gerne mit ihm zusammen bin. Auch in dem Modell der *„Gewaltfreien Kommunikation"* ist gut belegt, dass das Mitteilen eigener Bedürfnisse deeskalierend bzw. förderlich wirkt.[L]

Er antwortete auf meine Nachricht per Sprachnachricht:

„Mir ist das völlig egal.
Aber du kannst ja auch morgen schreiben.
Den ganzen Tag!"

Ich habe seine Antwort so verstanden: Sein Kind-Ich möchte gerne spielen, sein Eltern-Ich gestattete ihm in einer ähnlichen Situation dies ebenso, also genehmigt er meinem Kind-Ich das Spielen auch – und zwar aus seinem fürsorglichen, stützenden Eltern-Ich heraus.

Freundliche, lustige Situation, oder? Tatsächlich habe ich sie in der damaligen Situation selbst nicht voll erfassen können, da ich zwischenzeitlich wieder mit dem Formulieren von Wörtern und Sätzen beschäftigt war. Mein Erwachsenen-Ich hatte sich vollkommen auf den Prozess des Schreibens eingelassen. Ich habe also seine Nachricht gehört und keinen innerlichen Impuls verspürt, weil das Kind-Ich nicht aktiviert war. Ich war ausschließlich im Erwachsenen-Ich, das mit Arbeit beschäftigt war. Also bin ich aufgestanden, habe mir einen Kaffee gekocht, die Nachricht noch einmal angehört und ohne sie einer ähnlich genauen Analyse wie hier zu unterziehen, laut gelacht und ihm für den Abend zugesagt. Doch weshalb konnte ich die Ebenen der Nachricht erst wahrnehmen, als ich mich aus der Situation entfernt hatte, um mir einen Kaffee zu kochen? Dazu kommen wir noch, wenn wir das nächste Beispiel aus meinem Leben untersuchen. Doch zurück zu der Situation. Was hätte noch passieren können?

Nehmen wir an, er hätte diesen Satz einem anderen Menschen gegenüber formuliert, der sein verletztes Kind-Ich ziemlich offen mit sich herumtrüge oder durch die Kommunikation unbewusst an unschöne Situationen aus der Kindheit erinnert würde. Oder bei dem Skripts wirkten, die ihn immer wieder daran erinnerten, wie klein oder welch unbedeutender Wurm er doch sei. Um das innere Gleichgewicht wiederherzustellen, würde er sich dazu genötigt fühlen, sofort gegen den vermeintlichen Übergriff zu demonstrieren oder heftig zurückzuschießen.

„Weshalb nimmst du dir heraus, über meine Zeit zu bestimmen?“, könnte die Reaktion lauten, wenn ein Übergriff aus dem kritischen Eltern-Ich des Kommunikationspartners vermutet würde. Möglicherweise würde der sich angegriffen Wähnende in den Zustand des Eltern-Ichs wechseln und dem Freund gegenüber formulieren, gegen welche Gesetze und Normen er nun verstoßen habe.

Eine weitere Steigerung ließe die Annahme zu, dass der Freund das Schreiben des Buchs abwertete, nur weil er das Spielen höher als das Buch stellen wolle. Wohlgemerkt, das war nicht die Intention des Freundes, aber die Nachricht könnte so interpretiert werden. Erst durch Bewusstsein über die Reaktionen und das hier beschriebene Modell können wir tiefere Erkenntnisse schöpfen. Wenn wir uns entschließen, die Ebene der verdeckten Spiele und Skripts zu verlassen, lernen wir, reifer miteinander zu kommunizieren.

Wenn sich aufgrund einer Kommunikation plötzlich eine Emotion wie Wut oder Traurigkeit meldet, kann es anfänglich, wenn Ihnen das Modell neu ist, durchaus Sinn machen, erst einmal einen Moment innezuhalten, in sich selbst hineinzuspüren, was genau das Kind verletzt oder welche Situation wirklich die Ursache dafür ist. Denn der Freund wäre es ganz sicher nicht, die Ursache läge weit zurück in der Kindheit.

Auch hier können wir erst sicher sein, wie die Kommunikation des Freundes gemeint war, wenn wir nachfragen.

Deshalb haben er und ich die Kommunikation mit Hilfe dieses Modells untersucht. Er habe es so senden wollen, wie ich es weiter oben verstanden und dekodiert hatte. Und als freie Kinder, die nur miteinander spielen wollten, haben wir währenddessen herzlich über die Kommunikation und ihre Bedeutung lachen können.

„Delfine sind so lieb, die jagen nicht!"

Vor mehr als zehn Jahren habe ich an einem Seminar teilgenommen, bei dem es um alternative Heilverfahren ging und auch um gewisse Bewusstseinszustände, in denen so etwas wie Heilung eintreten kann. Auch aus diesen Gründen kann ich die Ansicht Bernes, die ich weiter oben beschrieben habe, ausdrücklich teilen:

> *„Jede schwere Prüfung (etwa Gefängnis oder Krieg) oder auch eine Ekstase (Konversion, Liebe) kann das Kind rasch aus den Fesseln der Eltern befreien."*[23]

Oft schon konnte ich im Leben beobachten, dass gewisse Bewusstseinszustände Menschen **kurzzeitig** aus sämtlichen Programmierungen und Befehlen, denen sie ansonsten unterworfen sind, befreien können.

Ohne zu sehr ins Detail zu gehen, war mein Kind-Ich während des Seminars absolut fasziniert von dem Verhalten einer Frau, die ich nur aus gewisser Entfernung beobachtet habe. Faszinationen können langfristig übrigens problematisch werden. Sind es Faszinationen, die Sie bei Menschen, die neu in ihr Leben treten, nach einiger Zeit abstoßend finden, ist das keine angenehme Situation. Zudem können Faszinationen, die Sie begeistern, abhängig machen. Wie oft werden Menschen zum Sklaven eines anderen Menschen, weil sie etwas faszinierend finden!

Der Professor meines Kind-Ich stellte also aus der Ferne Vermutungen an, die er gerne widerlegt oder bestätigt sehen wollte. Also begann ich in der Mittagspause mit mehreren Teilnehmern ein Gespräch über Delfine.

Mich fasziniert an Delfinen ihre außergewöhnliche Fähigkeit zur Kommunikation. Delfine geben sich gegenseitig individuelle Rufnamen und verwenden diesen Namen viele Jahre lang. Stoßen fremde Delfinfamilien aufeinander, passen sie ihre Sprachen an, um sich verständigen zu können. Es gilt als gesichert, dass sie sich sogar kommunikativ über Objekte austauschen können. Zudem beherrschen sie mehrere Arten des Jagens und zeigen eine hohe Intelligenz und äußerst abgestimmtes Verhalten, wenn sie gemeinsam während der Treibjagd ganze Fischschwärme verspeisen.

Während ich über die ausgesprochen ausgeklügelten Kommunikationsmethoden der Delfine sprach, konnte ich ein bestätigendes Kopfnicken der Frau beobachten, die mir schräg gegenübersaß. Das Jagdverhalten der Delfine interessiert mich tatsächlich nicht so sehr wie ihre Kommunikationsfähigkeit.

Übrigens beschreibt Dr. Berne ein Phänomen, das Sie sehr häufig beobachten können. Selbst wenn Menschen aus ihrem Erwachsenen-Ich zu Ihnen sprechen oder sie die Motivationen des Kind-Ichs verbergen wollen, wird das Gesicht sehr häufig die Meinung des Kind-Ichs ausdrücken. Manchmal ist es nur ein kurzes Zucken der Augen, ein Zusammenziehen der Stirn, ein leichtes Aufplustern der Wangen, was auch immer, Sie werden die Meinung des Kind-Ichs sehr deutlich sehen können. Das kann so weit gehen, dass Sie ganze Skripts des Kind-Ichs dauerhaft, also während einer gesamten Unterhaltung, beobachten können. Wenn Sie einen Sieger vor sich haben, also jemanden, der sich ständig über anderen stehend wähnt, werden Sie das lesen können. Und so lassen sich auch Verlierer- oder *„Ich-bin-immer-das-Opfer“*-Skripts ablesen, obwohl Sie sich möglicherweise mit dem Erwachsenen-Ich des Gesprächspartners unterhielten. Je stärker und undurchlässiger die Grenzen zwischen den Ich-Zuständen des Gesprächspartners gesetzt sind, sind diesem diese Reaktionen jedoch nicht bewusst. Er meint, er würde sich Ihnen gegenüber absolut rational verhalten, weil er sich selbst z.B. im Erwachsenen-Ich befindet. Er hat in diesen Momenten keinen Zugang zu seinem Kind-Ich. Erst Filmaufnahmen, Selbstversuche vor dem Spiegel oder das Feedback einer Gruppe machte dem

Betreffenden deutlich, dass die Aussagen, die er trifft, widersprüchlich verstanden werden können. Die Körpersprache des Kind-Ichs äußerte womöglich vollkommen andere Dinge als das Erwachsenen-Ich es verbal ausdrücken möchte.

Zurück zu unseren Delfinen und dem Mittagstisch: Als ich mit einem einzigen Satz das Jagdverhalten der Delfine beschrieben und diesen beendet hatte, stand die Dame sofort auf, nahm die Müslischüssel, das Besteck und die Tasse an sich, äußerte mit einem leicht weinerlichen Tonfall: *„So ein Quatsch! Delfine jagen nicht, die fressen nur Algen!“*, verschwand in einen Nebenraum und kam aus diesem die gesamte Pause über nicht mehr zurück. Tja, dann sitzt du da!

Dann sitzt du da, bist verblüfft, immer noch etwas fasziniert und dein Kind-Ich feiert den kleinen Triumph, weil sich die Vermutung bestätigt hat, die es von Anfang an konkludierte. Der kleine Professor hatte Recht, die Dame ist in anderen Welten unterwegs und möchte die Realität nicht sehen. Das Erwachsenen-Ich kennt die Theorien von Berne **noch nicht in der Tiefe** und nimmt diese Erkenntnisse mit auf, um zukünftig besser mit der Umwelt in Kontakt treten zu können.

Und Sie? Wie sehen Sie das? Würden Sie mich gerne zurechtweisen? Verbal auf mir herumprügeln? Wie ich mir die Frechheit herausnehmen könne, das auszutesten, obwohl mir doch im Grunde vorher schon klar gewesen war, wie sie tickt? Habe ich sie nicht unnötig noch mehr verletzt? Vielleicht sind es auch noch so viel mehr Dinge, die in Ihnen vorgehen! Gibt es auch Teile in Ihnen, die mich verstehen? Gibt es einen Teil, der das womöglich auch gerne ausprobiert hätte? Und was hätte dem im Weg gestanden?

Ich antworte Ihnen aus mehreren Zuständen heraus, mit sehr unterschiedlichen Beweggründen und auch Ich-Zuständen:

Meine kurze Ansprache über Delfine hat zirka eine Minute gedauert. Das Ergebnis ließ sich nicht 1:1 vorhersagen, dennoch habe ich die Tendenz durchaus vermuten können. Würde ich heutzutage noch so agieren? Nein! Ausdrücklich nicht!

Weil mir die dahinterliegenden Mechanismen heute klar sind und ich sie nachhaltig integrieren konnte. Die Faszination wäre heute verschwunden, zum damaligen Zeitpunkt war das jedoch nicht so. Deshalb würde ich heute in Situationen durchaus ähnlich agieren, wenn ich noch etwas entdecken oder untersuchen wollte. Erst durch das heute vorhandene Wissen wird die damalige Situation erklärbar – und wenn Sie andere Publikationen von mir kennen, können Sie vielleicht auch erahnen, was mich zudem beschäftigt hat. Ich *musste* mich schon früh mit fatalen Glaubenssystemen von Menschen beschäftigen, die ihnen, meiner Meinung nach, mehr schaden als nutzen. Der Triumph, den der kleine Professor in mir feierte, war jedoch deutlich kleiner als der mitfühlende und auch traurige Teil in mir, der im Grunde vorher schon genau beobachten konnte, wie viel Kummer mit diesen Mechanismen verbunden war. Der Teil in mir, der traurig darüber ist, wie viel Leid sich Menschen generell durch Gesetze, Normen, Selbsttäuschungen und Illusionen selbst und gegenseitig zufügen. Selbstverständlich geht es mir nicht darum, jemanden zu verurteilen, denn es gibt auch in diesem Fall eine Vorgeschichte, die ich nicht kenne.

Damit diese Themen nicht vermischt werden, werde ich an anderer Stelle die **Mechanismen der Kindheitsillusionen** wesentlich genauer erörtern. Übrigens kann ich mich weder an den Vor- und auch nicht an den Nachnamen der Person erinnern – und selbst wenn das so wäre, finden wir diese Form der Mechanismen in uns allen wieder – egal, welche Namen wir tragen.

Tja, mancher würde mich als „Arschengel“ oder als einer der beiden bezeichnen. Der blöde Arsch, der anderen aufzeigen muss, wie beschränkt sie sind, obwohl er genau weiß, was Sache ist. Was soll das?

Der Engel, der eine einzige, kurze Situation nutzt, um etwas bewusst zu machen. Sie hätte die Chance gehabt, diese kurze Situation zu einem guten Therapeuten mitzunehmen und ihre harsche Reaktion auf meine sachlich vorgetragenen Sätze zu beleuchten. Innerhalb weniger Sitzungen hätte ein immenses Wachstumspotential freigesetzt werden können.

Die wenigen Sekunden haben auch deutlich gemacht, dass weder sie noch ich einen gemeinsamen Bezugspunkt der Realität haben finden können. Was das in Menschen auslösen kann, beleuchten wir noch.

Und Sie? Wie beurteilen Sie das kurze Intermezzo jetzt? Nach den weiteren Erläuterungen? Bin ich Arsch oder Engel? Beides? Mehr? Weniger?

Meinem Kind-Ich ist das ziemlich egal, denn es würde in der damaligen Situation, in der es lernen und erkennen wollte, exakt so handeln, wie es gehandelt hat.

„Papa, wie funktioniert ein Kredit?“

Nun wissen Sie also, dass ich den Teil des Kind-Ichs, das seine Umwelt neugierig und lernen wollend entdecken möchte, nicht habe zuschütten lassen. Keine noch so schwachsinnige Aufgabe in meiner Schullaufbahn, kein Zwang, zirka einhundert religiöse Bücher und ca. 500 Zeitschriften zu lesen, deren Inhalte mir als Kind schon zuwider waren, haben es vermocht, mich am Lernen zu hindern. Damals wusste ich schon, dass ich eines Tages das lernen können würde, was ich selbst lernen möchte.

In allerjüngsten Kindesjahren habe ich schon Fragen über Fragen gehabt – und diese auch gestellt. Ich fand z.B. Autos *„toll“*, wie sehr mochte ich die Autos der 1970er-Jahre und habe die Marken und Fahrzeugtypen schon früh auseinanderhalten können. Also habe ich – mit zwei Jahren konnte ich *„leider“* noch nicht lesen, ich habe das tatsächlich schon früh bedauert – insbesondere meiner Mutter Fragen über Fragen zu den Fahrzeugmarken und -typen gestellt. Und so saßen wir in irgendwelchen Bahnen oder Bussen und ich habe die Admirale, Kapitäne, Kadetten, Senatoren, Käfer, Capris usw. auseinanderhalten können und es meiner Umwelt sodann laut mitgeteilt. Wenn ich ein Auto noch nicht kannte, half mir meine Standardfrage:

„Mama, was ist das für ein Auto?“

Waren wir zu Fuß unterwegs, war sie mir so freundlich zugeneigt, dass sie mit mir zu dem entsprechenden Fahrzeug gegangen ist und, wenn ich die Marke noch nicht kannte, sowohl die Marken- als auch die Typbezeichnung vorgelesen hat. Wetten, dass in der Millionenstadt keine andere Frau so viele Fahrzeuge unterscheiden konnte wie meine Mutter?

Meinen Vater habe ich, als ich im Grundschulalter war, gefragt, wie Kredite funktionieren. *„Das verstehst du noch nicht!“*, war seine

Antwort, als ich mit weiteren Fragen mehr herausfinden wollte, als dass die Banken Menschen Geld liehen, um mit Zinsen selbst Geld zu verdienen. Viele Eltern ergänzen das noch mit der so sehr tiefgehenden Erkenntnis: *„Dafür bist du noch zu klein!"* Kinder akzeptieren in der Regel, wenn auch ein Erwachsener mal erschöpft ist und etwas Ruhe braucht. Dazu muss man es ihnen jedoch mitteilen, denn sonst liegt ein Abbruch in der Kommunikation vor, und wie wir noch erarbeiten werden, betrifft das auch die Ebene der Zuneigung und Liebe.

Als Erwachsener bin ich, als ich mich an meine nicht beantworteten Fragen erinnerte, über das Zitat Henry Fords gestolpert, das nun auch bald ein Jahrhundert alt ist:

> *„Würden die Menschen das Geldsystem verstehen, hätten wir eine Revolution noch vor morgen früh."*

Und ich fand heraus, dass die meisten Menschen meine Kinderfragen selbst überhaupt nicht beantworten können. Wie funktioniert Geld? Wie funktioniert die erste Buchung? Worin liegt das Problem? Wo kommt der Zins her? Weshalb muss es immer wieder zu Währungskrisen kommen, insbesondere wenn die Handelsbilanz eines Staates negativ ist, dieser also mehr importiert als exportiert? Weshalb haben sich die Menschen 2008 damit zufriedengegeben, als man ihnen erklärte, die Krise sei durch gierige Banker und die Subprime-Thematik hervorgerufen worden? Obwohl es doch schon Jahre zuvor in Büchern zu lesen war, dass die Krise bevorstünde und auch Helmut Schmidt immer wieder davor warnte? Weshalb tat die Politik so, als sei sie durch diese Krise überrascht worden?

„Das Kind-Ich will nicht, koste es, was es wolle!"

Selbst wenn es um relativ leicht erlernbare Anlagestrategien geht, wissen viele, scheinbar erwachsene Menschen nicht, was sie tun.

> *„Nee, ich habe damals um das Jahr 2000 Telekom-Aktien gekauft und bin damit furchtbar auf die Nase gefallen, habe viel Geld verloren. Von Aktien bin ich geheilt!"*,

bekomme ich häufig zu hören, wenn ich über Aktien und Fonds spreche. Tatsächlich konnte das damalige Phänomen, als das Volk per Massenpropaganda aufgefordert wurde, Aktien zu kaufen, und es dann auch bereitwillig in die Tat umsetzte, psychologisch eher als Massenpsychose eingeordnet werden, als dass es eine sinnvolle Anlage gewesen wäre. Eine Massenpsychose beschreibt

> *„psychotische Verhaltensweisen von Menschen in einer Massensituation, wobei vernunftgesteuertes Verhalten durch induziertes irrationales, möglicherweise wahnhaftes Verhalten (‚Massenwahn') ersetzt wird und realitätsgerechte Ich-Funktionen aufgegeben werden."*[24]

Diese Ausnahmesituation als generelle Nicht-Handlungsempfehlung zu verstehen, macht wenig Sinn. Analysieren Sie diese Handlungsanweisung an das Selbst, nie wieder Aktien zu kaufen, doch auf Spielebene oder mit der bereits erlernten Transaktionsanalyse.

Selbstverständlich muss ein Anleger, der sich mit Einzeltiteln beschäftigt, generelles Wissen über Aktien, Kapitalmärkte und sogar über betriebswirtschaftlichen Sachverstand verfügen, um einschätzen zu können, ob ein Investment sinnvoll ist – und das ist selbstverständlich nicht jedermanns Sache, auch wenn die Grundlagen schnell erlernt wären. Dennoch tragen so viele Menschen ihr Geld lieber zu Anlageberatern, Bausparkassen oder Banken und zahlen

„Ausgabeaufschläge […], Verwaltungsgebühren, Performancegebühren, Depotgebühren, Transaktionskosten, Umschichtungsgebühren, Rücknahmegebühren, Vertriebskosten und weitere […] anfallenden Gebühren […]. Die Meisten wissen das aber nicht mal, weil es in irgendeinem Kleingedruckten steht, das natürlich niemand liest. […] Nicht die Rendite, sondern die Kosten sind oft das Zünglein an der Waage, wenn es darum geht, ob dein Vermögen wächst oder schrumpft. Und wir reden hier nicht von ein paar Euros. Solche Fonds können wahre Kostenmonster sein. Und das sind genau die, die uns regelmäßig von Vermögensverwaltern verkauft werden.“[25]

Das Zitat ist einem Video entnommen, in dem eine Beispielrechnung zeigt, dass nach einer Anlage von 50.000€, 30 Jahren Laufzeit und jährlichen Kosten von 2% 277.000€ erzielt werden können, während es ohne diese Kosten glatte 500.000€ wären. Die meisten Menschen nehmen das einfach hin, weil ein oder zwei Prozent doch nicht so viel seien. Es scheint einfacher zu sein, 223.000€ an einen Berater zu zahlen, als selbst Verantwortung zu übernehmen. Dabei ist der Handel von ETFs, also Fonds, die versuchen, den Markt oder einzelne Indizes abzubilden, mit einem eigenen Depot denkbar einfach. Natürlich fallen auch dabei Kosten wie die Differenz von An- und Verkaufspreis oder niedrige jährliche Verwaltungsgebühren an, die allerdings wesentlich geringer sind, als wenn ein Vermögensberater hinzugezogen würde. Vermögenssache sollte Chefsache sein, also Ihre eigene, weil Sie der Chef Ihres Lebens sind.

„Denn beschäftigen wir uns nicht einmal grundlegend selbst mit dem Thema und geben hierfür die Verantwortung ab, gehen wir zu hohe Risiken ein oder werden übers Ohr gehauen.“[25]

Das kleine Kind in uns kann ganz schön teuer werden, oder? Wie teuer wird es, wenn Menschen sich in anderen Bereichen des Lebens auch nicht beschäftigen wollen und sie sich lieber gegen andere politische Einstellungen, Rassen, Religionen etc. aufhetzen lassen oder nicht ausrechnen wollen, wie hoch die Kosten gewisser politischer Entscheidungen eines Tages sein werden? Wie hoch die gesundheitlichen Folgen einer sogenannten „Impfung" sein könnten, nur weil sie sich nicht mit den Argumenten seriöser Wissenschaftler beschäftigen wollen, die in den Mainstreammedien als Verschwörungstheoretiker, Covidioten, Rechtsradikale oder Menschenmörder bezeichnet werden? In all diesen Bereichen ist erwachsenes Handeln gefragt und eben kein Zustand des trotzigen oder des angepassten Kind-Ichs, das genau das tut, was Papa und Mama, bzw. der Staat und dessen Vertreter, von ihm verlangen. Denn das Formulieren und Einfordern der übergriffigen Gesetze und Regelungen, die das Staatskonstrukt der BRD seit einigen Jahren seinen *„Kindern"* auferlegt, ist doch der beste Beweis für ein übergriffiges, zerstörerisches Eltern-Ich derer, die diese Verordnungen verfassen und durchsetzen. Damit kompensieren sich jedoch nur ihr eigenes, verletztes, inneres Kind-Ich und lassen es an anderen aus. Doch wie kann es anders gehen?

Zwei Erwachsene, die Finanzkrise und Bundespräsident Köhler

2011 saß ich mit einem Personaler zusammen, als wir in einem Restaurant klären wollten, ob sich für beide Seiten meine Mitarbeit in dem Unternehmen, für das er tätig war, lohnen würde. Wir verbrachten Stunden miteinander, haben gegessen, getrunken und viele Themengebiete während unseres Gesprächs berührt, die letztlich mit dem Job rein gar nichts zu tun hatten. Ich habe die Begegnung als sehr angenehm in Erinnerung, es war so, als träfen sich zwei Menschen auf Augenhöhe, die mit Begeisterung Informationen austauschen. Er war als diplomierter Volkswirtschaftler zuvor an der Universität eingeschrieben, an der der ehemalige Bundespräsident Horst Köhler Honorarprofessor war. Köhler war zuvor Direktor des Internationalen Währungsfonds (IWF)!

Wir sprachen intensiv über die Ursachen der Finanzkrise und hatten unterschiedliche Ansichten über deren Ursache. Meine Meinung ist, dass es zu Finanz- und Währungskrisen kommen muss, weil alles Geld, das in unserem System im Umlauf ist (damals waren Kryptowährungen kein Thema), Schuldgeld ist. Darauf werden Zinsen verlangt, die nicht zugleich in Umlauf gesetzt werden. Das ist allerdings ein Thema für sich, das andere Bücher füllt. Um meine Auffassungen zu verdeutlichen, ließ ich mir einen Kugelschreiber und Papier kommen und malte ein Schaubild auf, um verständlich zu machen, wie ich unser Geldsystem verstehe und wie die Buchungen innerhalb des Systems funktionieren. Er war fassungslos angesichts der Tatsache, dass man dies niemals an *„seiner Uni“* thematisiert habe und es kein Bestandteil des Lehrplans gewesen sei. *„Herr Kohlhaas, wenn das stimmt, was Sie da erklären, wären genau das ja die Ursachen für die immer wiederkehrenden Finanzkrisen. Das ist ja furchtbar. Und doch so einleuchtend. Ich will Ihnen das gar nicht glauben, aber ich werde selbst recherchieren und mich bei Ihnen dazu melden.“*

Es dauerte nicht einmal einen Tag, da rief er mich an und teilte mir mit, dass er die ganze Nacht kein Auge zugemacht und recherchiert habe. Da es hier nur sekundär um Geld, sondern um Transaktionen geht, möchte ich auf das Resümee nicht weiter eingehen. Aus der Sicht der Transaktionsanalyse würde ich das Treffen so empfinden: Zwei Erwachsenen-Ichs sammelten Informationen, die sie in ihr weiteres Leben integrieren wollten. Allenfalls waren noch zwei neugierige, freie Kind-Ichs beteiligt. Es gab keinerlei *„Ich habe aber doch Recht!“*- oder sonstige Spielchen.

Allerdings begegnen sich Menschen, die Informationen austauschen oder über einen qualitativen oder quantitativen Unterschied in den Informationen verfügen, selten so, wie sich das Gespräch mit dem Personaler gestaltete. Ach ja, den Job hatte ich, aber Sie merken schon, das ist Nebensache.

Und auch wenn Sie erahnen können, dass ich in der oben genannten Situation Recht hatte, werde ich Ihnen nun mitteilen, wie es mir ergeht, wenn ich nicht Recht habe oder selbst lange brauche, um gewisse Verhaltensweisen bei Menschen beleuchten und nachhaltig begreifen zu können.

„Alexander, mit dir kann man eigentlich gar nicht reden!“

Über viele Jahre habe ich einen großen Teil meiner Arbeitszeit mit einem Kollegen in einem gemeinsamen Büro verbracht. Selbstverständlich tauscht man sich während eines Arbeitstages mit Kollegen über verschiedene Themen aus. Nach vielen Jahren der Zusammenarbeit entstand zwischen uns beiden ein Dialog, den ich hier aus dem Gedächtnis heraus wiedergebe:

„Alex, mit dir kann man eigentlich gar nicht reden!“
„Aha. Wieso?“
„Pass auf! Normale Menschen haben sich mit den meisten Themen, über die sie sich belanglos unterhalten wollen, niemals tiefgründig auseinandergesetzt. Wenn sie sich mit dir unterhalten, zeigst du ihnen ihre Grenzen auf. Sie merken, wie dumm sie sind!“
„Aber das ist nicht meine Intention und das will ich auch nicht!“
„Ja, warte mal, lass mich ausreden! Du machst das nicht bewusst, und ja, dafür kenne ich dich zu gut, das ist wirklich nicht deine Intention. Du willst sie nicht klein machen! Das passiert aber bei ihnen! Du hast dich mit so vielen Themengebieten sehr intensiv auseinandergesetzt, das haben sie nicht. Sie reden also vielleicht irgendein Zeugs daher, du teilst kurz deine Meinung mit, zeigst auch, dass du dir Themen von mehreren Seiten angesehen hast, das würden sie niemals tun, und damit lässt du sie aussehen wie Deppen! Wie die Deppen!“

Seine Stimme wurde immer lauter.

„Es geht mir doch nur um die Sache! Darum, etwas zu lernen!“
„Ja, Alex! Dir! Aber deinen Mitmenschen nicht! Verstehst du das denn nicht? Sie fühlen sich klein! Das Beste kommt aber erst noch! Wenn wir mal unterschiedliche Ansichten haben und du

nicht Recht hast, googlest du den Sachverhalt und sagst dann auch noch: ‚Stimmt, du hast Recht. Danke dir! Wieder was gelernt!'"

Seine Stimme bebte inzwischen. Es ging bei dem Sachverhalt um irgendeine juristische Angelegenheit und ich lag einfach falsch.

„*Dann bist du fertig damit!*", brüllte er mich an.
„*Ja, stimmt!*"
„*Du gibst zu, dass du falsch lagst und bedankst dich. Ich habe mich gefreut, dass ich es dir endlich einmal zeigen konnte und du sagst einfach ‚Danke'.*"

Ich habe seinen Triumph zerstört, ohne dass es mir bewusst gewesen wäre. Er konnte seine Gutscheine, die er gesammelt hatte, mir gegenüber nicht einlösen. Er hatte also nicht gewonnen, denn ich habe mich nicht als Verlierer gesehen, weshalb er sich nicht mehr als Gewinner sehen konnte und fühlte sich so um den Gewinn betrogen. Im Gegenteil! Aus seiner Sicht, und nur aus seiner, war er schon wieder der Verlierer. Die Frage ist, ob seine Empfindungen, Beobachtungen und ehrlichen Schlussfolgerungen nicht doch eher ein generelles Thema unter Menschen sind.

„Ich will doch nur lernen, wieso eskaliert das so oft?"

Ich sehe die Welt buchstäblich mit anderen Augen als andere Menschen. Als Kind habe ich so stark geschielt, dass beide Augenstellungen operativ korrigiert werden mussten. Neben der ein oder anderen gesundheitlichen Folge kann ich deshalb nur monokular sehen. Zwar können beide Augen sehen, das Gehirn ist aber nicht in der Lage, ein Bild anhand beider Augen zu produzieren. Es ist so, als würde nur das rechte oder alternativ nur das linke Auge sehen. Deshalb ist mein räumliches Vorstellungsvermögen reichlich beschränkt und überdies kann ich keinerlei 3D-Bilder erkennen.

> *„Menschen mit nur einem funktionierenden Auge können de facto also nicht räumlich sehen. Erst wenn zwei Bildsignale vorliegen, kann das Gehirn den besagten dreidimensionalen Eindruck kreieren. […] Es gibt bestimmte Mechanismen, die das räumliche Tiefensehen hervorragend kompensieren und nur mit Hilfe des monokularen Sehens ausgeglichen werden können. Monokulares Sehen ist zwar weniger detailliert, reicht aber aus, auch ohne räumliches Sehen einen normalen Alltag gestalten zu können. Menschen, die beispielsweise ein Auge infolge eines Unfalls verloren haben oder aufgrund einer Amblyopie nur einseitig sehen, vermissen den räumlichen Eindruck keineswegs. Einzig im Rahmen von feinmotorischem Arbeiten kann es in Folge des fehlenden räumlichen Sehens zu Schwierigkeiten kommen.*"[26]

Es gibt also Dinge im Leben, die ich nur unter erheblichem Aufwand lernen kann bzw. für die ich mehr Zeit benötige als andere Menschen. Mit einem Schutzgasschweißgerät kann ich ganz gut umgehen, aber Löten oder Autogenschweißen wird deutlich schwieriger. Ich versuche gar nicht erst, eine Nadel durch den Faden… – Sie merken schon, es ist schwierig!

Ähnlich verhält es sich mit Dingen, die der Körper routiniert vortragen soll – wie beispielsweise choreographische Kampfkunstformen oder Tanzschritte. Dafür brauche ich länger und mein Gehirn braucht immens Energie, da die räumliche Komponente nicht als Erinnerungseindruck abgespeichert werden kann. Das ist vermutlich ein Grund dafür, dass ich sehr lange gebraucht habe, die Situationen zu analysieren und zu verstehen, die ich Ihnen nun gerne schildern möchte.

Da ich beruflich bedingt über viele Jahre an wechselnden Orten tätig war, habe ich an verschiedenen Schulen Kampfsport trainiert und somit eine breite Erfahrung mit verschiedenen Trainern und deren Gruppen sammeln können. Wenn ich schilderte, dass ich, im Gegensatz zu anderen Menschen, für das Umsetzen gewisser „*Choreographien*“ etwas länger brauche, war das meist kein Problem. Auch nicht, dass damit naturgemäß häufigeres Nachfragen verbunden ist, bis die Übung sitzt. Andererseits reagierten einige Trainer auch durchaus genervt, obwohl es definitiv nie so war, dass ich den Trainingsbetrieb in 90min fünf bis zehn Mal unterbrochen hätte. Wenn ich den Inhalt einer Übung umsetzen konnte, gab es keinen Anlass zur Nachfrage, d.h. es gab wohl mehr Trainingseinheiten, in denen ich nicht nachfragen musste, als Trainingseinheiten, in denen ich Fragen stellte.

In manchen Kampfsportgruppen kommen Menschen aus unterschiedlichen Stilrichtungen zusammen, die selbst über einen großen Erfahrungsschatz verfügen. Ganz besonders kritisch werden Situationen der Nachfrage, wenn einzelne Teilnehmer, und damit meine ich nicht einmal mich selbst, erklären und womöglich auch nachweisen wollen, dass die gezeigte Technik alles andere als produktiv, sondern eher schädlich und gefährlich für den Verteidigenden sein könnte.

Als Beispiel erinnere ich mich an eine Situation aus dem südwestdeutschen Raum, in der eine langjährig erfahrene Trainerin, die auch in Ninjutsu ausgebildet war, eine Übung zeigte, in der der Angegriffene am Hals gepackt und an die Wand gedrückt wird. Ich selbst habe mich dabei zurückgehalten, aber der eine oder andere männliche Teilnehmer, der in anderen Disziplinen über Erfahrung verfügte, äußerte deutlichen Unmut oder verweigerte gar die Teilnahme an der Übung. Sie begründeten es damit, dass sie sich den anderen Teilnehmern gegenüber verantwortlich fühlten und ihnen nicht dabei behilflich sein wollten, eine Technik zu erlernen, die in wenigen Sekunden zum eigenen Untergang führen würde.

Die Trainerin wollte daraufhin den Beweis antreten und einem der Kritiker zeigen, dass die Technik funktioniere. Er war so freundlich und drückte ihren Hals nicht so zu, dass in wenigen Momenten ihre Lichter ausgegangen wären, blieb aber konsequent dabei, sie an die Wand zu drücken. Sie merkte schnell, dass sie keinerlei Chance haben würde und wendete eine völlig andere, sehr sinnvolle Technik an und befreite sich aus der Situation. Er setzte nicht weiter nach, denn es ging nur und ausschließlich um den Akt der Befreiung und den Nachweis, ob die Technik funktioniert oder nicht.

Wie war wohl ihre Reaktion? Anstatt darüber zu reflektieren, äußerte sie nur:

> *„Ja wenn das nicht funktioniert, musst du eben was anderes machen! Das Entscheidende ist, du kommst aus der Situation raus, wenn du willst!"*

Er hätte nur einen anderen Punkt des Halses drücken müssen, dann hätte sich auch der letzte Satz als reine Illusion entpuppt!

Verstehen Sie mich bitte nicht falsch, es war keine Kampfkunstform, in der viele künstlerische und choreographische Elemente zu einer ansehnlichen Übung hätten verschmolzen werden sollen, sondern eine Selbstverteidigungsart, bei der häufig Werbung dafür gemacht wird, dass sie jeder erlernen und anwenden könne bzw. sie gegebenenfalls auf die entsprechende Person und ihre etwaigen Behinderungen hin angepasst werden kann. Es war kein Ninjutsu oder eine ähnliche Kampfkunst. Selbstverständlich gibt es auch Techniken, die ein 120kg-Mann sehr gut anwenden kann, die aber für eine 50kg schwere Frau völlig ungeeignet sind, um sich realistisch verteidigen zu können. Die von der Trainerin vorgestellte Technik müsste allerdings grundsätzlich kritisch bewertet bzw. verworfen werden.

Doch ist diese Reaktion der Trainerin typisch weiblich? Musste gerade sie ihr Ego aufplustern, um sich vor den anderen Frauen und auch gegenüber den Männern zu beweisen? Meine Antwort dazu ist ein klares Nein! Denn tatsächlich habe ich solche oder ähnliche Situationen mehrmals erlebt und alle ihre männlichen Kollegen haben sich grundsätzlich so verhalten wie sie oder aber steigerten zusätzlich die Intensität, indem sie dem Kritiker Schmerzen zufügten oder diesen verbal vor der Gruppe attackierten oder gar erniedrigten. „*Wenn X nicht funktioniert, dann mach eben Y!*“, ist also noch den Reaktionen zuzuordnen, die einen entspannten Trainer vermuten lassen. Der oben genannten Trainerin muss eindeutig zugutegehalten werden, dass sie sich intensiv auf die Kritik eingelassen hat. Dennoch habe ich es nie erlebt, dass ein Trainer über die Technik reflektieren konnte oder sie gar mit der Gruppe einer gemeinsamen, kritischen Analyse unterzogen hätte. Und sie im Zweifel dahin gepfeffert hätte, wo sie hingehört: In den Müll! Denn hier geht es nicht um einfaches Rechthaben, sondern um das Trainieren von Reflexen und Techniken, die das Überleben sichern sollen.

Als ich einige Jahre später beruflich nicht mehr so regelmäßig an wechselnden Orten unterwegs sein musste, fand ich eine Schule, in der ich jahrelang trainiert habe. Auch dort stellte ich also hin und wieder Fragen und selbstverständlich war auch dort nicht nur mein schlechtes räumliches Sehen für eine schlechte Ausführung einer Übung verantwortlich, sondern auch mangelnde Übung oder simple Begriffsstutzigkeit. Zudem gab es auch in dieser Gruppe sehr wenig Fragende, so wie ich es in allen anderen Schulen erlebt hatte. Nur ein kleiner Teil der Menschen stellt Fragen. Wie oft hatten andere Teilnehmer dieselben Fragen wie ich, stellten sie aber nicht? Wie oft habe ich beobachten können, dass der von ihnen gezeigte Bewegungsablauf ein völlig anderer als der vorgestellte war. Und wieder stellten sie allenfalls sehr selten Fragen.

Eines Trainingstages reagierte der Trainer, den ich hier Jakob nennen möchte, auf eine meiner Fragen wütend und drohte, mich aus der Schule zu werfen. Ich verstand sofort, dass ich, ohne es zu wollen, ihm zu nahe getreten sein oder er sich kritisiert und in seiner Ehre verletzt fühlen musste. Vor der gesamten Gruppe äußerte ich daraufhin in etwa folgende Sätze und sprach sie laut und deutlich aus:

> *„Jakob, einen Moment bitte. Ich glaube, hier liegt ein Missverständnis vor. Ja, ich frage öfter einmal. Ich frage aber ausschließlich aus dem Grund, weil ich entweder etwas noch nicht verstanden habe oder glaube, etwas besser machen zu können. Niemals stelle ich deine Qualität als Trainer infrage oder will mich über dich stellen. Ich würde nicht hierhin kommen, wenn ich dich nicht für einen guten Trainer hielte. Es geht mir nur und ausschließlich um mich und mein Verständnis. Nichts anderes!“*

Nie wieder kam es zu einer ähnlichen Situation – mit meiner deutlichen Aussage vor der gesamten Gruppe war das Thema ein für alle Mal erledigt.

Wir werden die Mechanismen, die zu dieser Kommunikation geführt haben, an weiteren Stellen wiederfinden und sie einer intensiveren Betrachtung unterziehen. Allerdings wirken in den hier beschriebenen Situationen noch weitere Prozesse. Ein Trainer ist ein Lehrer und damit für die meisten Menschen tatsächlich so etwas wie eine besondere Respektsperson. Er ist es, der häufig in das Eltern-Ich geschoben wird, weil sich Menschen ihm gegenüber aus dem Kind-Ich heraus verhalten. Wir werden diese Phänomene noch bei typischen Arzt-Patienten-Verhältnissen beleuchten, bei denen Ärzte von Patienten noch höher gehoben werden als in das Eltern-Ich. Was passierte nun in der Gruppe, wenn sachliche Kritik an einer Technik als Kritik an dem Trainer verstanden würde? Er verlöre seinen Status. Das wiederum könnte zu deutlich mehr Unruhe des Trainingsbetriebs oder sogar zu Kündigungen seitens der Teilnehmer führen. Das Eingestehen von „Fehlern“ seitens des „Führers“ einer Gruppe kann dessen Anhänger unsicher und misstrauisch machen.

Einfaches Fragen kann also manchmal ganz schön kompliziert werden. Die hier dargestellten Mechanismen verhindern, dass wir Menschen durch Kritik lernen und uns weiterentwickeln könnten. Im übertragenen Sinne verbleiben ganze Gruppen deshalb auf einem niedrigeren Level des Bewusstseins.

„Der Motor läuft nicht, selbst wenn er läuft!“

Über einige Jahre habe ich in einem Internet-Forum mitgeschrieben, in dem es um einen speziellen Fahrzeugtyp und die Eigenreparaturen daran geht. Oft finden sich in solchen Foren ausgebildete Fahrzeugspezialisten, die über wesentlich mehr Detailwissen verfügen als so mancher Vertragshändler, insbesondere wenn das Fahrzeug seit mehr als einem Jahrzehnt nicht mehr produziert wird.

Dort herrschte die Meinung vor, dass die Fahrzeugbatterie nicht abgeklemmt werden dürfe, wenn entweder der Kurbel- oder Nockenwellensensor defekt sei, da das Steuergerät einmalig beide Signale der Sensoren zur Synchronisation benötige. Würde die Batterie abgeklemmt, obwohl einer der beiden Sensoren defekt sei, würde der Motor nicht mehr anspringen. Bliebe die Batterie angeklemmt, würde das Signal eines Sensors ausreichen, damit der Motor liefe. Es würde nur die gelbe Motorkontrollleuchte in der Instrumententafel aufleuchten. Über viele Jahre hinweg haben sich dutzende Menschen an den Rat gehalten und diese Information, also dass die Batterie bei einem Defekt einer der beiden Sensoren nicht abgeklemmt werden solle, an neue Teilnehmer des Forums weitergetragen. Beide Steckverbindungen der Sensoren lassen sich im Motorraum sehr gut erreichen, weshalb sich ein Defekt leicht durch das Trennen der Steckverbindungen simulieren lässt. Nun raten Sie mal, wer die Argumentation technisch-logisch nicht nachvollziehen wollte und es einfach ausprobierte, als tatsächlich einer der beiden Sensoren seinen Dienst quittierte? Ich klemmte die Batterie in dem Wissen ab, dass ein Defekt eines Sensors vorlag, klemmte sie wieder an – und siehe da, der Motor lief. Da ich über ein zweites Fahrzeug verfügte, das drei Jahre jünger war und bei dem ein anderer Softwarestand des Steuergeräts sowie andere Sensoren eingesetzt wurden, probierte ich es dort auch, klemmte also einen der beiden Sensoren wechselseitig und die Batterie ab und wieder an. Auch dieser Motor lief, obwohl jeweils nur ein Sensor und die Batterie wieder angeschlossen waren.

Je älter die Sensoren werden, desto mehr neigen sie zu Fehlern. Zudem ist die Auswahl der Sensoren, die nach der Motornummer zugeordnet werden müssen, nicht immer leicht und es kommt häufig zu Verwechselungen. Bei mir sind schon Fahrzeuge gelandet, die kurz vor der endgültigen Verwertung gestanden haben, weil mehrere Werkstätten weder den Fehler zuordnen konnten, noch in der Lage waren, den richtigen Sensor dem jeweiligen Motor zuzuordnen. Wenn man um die Problematik weiß, sehen Sie nach erfolgter Reparatur wieder in die strahlenden Augen des Eigentümers, der sein Schätzchen daraufhin noch ein paar Jahre weiterfahren darf.

Gerade weil es so ein heikles Thema ist und es immer wieder zu Problemen kommt, dauerte es nicht lange, bis dem nächsten Neuankömmling des Forums geraten wurde, die Batterie auf keinen Fall abzuklemmen, wenn der fehlerhafte Sensor noch nicht identifiziert worden sei. Daraufhin schrieb ich, das sei kein Thema, der Motor liefe auch nach dem Ab- und Anklemmen der Batterie, ich hätte es ausprobiert.

Das rief zwei Teilnehmer des Forums auf den Plan, die schon jahrelang mitschreiben. Das könne überhaupt nicht sein, sie überbaten sich förmlich in der Rechtfertigung ihrer, sowieso schon über Jahre wiederholten Ansicht und ich blieb einfach bei meiner Meinung. Ich verstieg mich nicht in ellenlange, technische Erläuterungen, sondern forderte sie auf, es einfach auszuprobieren. Der Aufwand dazu besteht tatsächlich nur aus dem Öffnen der Motorhaube, dem Lösen der Mutter und dem Entfernen des Batteriepolkabels vom Batteriepol, dem Drücken eines Federmechanismus, um einen Stecker trennen zu können und dem erneuten Platzieren des Batteriekabels auf dem Batteriepol. Ich blieb, auch nach mehrfachen schriftlichen Ergüssen anderer Teilnehmer, bei meiner Aufforderung an sie. Nur einer der über Jahre aktiven Schreiber, der diesen Fahrzeugtyp übrigens wesentlich besser kennt als ich, reflektierte später über diese Situation, „*die ihm keine Ruhe ließ*". Zwar probierte er das Trennen der Sensoren an seinen Fahrzeugen auch nicht aus, sein technisches Hintergrundwissen führte jedoch dazu, die ursprüngliche Ansicht als falsch zu erkennen. Er teilte daraufhin den anderen Teilnehmern des Forums die neuen Erkenntnisse mit. Der andere, schon länger mitschreibende, Teilnehmer blieb bei seiner Ansicht und wollte sich unter keinen Umständen auf das Experiment einlassen. Bei seinen Fahrzeugen hätte nicht einmal die Gefahr bestanden, dass der Motor nicht wieder angesprungen wäre, da dessen Sensoren einwandfrei funktionierten. Kein anderer Teilnehmer des Forums beteiligte sich mehr an der Diskussion. Keiner probierte diesen simplen Versuch aus. Und raten Sie mal, ob heute, viele Jahre später, den Neuankömmlingen noch geraten wird, die Batterie bei Ausfall eines Sensors abzuklemmen? Natürlich! Und wen würde man auf gesellschaftlicher Ebene als Verschwörungstheoretiker bezeichnen? Den Mitläufer oder den, der eigenständig denkt, Widersprüche aufzeigt, selbstständig Studienergebnisse zusammenträgt oder gar eigene Experimente durchführt?

„Arbeitsgericht gegen den großen Papa?“

Vor vielen Jahren saß ich mit einem Unternehmer zusammen, der aus wirtschaftlichen Gründen einige betriebsbedingte Kündigungen aussprechen und andere fragwürdige Dinge durchsetzen *„musste“*.

Ich fragte ihn, wie hoch der Prozentsatz der klagenden Arbeitnehmer sei.

„Was schätzen Sie?“, fragte er und grinste.

„Wenn ich an Ihrer Stelle wäre und ich genauso gehandelt hätte wie Sie, dann hätte ich Rückstellungen für Abfindungen von ca. zehn Prozent der gekündigten Arbeitnehmer gebildet. Denn es ist klar, dass Sie diese Arbeitnehmer nicht weiter hätten beschäftigen können, denn andere Mitarbeiter hätten, nachdem sie den Erfolg ihrer Kollegen hätten beobachten können, ebenfalls geklagt!“

„Stimmt! So wie Sie kalkulieren, haben wir es auch! Für zehn Prozent der Arbeitnehmer haben wir Rückstellungen für Arbeitsgerichtsprozesse gebildet. Sie dürfen noch einmal schätzen.“, sein Grinsen wurde breiter.

„Okay, wenn das so ist, fünf Prozent!“

„Ein Prozent!“

In dem Fall war ein Prozent der Menschen bereit, für die eigenen Rechte einzustehen. Vielleicht, weil sie gegen den großen Papa hätten vorgehen müssen?

Warum, warum?

In den Methodenkoffern zahlreicher Unternehmensberater findet sich die 5W-Technik, die auch als Problemlösungstechnik bekannt ist. Sie wird insbesondere zur Verbesserung von Produktionsabläufen eingesetzt und beruht auf der Tatsache, dass die Ursache von Problemen oft nicht nach der ersten Frage benannt wird, sondern bis zu fünf Warum-Fragen erforderlich sind, um die Ursache eines Problems ergründen zu können.

> Unternehmensberater (U): „*Warum haben Sie so eine niedrige Produktivität in der Linie?*"
> Mitarbeiter (M): „*Weil der Prüftester ausfällt.*"

Oberflächlich gesehen haben wir eine Ursache gefunden – den Ausfall des Testers. Doch hilft uns das weiter? Können wir mit dieser Aussage unsere Produktivität erhöhen oder benötigen wir schlicht mehr Informationen?

> U: „*Warum fällt der Prüftester aus?*"
> M: „*Nun, er fällt nicht bei allen Produkten gleichmäßig aus. Bei Produktfamilie X fällt er weniger häufig aus!*"
> U: „*Warum fällt er bei Y häufiger aus?*"
> M: „*Es könnte daran liegen, dass wir bei Y an acht Punkten gegen Masse prüfen und bei X nur gegen vier.*"
> U: „*Warum machen wir das so?*"
> M: „*Das weiß ich auch nicht!*"
> U: „*Warum prüfen wir X nicht auch gegen vier Massepunkte und warum eigentlich nehmen wir nicht nur einen einzigen Massepunkt, das sollte doch reichen, oder?*"

Kein Scherz – so einfach ist es manchmal wirklich. Die Produktivität der Linie konnte um einen zweistelligen Wert gesteigert werden, einfach nur, weil jemand tiefergehende Fragen stellte und die Masseanschlüsse, und damit die Kontaktschwierigkeiten, von bis zu sieben auf einen einzigen reduziert wurden. Wie viele Unternehmensberater verdanken ihren Erfolg den richtigen Fragen, die sie stellen, und dem Wissen, das sie den Mitarbeitern der beratenden Unternehmen abzapfen!

Die 5W-Technik bringt Sie in rein technischen oder sachlichen Problemstellungen meist sehr schnell an die Ursache von Problemen. Doch wie häufig habe ich erlebt, dass Menschen wütend geworden sind, wenn ich sie verwendet habe. Aus der Nummer sind alle Beteiligten nur gut herausgekommen, weil ich konsequent Kommunikationsklärung betrieben und nachdrücklich zum Ausdruck gebracht habe, dass ich keinen Schuldigen suche, sondern nur die technischen Zusammenhänge verstehen möchte.

Doch was passiert bei Warum-Fragen? Obwohl sich die Fragestellung ausschließlich um sachliche Dinge drehen mag, bringen Warum-Fragen Menschen schnell in Richtung des Zustands des Kind-Ichs. Durch Warum-Fragen werden Menschen veranlasst, sich zu rechtfertigen. Das ist keine angenehme Situation. Und sie werden möglicherweise, mindestens unbewusst, an Situationen der Kindheit erinnert, wie sie sich Erwachsenen wie Lehrern oder den Eltern gegenüber rechtfertigen mussten. Auch die Autorin Alexa Mohl schreibt über das unangenehme Gefühl der Rechtfertigung und zitiert Chong/Smith-Chong, die ausschließlich Antworten auf Warum-Fragen aus dem trotzigen bzw. rebellischen Kind-Ich formulieren. Die beiden gehen sogar so weit, dass Warum-Fragen keinen Platz mehr in unserer Wirklichkeit haben sollten. Ursache und Wirkung seien der Kern des Denkens der westlichen Welt. Und die Menschen des Westens suchten für alle Erscheinungen zwanghaft nach einer Ursache und einem Verursacher.

> *„Es ist naheliegend, wohin das führt, wenn es sich bei den Erscheinungen um negativ bewertete handelt. Der Verursacher bekommt die Schuld und muss bestraft werden. Das ultimative Verhalten kausalen Abbildens ist Krieg.“*[27]

„Moral und Heldentum" als Imperativ der Politik

Als einer der grundständigen Ideengeber des modernen Heldentums könnte man Professor Philip G. Zimbardo vermuten, der durch das Stanford-Prison-Experiment berühmt geworden ist. In diesem Experiment wurden im Jahr 1971 Studenten entweder in die Rolle eines Wärters oder in die Rolle eines Insassen eines Gefängnisses gesteckt, um herauszufinden, welche gruppendynamischen Prozesse ausgelöst würden. Zimbardo wollte damals schon fleißig mitspielen und schlüpfte so selbst in die Rolle des Gefängnisdirektors, womit sämtliche wissenschaftliche Objektivität des Versuchs ad absurdum geführt wurde. Der Leiter des Versuchs spielt mit, welches Ergebnis lässt sich wohl erwarten? Selbstverständlich nimmt er Einfluss auf die Versuchsteilnehmer. Noch kritischer muss das Ergebnis bewertet werden, wenn man berücksichtigt, dass einer von

> *„Zimbardos Assistenten, der als eigentlicher Ideengeber des Experiments gilt und, wie Versuchsteilnehmer später berichteten, die ‚Wächter' wiederholt zu hartem Vorgehen gegen die ‚Gefangenen' aufgefordert habe. Zur Begründung hätten Zimbardo und sein Assistent den ‚Wärtern' gesagt, dass das Gelingen des Experiments von solchem Verhalten der ‚Wärter' abhänge."*[28]

Der Versuch wurde abgebrochen, weil die Versuchsleiter selbst festgestellt haben wollen, dass sie ihre Objektivität verloren hätten. Offenbar entstand diese Kraft der inneren Einsicht und Umkehr jedoch nur bedingt aus eigener Fähigkeit der Reflektion. Es war nämlich die damalige Lebensgefährtin und heutige Ehefrau Zimbardos, Christina Maslach, die Druck auf Zimbardo ausübte und damit bewirkte, dass das Experiment abgebrochen wurde.

Übrigens wurde das Experiment 2001 in Australien reproduziert, ohne dass es zu einer Eskalation gekommen wäre. Im Gegenteil.

> *„Es führte ‚zu einer Solidarisierung zwischen Wärtern und Gefangenen. Anders als Zimbardo hatten Haslam und Reicher den ‚Wärtern' keine Vorgaben für ihr Verhalten gemacht.'“*[28]

Diese Gegensätze müssten doch tendenziell eher dazu führen, Möglichkeiten und Instrumente zu schaffen und zu fördern, Machtmissbrauch und Gewalt in Organisationen und Strukturen wirksam stoppen zu können. Eher müsste die Teilung der Gewalten in einer Demokratie gefördert und dafür gesorgt werden, dass die vierte Gewalt, nämlich die Medien, tatsächlich ideologiefrei berichteten. Zimbardo hingegen beschäftigt sich in Folge des Experiments lieber mit der Frage, wie Menschen des Alltags zu Helden werden könnten. Er wurde 2011 auf der dritten Konferenz zur Holocaustforschung interviewt und von der Bundeszentrale für politische Bildung wie folgt vorgestellt:

> *„Philip G. Zimbardo, emeritierter Professor der Stanford University, ist durch das Stanford Prison Experiment berühmt geworden. Im Gespräch äußert er sich darüber, wie Systeme normale Menschen zu bösartigem Handeln verführen. In einem neuen Projekt beschäftigt er sich mit dem Gegenmodell – mit Wegen, Menschen durch Vorbilder und Helden des Alltags zu couragiertem Handeln zu animieren.“*[29]

Er versuche, die sozial-psychologischen Taktiken zu beschreiben, die im Alltag verwendet würden, um gewöhnliche Menschen zu verführen, böse Dinge zu tun. Dabei beschreibt auch er *„Identifikation“* als eine der Techniken oder *„Ideologien“*, die gut schienen und sich mit dem Motto präsentierten: *„Wir wollen Menschen helfen.“* Zudem benennt er simple Tricks wie *„Wir stecken dich in eine Uniform, in ein Kostüm, in eine Maske“* oder *„Entmenschlichung“*.

Bei der Entmenschlichung geht es darum, mit anderen Merkmalen ausgestattete Menschen oder Menschen, die anderen Ideen oder Religionen folgen, menschliche Eigenschaften abzusprechen oder auf die Stufe niederer Kreaturen zu stellen. Das entspricht aus Sicht der Transaktionsanalyse der Erlaubnis des Eltern-Ichs an das wütende Kind-Ich und an den Dämon des Kind-Ichs, diese Kreaturen zu bekämpfen. Die Reflektion ist in solchen Zuständen nicht mehr möglich und damit auch das Hinterfragen des eigenen Handelns, das den Täter selbst entmenschlicht handeln lässt.

Zimbardo benennt ferner Freund-/Feind-Techniken, um Menschen zu beeinflussen. Es sei der Job einflussnehmender Menschen, normale Personen, also Menschen der gewöhnlichen Bevölkerung, die keine Psychologen seien, dazu zu verführen, zu rauchen, zu lügen, zu betrügen und zu töten. Sie seien sehr effektiv darin und es sei ihr Job, Menschen der allgemeinen Bevölkerung zu der dunklen Seite zu bewegen.

Mit dieser bis hierhin vorgetragenen Analyse hat er zweifellos Recht, doch seine Schlussfolgerungen, welches Handeln diesen Techniken entgegengesetzt werden könne, sind derart haarsträubend, dass man vermuten kann, er habe seit dem Einschreiten seiner Lebensgefährtin vor mehr als 50 Jahren, das zum Abbruch des Experiments führte, in seinem Fachgebiet nichts Entscheidendes dazugelernt.

> *„Was ich versuche in meinem heroischen Imaginationsprojekt, in meiner neuen Bewegung, zu tun, ist das Gegenteil. Lehre Menschen, diesen machtvollen Kräften zu widerstehen und inspiriere sie zu heldenhaften Taten. […] Jeder kann ein Held sein, jeden Alters, Männer und Frauen. […] Ein Held zu sein bedeutet, du handelst im Namen von Menschen, die Hilfe bedürfen oder einen moralischen Grund zu verteidigen. Aber du musst handeln. Du musst psychologisch vorbereitet sein zu sagen: ‚Wenn andere*

Menschen angesichts von Ungerechtigkeit, Unmenschlichkeit, Korruption passiv sind, bin ich willens zu handeln.' Du kannst am effektivsten sein, wenn du nicht allein handelst, sondern Netzwerke bildest."[29]

Er versucht also, all die zuvor richtig erkannten Mechanismen mit denselben Mechanismen zu bekämpfen, denn Heldentum ist doch schon seit Jahrtausenden die Triebfeder für das illusionäre Kindheits-Ich, das es nachhaltig in Kriegsgräber befördert. Selbstverständlich brauchen wir Menschen, die für Werte einstehen, die sie selbst und aus dem Erwachsenen-Ich heraus als richtig erkennen und die nicht aufgrund von Spielen, Skripts oder hypnotischen Befehlen entstanden sind. Wir brauchen weder Superman, Batman oder einen sonstigen Erlöser, der das illusionäre Kindheits-Ich, und damit die ganze Person, erretten soll. Gerade das Heldentum stellt den Helden doch auf eine höherliegende Stufe, die dazu einlädt, auf andere Menschen herabzusehen.

Und wieder führt ein Architekt der Menschheitsbeeinflussung Moral als Beweggrund hinzu. Wenn ich und die Menschen, die ich von meiner Bewegung überzeuge, moralisch handeln, werte ich damit gleichzeitig andere Ansichten ab. Wieder ein Schritt hin zur Entmenschlichung. Zimbardos Empfehlungen des Heldentums richten sich an die verschiedenen Zustände des Kindheits-Ichs.

Das Geistesvirus, das wir seit Jahrtausenden nicht besiegen

Vera Birkenbihl[30] benannte die *„4T"*, mit denen ein Virus des Geistes erkannt werden könne.

> TRUE: Nur unsere eigene Ansicht ist die objektiv wahre.
> TUGENDHAFT: Nur wir sind tugendhaft bzw. haben die Moral auf unserer Seite.
> TOLERANT: Wir ertragen es nicht, andere Meinungen, Erfahrungen oder Weltbilder auch nur anzuhören. *„Das sehen Sie falsch!"*, sei einer der Kernsätze dieser ausgedrückten Intoleranz, indem wir anderen Menschen genau das zumuteten, was wir selbst nicht erdulden könnten.
> TABU: Das Thema ist so heilig, so sittlich, so moralisch, so einzig wahr und richtig, dass wir es niemals hinterfragen dürfen (vgl. das Zitat von Professor Dr. Wieler, dem ehemaligen Leiter des Robert-Koch-Instituts, der im Juli 2020 das Folgende äußerte: *„Diese Regeln werden wir noch monatelang einhalten müssen. Die müssen also der Standard sein. Die dürfen überhaupt nie hinterfragt werden."*[31]) Wieler erhielt im Januar 2024 das Bundesverdienstkreuz. Umhängen von Lametta gehört nach wie vor zu den Seltsamkeiten des Menschen.

Zimbardo wandte sich im Juli 2020 mit einer *„wichtigen Nachricht"* an *„alle Amerikaner"*.

> *„In dieser neuen Ära, in der wir es mit einer Killer-Pandemie zu tun haben, ist es zwingend erforderlich, dass du eine Maske tragen musst, wann immer du in der Öffentlichkeit bist. Trage eine Maske, schütze dein Leben! Trage eine Maske, schütze das Leben anderer! Das ist nicht der Zeitpunkt zu rebellieren oder sich nicht anzupassen! Stattdessen: Handle weise! Folge den neuesten wissenschaftlichen Anweisungen unserer medizinischen Experten. Trag bitte deine persönliche Maske!"*[32]

Sei ein Held, trag Maske!

„Sei ein Held, trag eine Maske!“[33], forderte Jack Black.

„Kein Held ohne Maske“,[34]

ist eine Aktion, die von Professor Dr. Kekulé unterstützt wurde. Dem Internetauftritt können Sie heute noch folgende Handlungsanweisungen entnehmen: *„Bleib möglichst zu Hause.“*, *„Wasche gründlich die Hände.“*, *„Halte ausreichend Abstand.“*, *„Trage eine Maske.“*.

„Helden tragen Masken.“[35]

Zumindest sieht das der Sportverein *Hannover96* so und verweist sogleich auf den Produzenten der dort verkauften Masken, den *„ehemaligen Tennisprofi“* und *„Hannoveraner“* Nicolas Kiefer. Es wird also gleich ein *„Held“* präsentiert und ein Merkmal der Identifikation[M] angeboten:

> *„Veredelt wurde die Maske mit dem 96-Logo auf der linken Seite […].“*

*„Alle Superheld*innen tragen Maske!“*,[36] lässt das Bundesministerium für Arbeit und Soziales seine Leser wissen.

„Du willst ein Held sein? Mundschutz tragen!“,[37] fordert die Helios-Klinik Leisnig von *„Mitarbeiter[n], Patienten und externe Gäste[n]“*. Auf der Homepage finden Sie eine Grafik, in der sich eine weißhaarige Frau mit Brille und Maske den Kittel in einer Pose aufreißt, die man eher einer Stripperin zuordnen würde. Unter dem Kittel taucht ein Anzug auf, der an den Anzug *„Supermans“* erinnert.

„Echte Helden tragen Maske“,[38]

lautete das Video der Rheinbahn, in dem Taucher, in voller Montur gekleidete Feuerwehrleute, ein verkleideter Dinosaurier, eine Domina und einige andere Menschen entweder vom Busfahrer vorbeigelassen oder freundlich an die Maske erinnert werden, bevor sie den Bus betreten dürfen.

Die Stadt Wesel führte eine Plakat- und Postkartenaktion durch, auf denen in sieben verschiedenen Sprachen der Spruch „*Lass dich impfen*" zu lesen war. Wie passend, dass darauf ein Esel abgebildet wurde, der Maske trägt und dem die Spritze im Rücken steckt.[39] Das Motto „*Esel lass dich impfen*", wäre wohl zu offensichtlich gewesen. Die Bundesregierung führte in ihrer Kampagne „*Lass dich impfen!*" folgende Argumente ins Feld:

„*Die Corona-Impfung schützt dich.*"
„*Die Impfung wirkt gut.*"
„*Du schützt auch Menschen, die dir nahestehen.*
Zum Beispiel auch deine Großeltern."
„*Jede Impfung hilft uns allen.*"
„*Die Impfstoffe sind ausgiebig geprüft.*"
„*Impfen kostet nichts.*"
„*Die Impfung ist deine Eintrittskarte.*"
„*Handy vorzeigen reicht.*"
„*Die Impfung schützt auch gegen Long-Covid.*"
„*Ein Impftermin ist leicht zu kriegen.*"[40]

Weshalb wurden in zahlreichen Kampagnen so viele Prominente, also die Helden des durchschnittlichen Bundesrepublikaners, aufgefahren? Bei der folgenden Betrachtung geht es mir ausdrücklich nicht um hypnotische, traumatisierende oder gruppendynamische Effekte, denn darauf bin ich in anderen Publikationen bereits intensiv eingegangen, sondern um die Analyse der Botschaften und des Verhaltens der Menschen aus Sicht der Transaktionsanalyse.

Spritze und Bratwurst oder Stubenarrest!

Die oben genannten Botschaften sind eindeutig aus dem Eltern-Ich an den Zustand des Kind-Ichs gerichtet. Sie gaukeln das stützende, liebevolle Eltern-Ich vor, das versucht, den Zustand des angepassten Kind-Ichs zu erreichen. Das angepasste Kind-Ich vertraut seinen Eltern blind, denn so muss es selbst weniger Verantwortung übernehmen, weniger recherchieren, weniger denken, weniger Informationen aller Seiten auswählen und hat es dadurch leichter. Es kann und will nicht erkennen, obwohl es im Alter eines Erwachsenen die Möglichkeit dazu hätte, dass seine Eltern bzw. die Menschen, die vorgeben, verantwortlich über es zu entscheiden, durchaus auch bösartige oder zumindest wenig förderliche Dinge im Schilde führen oder selbst ahnungslos sein und Wissen vorgaukeln könnten. Wie viele erwachsene Menschen entschuldigen ihre Eltern für vergangenes, schädliches oder missbräuchliches Verhalten ihnen gegenüber mit den Worten: *„Na, sie haben es eben nicht besser gewusst!.*" Dieser Glaubenssatz bewahrt vor der Erkenntnis, die Eltern vollumfänglich wahrnehmen zu müssen, und damit vor Trauer und Wut, die das angepasste Kind-Ich eben auch nicht ausdrücken darf, sei es, weil das Eltern-Ich diese Äußerungen verbietet oder weil die Selbsttäuschungen des Eltern-Ichs diese Verbote aussprechen und das Erwachsenen-Ich sie für die eigenen Ansichten, Gebote und Verbote hält. Das angepasste Kind-Ich verbündet sich schnell mit dem trotzigen Kind-Ich, wenn es von außen auf die Möglichkeit hingewiesen wird, dass Eltern bzw. einige Eliten es alles andere als gut mit ihm meinen. Und schnell erlaubt das Eltern-Ich das Ausdrücken von Wut – allerdings nur dem Überbringer der Nachricht gegenüber!

Gesamtgesellschaftlich holen Sie zuerst und mit größter Leichtigkeit die angepassten Kinder ab, die Sie mit der Ansprache *„im Du*", einfachsten Botschaften, Comics und Helden erreichen. Gleichzeitig wird das magisch-denkende Kind aktiviert, denn es hat

Werkzeuge gegen den Feind zur Hand – das Laserschwert gegen den Drachen, das Unsichtbarmachen vor Bösewichten, wenn es nicht gesehen werden will, die Maske zum Schutz vor Viren oder die Spritze, die man in weiter fortgeschrittenen Stadien auch treffend als Booster-Shot bezeichnete. Der Laser des Schwerts muss doch schließlich aufgeladen bzw. geboostert werden. Zur Belohnung spendiert man dem Kind noch eine Wurst, und das angepasste Kind-Ich darf endlich wieder spielen, reisen oder Biertrinken und wird aus den ewigen Lockdowns entlassen. **Freilich sind diese unreifen Kinder für zukünftige Lockdowns, also Stubenarreste, oder ähnliche Maßnahmen bestens dressiert und hypnotisiert**, auch wenn hypnotische Effekte hier nicht näher betrachtet werden, wenn sie im Rahmen von Klimaschutzmaßnahmen umgesetzt werden sollen.

Glauben Sie nicht? Schauen Sie doch mal in den Videos des Quellenverzeichnisses, wie Karl Lauterbach dazu steht.[41] [42]

Das trotzige Kind-Ich wird alle Maßnahmen rundheraus verwerfen. Das freie Kind-Ich will Freiheit, Spaß, Spiel, Freude und Kontakt zu anderen Menschen. Deshalb wird das trotzige Kind-Ich rebellieren. Es wird sich nicht an die Maßnahmen halten. Selbst wenn es keine akuten Atembeschwerden hat, wird es seine Maske so oft wie möglich ein Stück liften, unter der Nase tragen oder sie ganz weglassen. Spritzen lassen wird es sich schon dreimal nicht, denn die, die die ganzen Maßnahmen umsetzen, *„haben eh nicht alle Latten am Zaun"*. Das trotzige Kind-Ich schreibt als Arzt massenweise Atteste ohne Sinn und Verstand oder holt es sich bei seinem Arzt ab, ohne dass beide über die gesundheitlichen, individuellen Einschränkungen der Maskennutzung gesprochen hätten. Denn selbst wenn der Arzt aus seinem Erwachsenen-Ich heraus der Meinung gewesen wäre, dass alle Menschen von der Maskenpflicht hätten befreit werden müssen, würde eine rationale Kosten-Risiko-Betrachtung doch eindeutig ergeben, sich besser an die Regelungen zu halten, die Patienten nach den Beschwerden zu befragen und daraufhin eine individuelle Bescheinigung anzufertigen, als aus dem trotzigen Kind-Ich heraus Atteste en masse auszustellen.

Mein Erwachsenen-Ich würde Ärzten grundsätzlich empfehlen, die Patienten körperlich zu untersuchen, wenn sie nicht persönlich und mit ihren Krankheitsbildern bekannt wären. Bei ordnungsgemäßer Dokumentation würde das übergriffige, aus dem Eltern-Ich heraus handelnde Staatswesen es deutlich schwerer haben, diesem Arzt ein Fehlverhalten oder gar eine strafbare Handlung nachweisen zu können. Mit hoher Wahrscheinlichkeit würde dieser übergriffige Staat auch bei diesen Ärzten zig Haus- und Praxisdurchsuchungen durchführen, was ganze Existenzen aufs Spiel setzte. Gleichzeitig beförderte es Ärzte, die die Repressalien bei ihren Kollegen beobachteten, in das angepasste Kind-Ich. Dennoch wäre das Handeln dieser Ärzte, objektiv gesehen, nicht zu beanstanden.

Auch auf der Seite der Kritiker gibt es Helden. *„Schreib ein Attest und sei mein Held!“*, könnte ein Skript lauten. Schade nur, wenn der Held am Ende des Spiels stirbt oder er, durch unkluges Verhalten, zur Strecke gebracht wird. Dann wird der Held zum Opfer. Auch Opfer und Märtyrer haben letztlich einen Spielgewinn.

Andererseits war es erschreckend, wie viele Ärzte Menschen während der P(l)andemie nicht mehr als solche wahrgenommen haben und ihren Job teilweise nicht mehr ausüben wollten, weil sie Angst vor einer Erkältung hatten. Dabei ist der Umgang mit Viren und Bakterien doch Teil ihres Jobs.

Wenn du nicht hören willst, musst du fühlen!

Je mehr unartige, trotzige und böse Kinder es auf der einen Seite gibt, desto mehr muss auf der anderen das kontrollierende und strenge Eltern-Ich handeln. Denn selbst wenn es tatsächlich Erwachsenen-Ichs auf der einen Seite gäbe, die gegen die Maßnahmen opponierten, würde dieses miese Eltern-Ich sie dennoch als Kinder sehen bzw. sie schnellstmöglich in den Zustand des angepassten Kind-Ichs zwingen wollen.

> „*Wir schlagen stattdessen vor, die Pflicht zur Impfung im Gesetz konsequent mit einem Tätigkeits- und Betretungsverbot zu versehen.*" (Markus Lewe, Präsident des Deutschen Städtetages, CDU, 30.01.2022)[43]

> „*Die allgemeine Impfpflicht ist nach Auffassung führender Virologen, vieler Fachgesellschaften und auch der deutlichen Mehrheit des Deutschen Ethikrates der Weg aus der Pandemie. Daher unterstütze ich diese Maßnahme für Erwachsene ab 18 Jahren, auch wenn sie für etliche Menschen einen harten Einschnitt bedeutet. Die individuelle Freiheit endet aber dort, wo sehr viele andere Menschen existenziell bedroht sind.*" (Dr. Thomas Schiller, Leiter Kommunikation, *Diakonie Deutschland*, 25.1.22)[43]

> „*Eine Minderheit der Impfunwilligen nimmt die Mehrheit der Gesellschaft in Geiselhaft. Das gefährdet die Freiheit von 80 Prozent der Bevölkerung. Das ist ein Eingriff in die körperliche Unversehrtheit von 80 Prozent der Bevölkerung.*" (Peter Dabrock, Vorsitzender des *Deutschen Ethikrates*, 22.11.21)[43]

> „*Die AfD ist etwa der parlamentarische Arm des Kerns der Querdenker-Bewegung, die sich völlig rücksichtslos und egoistisch verhält. Das ständige Leugnen des Virus durch die AfD hat dazu geführt, dass Bürger unvorsichtig wurden. Ich sage sogar:*

Die AfD hat mit ihrem Verhalten indirekt Menschenleben auf dem Gewissen." (Mario Voigt, Spitzenkandidat der CDU Thüringen, 17.12.2020)[43]

Boris Palmer vertrat folgende Ansichten: „*Man könnte Pensionszahlungen, die Rentenzahlungen oder eben den Zutritt zum Arbeitsplatz abhängig machen von der Vorlage eines Impfnachweises.* […] *Eine[sic] Gegnerin der Impfungen zum Schutz vor Corona warf Palmer auf Facebook eine ‚totalitäre Gesinnung' vor: ‚Sie sind schlicht komplett ignorant. Für Leute wie sie muss die Impfpflicht her. Gerne bis zu Beugehaft.*'"[44]

„*Der frühere Bundespräsident Joachim Gauck hat die Gegner einer Impfung gegen das Coronavirus scharf angegriffen. […] ‚Dann ist ja auch schrecklich, dass wir in einem Land leben, in dem nicht nur Bildungswillige leben, sondern auch hinreichende Zahlen von Bekloppten*'."[45]

Die *Welt* titelte am 6.9.2021: „‚*Covidioten*' – *wie Deutschland über Corona-Kritiker redet*" und beschreibt, wie die Kritiker der Maßnahmen als „*Schwurbler*", „*Covidioten*" oder sogar „*Sozialschädlinge*" bezeichnet wurden. Der Ausdruck „*Covidiot*" brächte eine Drohung zum Ausdruck, heißt es darin. Meines Erachtens sind Drohungen Teil einer noch zu beleuchtenden **Kriegsrhetorik.** Zumindest lässt sich konstatieren, **dass sich das deutsche Eltern-Ich in seiner Rolle wieder einmal pudelwohl fühlte.**

Abweichende Meinungen sind in Deutschland unerwünscht

Doch wie hätte die Republik aus dem Erwachsenen-Ich heraus agieren können? Ein Erwachsenen-Ich hätte die Informationen aller Wissenschaftler und auch die Widersprüche innerhalb der Covid-Erzählung zu einer Bewertung zusammengefasst. Es hätte die folgenden Punkte, die in den Mainstreammedien wenig berücksichtigt wurden, und die hier nur auszugsweise wiedergegeben werden können, durchaus selbst recherchieren können:

1. Anfänglich wurden diejenigen in die rechte Ecke geschoben, die vor der Gefährlichkeit des Virus gewarnt haben. *BR quer*, eine Sendung des *Bayerischen Rundfunks*, äußerte sich wie folgt: *„Es [das Virus] ist fremd, und das Fremde macht uns Angst. […] Der […] Zweck [‚der Fake-News, Verschwörungstheorien und Gerüchte']: Destabilisierung. Die Bevölkerung soll beunruhigt werden, was das Vertrauen in den Staat und dessen Glaubwürdigkeit erschüttern soll.“* In der Sendung wurde auch darüber informiert, *„dass ‚Menschen aus dem rechten Spektrum' die Panik vor dem eigentlich harmlosen, nur eben fremden Covid-19 ausnutzen würden, um die Schließung von Grenzen zu fordern.“*[46] [47] Das Erwachsenen-Ich hätte selbst recherchiert und sich von den Diffamierungen Andersdenkender nicht beeindrucken lassen, denn Zahlen und Daten aus Wuhan, wie der Anteil der Erkrankten, lagen vor.
2. Sterblichkeitsraten sowie die Altersstruktur der Betroffenen, die leicht zugänglich waren.
3. Die kritischen Aussagen Dr. Köhnleins wären wahrgenommen worden,[48] insbesondere seine These über die im April 2020 tatsächlich vorhandene Übersterblichkeit, *„da eine von der WHO betriebene Übertherapie offensichtlich zu dieser katastrophalen Situation geführt hat“*.[49]

4. Die Erklärungen des Nobelpreisträgers und Erfinders des PCR-Tests Kary Mullis, der zu seinen Lebzeiten auf die Frage „*Wie wird der PCR-Test missbraucht, um all die angeblich vorhandenen RNA-Viren zu bestimmen?*", wie folgt antwortete: „*Ich glaube nicht, dass man den PCR missbrauchen könne. Die Ergebnisse, die Interpretation dieser ja. [...] Wenn sie dieses Virus [damals ging es um HIV] überhaupt in dir finden können, und mit PCR, wenn man es gut macht, kann man fast alles in jedem finden. Wenn du einzelne Moleküle mit einer Ergänzung vervielfältigen kannst, um etwas Messbares zu erhalten, was PCR kann, denn es sind nur sehr wenige Moleküle, die man nicht wenigstens einmal im Organismus hat. [...] Also das kann man als einen Missbrauch bewerten: Zu behaupten, dass es eine Bedeutung habe! Es [der PCR-Test] erlaubt dir, eine winzige Menge von irgendetwas zu nehmen, es messbar zu machen und dann darüber zu sprechen und es so darzustellen, als sei es wichtig. [...] Das ist kein Missbrauch. [...] Es ist eine falsche Interpretation. Es sagt nicht aus, ob man krank ist, oder ob das, was gefunden wurde, dir wirklich schadete.*"[50]
5. Das Ergebnis des PCR hängt also von der Interpretation und von der Anzahl der erstellten Kopien ab, die in dem sogenannten ct-Wert ausgedrückt werden. Das Kind-Ich bzw. der Professor, der mit dem Erwachsenen-Ich zusammenarbeitet, müsste doch lauthals gelacht haben, als die Anzahl der von der WHO empfohlenen Kopien genau am Tag der Inauguration des amerikanischen Präsidenten Biden deutlich nach unten korrigiert wurden. Der Professor des Kind-Ichs hätte einen Triumph feiern können und sich keineswegs über die fallenden Infektionszahlen gewundert.[51]
6. Kennzahlen zur Zuverlässigkeit des PCR-Tests wie Sensitivität, Spezifität und insbesondere der Vortestwahrscheinlichkeit und die Definition dieser Kriterien wären durchaus in die Betrachtung miteinbezogen worden. Das Kind-Ich hätte

den Rechner des *British Medical Journal*, der helfen soll, einen Covid-Test zu interpretieren, intensiv ausprobiert. Spätestens dann hätte es wieder lachen müssen, wenn es mit der Vortestwahrscheinlichkeit experimentiert hätte.[52] [53]

7. Im November 2020 erklärte ein portugiesisches Berufungsgericht die PCR-Tests für unzuverlässig und hob Quarantäneanordnungen auf.[54]
8. *„Zudem bedeutet diese Datierung [SARS-CoV-2 tauchte wahrscheinlich schon Mitte 2019 auf], dass SARS-CoV-2 mindestens ein halbes Jahr zirkulierte, ohne dass irgendetwas davon bemerkt wurde. Was sehr gut zur Aussage Christian Drostens von Anfang 2020 passt: ‚Man muss sich ja schonmal klar machen, wenn wir nicht testen würden, dann wüssten wir in vielen Ländern gar nicht, dass es dieses Virus überhaupt gibt.' Tatsächlich verlief das angebliche ‚Pandemie-Jahr' 2020, wie alle bereits damals bekannten Daten zeigten, in Bezug auf akute Atemwegserkrankungen wie auch schwere Atemwegsinfektionen (Severe Acute Respiratory Infections, SARI) völlig unauffällig.*"[55]
9. Dass die Maßnahmen vor Covid so gut waren, dass sie zwar vor Grippe, aber nicht vor Covid schützen konnten: „*Corona-Maßnahmen haben auch die Grippewelle 2020/21 gestoppt – nur 550 Fälle seit Herbst*", „*RKI zieht Fazit: Keine Grippewelle 2020/2021, aber viele Kranke durch Corona*". Was würde der Rechner des Erwachsenen-Ichs spätestens nach diesem Bericht des RKI und der zuvor genannten Punkte logisch ausrechnen und in die unabhängige Bewertung, ob es sich impfen lässt oder nicht, einfließen lassen?
10. Am 30.11.2022 erschien selbst im MDR ein Kommentar, der ausdrückt, dass Hoffnungen auf eine Herdenimmunität geschürt wurden, die es jedoch nie gab und dass die von der Politik getroffenen Maßnahmen wissenschaftliche Studien zur Ansteckung schlicht ignorierten. Der Kommentar

schließt mit den Worten: „*Die Debatte um den Fremdschutz der Corona-Impfstoffe zeigt deutlich, wie wichtig es ist, die Behauptungen zur Wirksamkeit der Vakzine aber auch die politischen Entscheidungen der vergangenen zweieinhalb Jahre zu hinterfragen und auch für zukünftige Pandemien aufzuarbeiten. Doch statt Fehler zu analysieren oder gar zuzugeben, beruft man sich nach wie vor darauf, dass Studien Hinweise gegeben hätten, die auf einen effektiven Fremdschutz hoffen ließen. Doch rechtfertigten diese Indizien tatsächlich die verbale Ächtung der Ungeimpften und die massiven Einschränkungen der Grundrechte?*“[56]

Was hätten wir besser machen können?

Die Liste ließe sich endlos fortsetzen. Sie zeigt auszugsweise Argumente, die in den Mainstreammedien eher wenig berücksichtigt worden sind. Sie soll zeigen, dass der Rechner eines Erwachsenen-Ichs für sich selbst durchaus zu der Überzeugung gelangen konnte, sich gegen eine Impfung zu entscheiden. Selbstverständlich hätte sich jeder reichlich mit Informationen versorgen und tief in die Materie einarbeiten können. Doch der Tag hat nur 24 Stunden und wir sind auf die Erkenntnisse anderer Menschen angewiesen. Ein reifes Erwachsenen-Ich würde jedoch akzeptieren, dass ein anderes Erwachsenen-Ich zu anderen Schlüssen kommen könnte als der eigene Rechner. Es würde die Informationen ständig für sich aktualisieren und seine Entscheidungen treffen. Solange die Entscheidung weder aus einer Emotion, der Hypnose oder dem Eltern-Ich- oder Kind-Ich-Zustand heraus getroffen worden wäre, würde sowohl die Entscheidung pro Impfung als auch die Entscheidung contra Impfung als aus dem Erwachsenen-Ich getroffen zu bewerten sein. **Ein solcher Mensch würde jedoch weder die Ungeimpften noch die Geimpften verächtlich machen.** Er würde sich selbst niemals als alleiniger Hüter der Wahrheit wähnen, da dies einen Virus des Geistes nach Birkenbihl kennzeichnete. Und er würde sich selbst und auch anderen die Freiheit einräumen, Fehler zu machen. Kennzeichen einer freiheitlichen Gesellschaft ist es, Menschen auch Angewohnheiten ausleben zu lassen, die als schädlich zu bewerten wären. So lässt sie einen Raucher rauchen und weist einen Übergewichtigen nicht zwangsweise in ein Krankenhaus ein. Auch wenn ich selbst Nichtraucher bin, würde mein Rechtsempfinden keine Gesetze erlassen wollen, in welchem Lokal nun Rauchen erlaubt ist und in welchem nicht.

Bei der Impfung ging es, wie wir oben betrachtet haben, jedoch nur um Eigen- und eben nicht um Fremdschutz. Außerdem war doch jemand, der sich hat impfen lassen, unter seiner Maske sowieso, zumindest der Propaganda nach, geschützt. Es hätte keines Übergriffs auf Andersdenkende bedurft, denn das Rundum-Sorglos-Paket war doch gebucht. Erst das völlig sinnlose Abdriften in einen wahnhaften, kritischen Eltern-Ich-Zustand hat die Spaltung der Gesellschaft befördert. Jedes kritische Kind-Ich wäre von selbst verstummt und hätte sich schnell angepasst, wenn die Segnungen der Impfungen überall zu beobachten gewesen wären. Menschen aus dem Eltern-Ich zu Masken, Impfungen, Ausschlüssen und Kontaktabbrüchen zu drängen, hat weder etwas mit dem liebevollen Eltern-Ich-, noch mit dem Erwachsenen-Ich-Zustand zu tun, sondern mit dem Dämon und verletzten Teil des Kindes, das aus seinen Verletzungen heraus Regeln des kritischen Eltern-Ichs formulieren will, die für andere Erwachsene zu gelten haben. Es geht bei der Betrachtung schließlich nicht um das fünfminütige Tragen einer Maske, sondern um mögliche gesundheitliche Folgen des stundenlangen Tragens oder die Folgen der Zwangsspritze, die heutzutage immer sichtbarer werden.

Eine Aufarbeitung wäre deshalb so wichtig, weil die Entscheider, Politiker usw., die sich für den radikalen Weg entschieden haben, damit zur Schau stellten, dass sie wenig geeignet sind, Verantwortung für andere Menschen zu übernehmen. Es geht nicht um Rache, sondern um das objektive Einschätzen der Fähigkeiten derer, die mit ihren Anordnungen oder dem Durchsetzen von Gesetzen bewiesen haben, dass sie in anderen Gebieten besser aufgehoben wären. Zwei Beispiele, die es besser gemacht haben, sind Schweden und Slowenien. Schweden ist der Beweis, wie man es aus Sicht der Transaktionsanalyse besser macht. Es gab keine Lockdowns und eher Appelle und Empfehlungen als starre Regeln.

> *„,Letztlich spricht die Statistik für Schweden', sagt auch Hanno Ulmer, Leiter des Instituts für Medizinische Statistik und Informatik der Medizinischen Universität Innsbruck. Es sei aber kein ,direkter Beweis', dass der Sonderweg funktioniert habe –*

dafür seien die Daten nicht geeignet, so Ulmer. ‚Viele Faktoren können da einfach nicht einberechnet werden'.“[57]

Slowenien hatte eher, ähnlich wie Deutschland, Österreich und Italien, starre Regeln. 2021 bin ich im Oktober nach Kroatien gereist, auch um dem Corona-Wahnsinn aus Deutschland zu entfliehen. In Slowenien konnten Sie zwar tanken, aber nur mit einer Impf- oder Testbescheinigung bezahlen. Und was machen sie besser als wir Deutsche? Slowenien will „*Unrecht wiedergutmachen*“ und zahlt alle Corona-Strafen zurück.

„*Bußgelder gegen Corona-Verstöße wurden in Slowenien nachträglich als verfassungswidrig eingestuft. Das Parlament hat nun die Rückzahlung der Strafen beschlossen.*“[58]

Es wundert keineswegs, dass das in Deutschland anders ist, in einem Land, in dem der Cum-Ex-Kanzler weiter ungestört regieren und der Präsident dieses Konstrukts Menschen als „Rattenfänger“ bezeichnen darf.

Die Kroaten hatten übrigens auch ihre Regeln, sie wurden allerdings von der Gesellschaft nicht so stringent befolgt und auch von den Behörden nicht so rigoros überwacht wie in dem Land der Stur- und Starrheit. Kamen Deutsche in einen Supermarkt, zog sich das Personal die Maske schnell vom Kinn über die Nase. Erst wenn sie ausgiebig beobachten konnten, dass die Deutschen selbst keine Maske trugen, hingen die eigenen Masken schnell wieder in der Nähe des Kinns. Wenn Kinder bewusst aufeinandertreffen, wird gelacht, gefeixt und sich daran erfreut, blödsinnigen Regeln ausgewichen zu sein.

Doch insbesondere die Deutschen waren an der Rezeption des Hotels insoweit auffällig geworden, als dass sie die Menschen der einzigen Nation stellten, die sich beim Management des Hotels darüber beschwerten, dass das Hotelpersonal nur medizinische und keine FFP2-Masken trüge. Zum Glück haben wir es mit unserem deutschen Wesen, das alle Welt genesen lassen soll, noch nicht vermocht, unser kritisches Eltern-Ich zu exportieren.

Infantilisierung der politischen Ansprache

Kennen Sie Bob? Bob, den Baumeister? Die Zeichentrickserie, die in der ganzen Welt kleine Kinder begeistert? Bob ist der Leiter einer Werkstatt und der einzige Generalist inmitten seiner Mitarbeiter, die zwar Spezialisten sind, aber dennoch über eingeschränktere Fähigkeiten verfügen als der große Meister. Wenn Chaos herrscht oder Probleme unlösbar erscheinen, ist Bob zur Stelle. Man könnte auch sagen, er denke die Dinge vom Ende her. Selbst wenn die Mitarbeiter verzweifelt, angesichts einer schwer lösbaren Aufgabe, fragen:

„*Können wir das schaffen?*",

antwortet Bob stets:

„*Yo, wir schaffen das!*"[59]

Bob, der Baumeister, als Berater deutscher Politiker

Ob Angela Merkel ihr Mantra „*Wir schaffen das*" schlicht bei Obama kopierte, der mit dem Wahlkampfslogan „*Yes, we can*" seine erste Präsidentschaftswahl gewinnen konnte, oder ob Bob, der Baumeister, ihr Lehrer in Sachen Menschenkenntnis war, bleibt Spekulation. Fakt ist, sowohl Obama als auch Merkel hatten Erfolg mit ihren Kampagnen.

Die Dinge vom alternativlosen Ende her denken

Die Formulierung *„Angela Merkel denkt die Dinge vom Ende her"* soll wohl ausdrücken, dass Merkel der Bob sei, der Problemlöser derer, die die Dinge nicht vom Ende her denken können. Wenn die Formulierung stimmen würde, hätte sie die Grenzen für die Asylsuchenden, die 2015 in Ungarn und auf dem Balkan gestrandet waren, nicht plötzlich geöffnet, sondern mit anderen Führungspersonen auf europäischer Ebene an einer **humanen, gemeinsamen** Lösung gearbeitet, die zusätzliche Pull-Effekte, die naturgemäß zu einer stärkeren Migrationsbewegung führen müssen, verhindert hätte. Eine Alternative der Deutung wäre, dass sie die Dinge sehr wohl vom Ende her gedacht und damit die Pull-Effekte bewusst einkalkuliert habe. Dann müsste allerdings die Frage gestellt werden, welche Kräfte noch hinter den Migrationsbewegungen gesteckt haben könnten. Doch das möchten Menschen mit stark aktiviertem Kind-Ich nicht, wie wir es im nächsten Kapitel beleuchten werden.

Selbstverständlich hätte sie mit ihrer *„einzigartigen Fähigkeit"*, die Dinge vom Ende her zu denken, vorausgesehen, dass der übereilte, grundgesetzwidrige Atomausstieg Schadensersatzforderungen der Energiekonzerne nach sich gezogen hätte. Der vom Steuerzahler aufzubringende Schadensersatz lag bei schlappen 2,4 Milliarden[60] Peanuts – und zwar *„alternativlos"*! Die immensen Strompreissteigerungen aufgrund einer völlig verfehlten, infantilen Energiepolitik, sind darin bei weitem nicht eingerechnet. *Selbstverständlich* hätte eine solch große Denkerin voraussehen können, dass die deutschen Nachbarn infolgedessen selbst neue Atomkraftwerke hochziehen würden. Polen will ab 2026 erstmals Atomkraftwerke bauen[61] – gleich sechs an der Zahl –, da es dort, auch dank des Aufbaus von Produktionsstätten, die zuvor in Deutschland abgebaut wurden, aufwärts geht.

Oder bestand Muttis Aufgabe nach dem Super-GAU in Fukushima eher darin, die sie wählenden, panischen Kinder ruhigzustellen, die beispielsweise in einer 45km-langen Menschenkette vom AKW Neckarwestheim bis hin zur Villa Reitzenstein, dem Regierungssitz der Landesregierung in Stuttgart, gegen die scheinbar grundsätzlich von Tsunamis bedrohte Atomkraft protestierten? Kinder können die Folgen nicht voraussehen. Wetten, dass die meisten Bundesrepublikaner bis heute nicht wissen, dass eine Studie der UNO aus dem Jahr 2021 keine messbaren Strahlenschäden in Fukushima nachweisen konnte,[62] und man bis 2018 „*nur*“ einen einzigen Strahlentoten zählte?[63]

Was passiert in einem Bundesrepublikaner, wenn Sie dessen Führer kritisieren?

Die Begriffe „*Mutti*“ oder „*Mama*“ machten Merkel eher noch unantastbarer, als dass sie ihr geschadet hätten. Der Begriff „*Mama*“ kann als ein emotional aufgeladener „*Framing-Begriff*“ verstanden werden, der an die zahlreichen positiven Eigenschaften von Müttern erinnert.

> „*Mit dem mütterlichen Bild der sparsamen schwäbischen Hausfrau, die nicht mehr ausgeben kann, als sie im Portemonnaie hat, lassen sich soziale Einschnitte begründen. Wenn ‚Mutti‘ ihre Jungs zur Ordnung ruft, werden ihre politischen Gegner automatisch zu Pubertierenden herabgestuft.*“[64]

Greifen Sie nun argumentativ, auf rein rationaler Ebene, das politische Handeln Merkels an, so greifen Sie damit, zumindest für große Teile der Bundesrepublikaner, Mutti an. Wenn Mutti ihren Gegnern nun noch einige verächtliche Blicke zuwirft, aussagt, dass sich der durchschnittliche Bundesrepublikaner vor den Gegnern Muttis in Acht nehmen solle, wird dieser Mutti verteidigen. Er wird seinerseits losmarschieren und den Gegnern gegenüber entweder wütend wie ein Kind auftreten oder aus dem Eltern-Ich nach Normen und Gesetzen rufen, die letztlich Mutti schützen sollen. Die *Süddeutsche* bestätigt mit der folgenden Formulierung aus 2017 die Theorien der Transaktionsanalyse:

> *„In der Welt stehen sich gerade zwei Ansätze politischen Handelns gegenüber: der fürsorgliche und der autoritäre."*[64]

Wundert es Sie wirklich, dass die Infantilisierung nun auch Einzug in die deutsche Regierungsbank gehalten hat? Oder was glauben Sie, woher die Realitätsverweigerung deutscher Politiker stammt? So erklärte Habeck in einer Sendung von Anne Will seufzend, er sei umzingelt von Wirklichkeit.

Habeck als alternativloser Realitätsverweigerer?

> *„Habeck gibt sogar selbst zu, dass er und seine Koalition die Wirklichkeit noch nicht voll in die politische Debatte integriert haben. Aber die letzten zwei Wochen hätten ihn seiner Aussage nach ‚aufgeweckt'. Und nun betont er: ‚Die Wirklichkeit ist eine andere geworden.'"*[65]

Ob Habeck sich zuvor als „woke" bezeichnet hätte? Nietzsche hätte ihm geantwortet:

> *„Ich fand den […] Instinkt des Hochmuts überall wieder, wo man sich heute als ‚Idealist' fühlt – wo man, vermöge einer höheren Abkunft, ein Recht in Anspruch nimmt, zur Wirklichkeit überlegen und fremd zu blicken."*[66]

> *„Wer allein hat Gründe, sich wegzulügen aus der Wirklichkeit? Wer an ihr leidet."*[67]

Im März 2024 wirft Habeck den USA vor, sie

„hätten pro Kopf einen der höchsten CO_2-Ausstöße weltweit. […] Weil es in den USA etwa keine CO_2-Bepreisung gebe, sei die Energie deutlich günstiger, als sie sein dürfte, beklagt der Minister. Bei seinem Appell an die Politiker auf beiden Seiten des Atlantiks wird Habeck dann besonders deutlich: ‚Löst die verdammten Probleme, die wir jetzt haben.' Wörtlich sagt der Grünen-Minister, ‚solve the fucking problems'.“[68]

Sind diese verzweifelten Aussprüche etwa die eines Infantilen, auf dessen Politik nur Infantile hereinfallen? Wird Habeck später wieder von der Realität überrollt werden, wenn andere Staaten der Deindustrialisierungspolitik nicht folgen werden, weil sie wissen, dass nur das Herstellen von Produkten Menschen Fortschritt und Freiheit bringt? Ob er es bis dahin geschafft hat, Deutschlands Industrie plattzumachen? Wenn er kritisiert, dass die Energiepreise in den USA zu niedrig seien, ist das eindeutig das übergriffige Eltern-Ich, das dann auch noch befiehlt, die *„fucking“*-Probleme zu lösen. Wir werden noch analysieren, inwieweit die Bundesrepublikaner hierzulande auf die Habeck'sche Dialektik hereingefallen sind. Denn offensichtlich ist er weniger dumm, als es hier viele zur Kenntnis nehmen wollen.

Kindergartensprache für infantile Bundesrepublikaner?

Juli Zeh, Journalistin und ehrenamtliche Richterin am Verfassungsgericht des Landes Brandenburg, wirft Olaf Scholz während einer Diskussion treffend *„Kita-Sprech“* vor:

„Der Politik wirft sie vor, Bürger wie Kinder anzusprechen: von oben herab. Diese Infantilisierung von Wählern werde medial auch gefordert. Man müsse ‚sich ständig um die Bürger kümmern, sie auf Augenhöhe ansprechen, irgendwo abholen – als wären das alles verlorene Kinder, die von der Kita nicht allein

nach Hause finden', so Zeh. ‚Kita-Sprech' wirft sie dem Kanzler auch vor. Der wehrt sich zunächst. Er bemühe sich, solche Phrasen zu vermeiden, so Scholz. ‚Der ‚Doppel-Wumms' ist doch von Ihnen, oder?', hält Zeh ihm entgegen. Der Kanzler lacht: ‚Da bin ich auch stolz drauf.'"[69]

Bei *Tichys Einblick* heißt es treffend:

„*Die Ampel setzt auf eine Kindersprache, um von ihrer so einfalls- wie erfolglosen Politik abzulenken. Mit Nebelbegriffen zeigen die Verantwortlichen um Kanzler Olaf Scholz, wie gering sie die Bürger schätzen. […] Mit Nebelbegriffen wie Tierwohlabgabe oder Klimageld will die Ampel ihren Bürgern aber tatsächlich die Klarsicht nehmen. Dahinter steckt zum einen eine gewollte Infantilisierung der Politik – zum anderen ein Weltbild der Verantwortlichen in der Ampel, die den Bürger als Kind sieht: naiv, dumm und führungsbedürftig bis zur Aufgabe der Eigenverantwortung.*"[70]

Stützendes und übergriffiges Verhalten den Kindern gegenüber

Seit 1997 werden Wahlberechtigte zu ihrer Zufriedenheit mit der Arbeit des Kanzlers befragt. Weshalb ist Kanzler Scholz der unbeliebteste Kanzler seit Beginn der Erhebungen? Wird er als stützend wahrgenommen, wenn Skandale wie *Wirecard* oder *Cum-Ex* ihre Wirkung entfalten und er sich in Untersuchungsausschüssen nicht an wichtige Begebenheiten erinnern „*kann*"?

Empathie vs. BRD-Politiker begaffen Katastrophengebiete

Wird er als fürsorglich wahrgenommen, wenn er darüber lacht und nicht weiß, wie traurig er gucken soll, wenn jemand sich über die Gaspreisexplosion beschwert und ihm schildert, dass er einen Elektroofen kurz zuvor gegen einen Gasofen eingetauscht habe?[71] Wird Laschet als stützend oder fürsorglich wahrgenommen, wenn er in einem Flutgebiet lacht und dieser Lacher in den Medien später völlig aus dem Kontext gerissen wird? Ich für meinen Teil habe jedenfalls überhaupt kein Verständnis für die Politikberater und Politiker Deutschlands, die sich zu Katastrophenorten fahren lassen, um sie zu begaffen. Wie würde ein gut ausgeprägt stützendes und fürsorgliches Eltern-Ich eines Politikers von den Beteiligten und auch den Medien wahrgenommen, wenn es ehrlich mit den Menschen interagieren würde? Wenn sich der *„Papa"* über Stunden hinweg engagierte, um Schlamm zu beseitigen oder mit Gummistiefeln im Matsch und Telefon in der Hand weitere Hilfe organisierte? Und abends mit den Menschen abschließend ein Bier tränke? Weitere Unterstützung organisierte? Einer Frau müsste man, um als stützend wahrgenommen zu werden, sicher ein anderes Verhalten empfehlen, als einem Mann, der in der Politik tätig ist.

> *„Das Attentat auf zwei Moscheen in Christchurch mit 51 Toten und 50 Verletzten drohte, die weltoffene Nation [der Neuseeländer] zu verändern. Doch [Jacinda] Ardern [die Regierungschefin Neuseelands] beschwor mit einer einfachen Geste den Zusammenhalt. Beim Besuch der Moscheen trug sie ein Kopftuch und umarmte die Angehörigen und Überlebenden."*[72]

> *„‚Die neuseeländische Premierministerin Jacinda Ardern habe bei ihren öffentlichen Auftritten mit ihrem schwarzen Kopftuch nach dem Terroranschlag in Christchurch ein starkes Zeichen der Solidarität gesetzt', sagt der Soziologe Armin Nassehi. ‚Das*

ist eine starke Geste, die auch keinerlei Erklärung bedarf. Da steht der Takt im Vordergrund und die unmittelbare persönliche Betroffenheit. Das ist sehr berührend und ich glaube, dass man das nicht besser machen kann […] Was mich am allermeisten beeindruckt hat, ist, dass sie zuerst ganz ohne Presse in die muslimischen Gemeinden gefahren ist, um dort Kontakt aufzunehmen. Es ging ihr nicht um Inszenierung. Das ist für mich ein starker Hinweis darauf, dass ihre Reaktion authentisch war.‘“[73]

Auf mich haben die damaligen Bilder sehr authentisch gewirkt. Ich habe eine mitfühlende und tief betroffene Frau wahrgenommen, der es um den Zusammenhalt der Gesellschaft und den Ausdruck ihres Mitgefühls ging. Ob sie nur eine gute schauspielerische Leistung ablieferte oder der Auftritt authentisch war, spielt an dieser Stelle der Betrachtung keine weitere Rolle, da wir verschiedene Kommunikationsstile und ihre Wirkung untersuchen. Ardern wurde eindeutig als stützend und fürsorglich wahrgenommen.

Den anderen, kritischen Teil ihres Eltern-Ichs bekamen die Bewohner Neuseelands während der sogenannten Corona-Pandemie zu spüren. Ardern, die der Kaderschmiede des *World Economic Forums* Klaus Schwabs entspringt, verfolgte die Strategie des „*Zero-Covid*“, die von Anfang an illusorisch war, insbesondere unter dem Gesichtspunkt, dass in Tansania eine Papaya-Frucht und eine Ziege positiv auf Corona getestet worden waren.[74] Andererseits hätte man mit der Vortestwahrscheinlichkeit spielen können, um Ergebnisse zu manipulieren, die als Erfolg hätten verkauft werden können. Die Manipulatoren der nächsten Pandemie werden das sicher berücksichtigen.

Arderns Regierung verhängte strenge, wochenlange Lockdowns über ganze Städte, betrieb eine rigorose Einreisepolitik, schickte Einreisende mithilfe des Militärs in staatlich überwachte Quarantänehotels, führte die Impfpflicht für Mitarbeiter im Gesundheits-

und Bildungswesen ein und betonte, als ihr die Impfquote noch zu gering erschien, dass man bei einer höheren Impfquote auf Beschränkungen hätte verzichten können. Die Isolationsstrategien waren so intensiv, dass sie Neuseelands früheren Premierminister John Key *„an die Abschottung Nordkoreas erinnerten“*.[75]

Auch in anderen Bereichen drang das deutlich hervortretende Eltern-Ich in die Lebensbereiche Erwachsener ein:

> *„Der Pazifikstaat hatte unter der Führung von Labour-Chefin Jacinda Ardern Ende vergangenen Jahres ein wegweisendes Gesetz für ein Rauchverbot für Menschen verabschiedet, die ab 2009 geboren wurden. An sie darf lebenslang kein Tabak mehr verkauft werden. Damit sollten Jugendliche gar nicht mehr in Versuchung geführt werden, mit dem Rauchen zu beginnen. Auch sind eine Senkung des Nikotingehalts in Zigaretten sowie eine deutlich geringere Zahl an Tabakverkaufsstellen in dem Gesetz verankert.“*[76]

Zurück zur bundesrepublikanischen Politik. Wer trägt hierzulande Verantwortung für die Infantilisierung der Politik? Die trotzigen Kinder-Ichs der heutigen Politiker, die sich mit dem inneren, illusionären Kind-Ich verbünden und gerne Kobold anstelle von Kobalt als Rohstoffquelle vermuten? Glauben Sie, dass diese Leute das Verhältnis von Spannung, Strom und Widerstand kennen, geschweige denn berechnen können? Glauben Sie, diese *„Herrschaften“* seien in der Lage, eine simple elektrische Leistung errechnen zu können, wenn sie parallel ganze Atomkraftwerke abschalten und lieber Windmühlen in schöne, abzuholzende Wälder stellen? Oder liegt es auch an der Masse derer, die ihnen so bereitwillig folgen und entweder berechtigte Kritik aus dem Erwachsenen-Ich an den Plänen ihrer Bewunderten in das trotzige Kind-Ich des Kritikers verschieben wollen? Oder an den zahlreichen Zeitgenossen, denen das eigene, illusionäre Kind-Ich wahnhafte Ideen einflüstert und sie diesen nachrennen? Adolf Hitler hatte dazu folgende Ansichten:

> *„Die breite Masse eines Volkes besteht nicht aus Diplomaten oder auch nur Staatsrechtslehrern, ja nicht einmal aus lauter vernünftig Urteilsfähigen, sondern aus ebenso schwankenden wie zu Zweifel und Unsicherheit geneigten Menschenkindern. […] Das Volk ist in seiner überwiegenden Mehrheit so feminin veranlagt und eingestellt, dass weniger nüchterne Überlegung als vielmehr gefühlsmäßige Empfindung sein Denken und Handeln bestimmt. Diese Empfindung aber ist nicht kompliziert, sondern sehr einfach und geschlossen. Es gibt hierbei nicht viel Differenzierungen, sondern ein Positiv oder ein Negativ. Liebe oder Hass, Recht oder Unrecht, Wahrheit oder Lüge, niemals aber halb so und halb so oder teilweise usw.*"[77]

Was würden Sie Ihren Schützlingen raten, wenn Sie sich in den Job des Kommunikationstrainers oder des Politikberaters versetzten? Wie sollte die Ansprache an das Volk sein, wenn Sie und Ihr Schützling Ihren Job behalten wollten? Glauben Sie, dass Sie die Mehrheit des Volkes erreichen könnten, wenn Sie von Progressionssätzen, Freibeträgen oder der Komplexität von PCR-Tests redeten? Oder sollten die Botschaften nicht doch kurz und knackig sein?

Sind Ärzte Helden oder wichtige Begleiter?

Ich kann mich an eine Situation meines Lebens erinnern, als ich im Jahr 2010 jemanden, der mir nahestand, mit einer Überweisung einer Ärztin in ein Krankenhaus einlieferte. Die Situation war akut, der gesamte Bauchraum aufgrund einer Infektion vereitert, so dass das Krankenhauspersonal begann, den OP-Saal vorzubereiten. Nach den Eingangsuntersuchungen wurde die Person jedoch in ein Patientenzimmer verbracht. Kein Arzt tauchte mehr auf, der mit uns über das weitere Vorgehen gesprochen hätte. Von den Krankenschwestern hörten wir immer wieder, dass kein Arzt zu sprechen und ein paar Stunden später, dass die OP abgeblasen sei. Wir bekamen an diesem Abend keinen Arzt mehr zu Gesicht. Selbstverständlich konnten wir interpretieren, dass man die Dringlichkeit des Falles herabgestuft habe, dennoch gab es keine klare Kommunikation seitens der Ärzteschaft. Als ich am nächsten Tag gegen Nachmittag die Person besuchte, hatte weder sie neue Informationen, noch fand sich jemand bereit, über die aktuelle Situation Auskunft zu erteilen. Sie bat mich, nicht direkt über die Klinikleitung zu intervenieren, sondern mit ihrem Hausarzt telefonisch Kontakt aufzunehmen. Dieser Arzt rief von sich aus die Klinikleitung an, weshalb wenig später der leitende Chefarzt in Gefolge mehrerer Ärzte das Zimmer betrat.

„Warum reden die Ärzte nicht mit uns?“

Der um die Mitte 50 Jahre alte, Brille tragende Mann im weißen Kittel stellte sich vor und setzte sich auf den einzigen freien Stuhl, so dass seine Gefolgschaft stehen bleiben musste. Körpersprachlich stellte er damit Augenhöhe her! Wenn das nicht passiert wäre, wäre ich aufgestanden! In ruhiger und freundlich zugeneigter Stimme erklärte er, dass er nach einem Anruf des Hausarztes bei der Klinikleitung erfahren habe, dass es offenbar zu Missverständnissen in der Kommunikation gekommen sei. Aber er wolle erst uns berichten lassen, was aus unserer Sicht passiert sei, um danach Stellung zu beziehen. Wenn Menschen krank sind, brauchen sie manchmal jemanden, der für sie *„einsteht"*.

Und so berichtete ich ruhig über die Dinge, die aus meiner Sicht kommunikativ schiefgelaufen waren und dass wir gerne wüssten, wie die Ärzte die Dinge nun einschätzten. Die Nacht vorher war ich noch voller Sorge um die Person und mit Tränen in den Augen über die Autobahn nachhause gefahren, obwohl mir eine tiefe innere Stimme sozusagen mitteilte, dass alles gut ausgehen würde. Auch wenn ich darüber nicht berichtete, wurde den Beteiligten dennoch klar, was sie durch ihre Nichtkommunikation ausgelöst hatten.

Der freundliche Chefarzt atmete tief durch. Er erklärte die Situation in etwa wie folgt:

> *„Zuallererst möchte ich mich bei Ihnen für unser schlechtes Kommunikationsmanagement entschuldigen. Ich sehe, dass da einiges schiefgelaufen ist und was das bei Ihnen ausgelöst hat."*

Mein Vortrag ihm gegenüber war sachlicher Natur, ohne jemandem persönlich die Schuld in die Schuhe geschoben haben zu wollen, beinhaltete allerdings auch Kritik, ob sie nun objektiv berechtigt sein mochte oder nicht. Selbstverständlich waren sehr viele Instanzen meines Seins beteiligt, die Ansprache jedoch aus dem Erwachsenen-Ich formuliert. Sie sollte sein Erwachsenen-Ich erreichen. Sie können sich vorstellen, welche Reaktionen meine Ansprache dennoch hätte auslösen können, wenn er sich im Kind-Ich angesprochen gefühlt hätte. Mancher Kommunikationstrainer würde nun vermuten, er sei in einen solchen Kind-Ich-Zustand *„gefallen"*, denn er hätte sich schließlich entschuldigt. Zudem erklärt er nachfolgend die Situation, und das sei ja schließlich der Beweis für die Rechtfertigung:

„Bevor ich genauer auf die medizinische Situation eingehe, würde ich Sie bitten, einmal unsere Perspektive der Dinge anzuhören. Herr Kohlhaas, ich gebe Ihnen die Erlaubnis, hier in jedes Patientenzimmer einzutreten, um mit den Menschen zu sprechen. Unterhalten Sie sich mit ihnen. Sie werden niemanden finden, der so ist wie Sie. Bitte verstehen Sie mich nicht falsch, das ist keine Kritik an Ihnen! Wir würden uns mehr Menschen wünschen, die sich wie Sie“, nun schaute er uns beide abwechselnd an, *„bei uns ausführlich über ihren Zustand informieren, Fragen stellen und aktiv an ihrer Heilung mitarbeiten würden. Sie dürften auch kritische Fragen stellen, es sind ja schließlich ihr Leben und ihre Gesundheit. Nur geben sie die Verantwortung an uns ab und wollen, zumindest ist das häufig unser Eindruck, nichts über ihre Krankheit und weitere Details wissen. Glauben Sie mir, Sie sind die absolute Ausnahme! So traurig es ist, es ist aber unser Alltag!“*

Gerne teile ich Ihnen meine Einschätzung zu der Situation mit, würde Sie jedoch zuvor bitten, diese Formulierungen einmal auf sich wirken zu lassen. Was bedeuten sie auf die Menschen bezogen, die sich tagtäglich in die Hände dieser Ärzte begeben? Auch aus Sicht der Transaktionsanalyse!

Und wie bewerten Sie die Kommunikation bis hierhin? Ist das wirklich das Kind-Ich, aus dem er kommuniziert hat?

„Ist eine Entschuldigung wirklich kindisch?“

Mein Verständnis der Dinge ist zuerst einmal, dass sich dort zwei freundlich zugeneigte Menschen, trotz Kritik, sehr respekt- und im Grunde sogar verständnisvoll ausgetauscht haben. Ich teile die Meinung einzelner Kommunikationstrainer nicht, dass eine Entschuldigung immer aus dem Kind-Ich kommt. Und so habe ich seine Entschuldigung zu keinem Zeitpunkt als aus dem Kind-Ich kommend wahrgenommen. Ich empfand seine „*Rechtfertigung*“ auch nicht als solche, sondern eher als Erklärung, die häufig als Rechtfertigung missverstanden wird. Auch Entschuldigungen werden durch den Kommunikationspartner häufig so verstanden, als würde der Sender der „*Entschuldigung*“ aus dem Kind-Ich senden, was den Empfänger der „*Entschuldigung*“ in das Eltern-Ich hinaufsteigen lässt, um den Sender der „*Entschuldigung*“, unter Zuhilfenahme allerlei Gesetze, Normen, Regeln und Sitten, zu verurteilen. Hier könnte der Sender der „*Entschuldigung*“ einschreiten und den Kommunikationspartner bitten, auf die sachliche bzw. erwachsene Ebene zurückzuwechseln. Übrigens ist ein grundsätzliches „*Nichtenschuldigenkönnen*“ ein starkes Indiz dafür, dass Sie es mit einer Person mit narzisstischen Zügen zu tun haben. Ein Erwachsenen-Ich weiß, was auch in zahlreichen Produktionssystemen globaler Automobilproduzenten verankert ist: Wir sind nicht perfekt, werden es niemals sein, aber wir können uns dem Zustand der Perfektion annähern.

Die **Erklärungen** des Chefarztes habe ich zu keinem Zeitpunkt als rechtfertigend empfunden, auch wenn solche **Erklärungen** den Empfänger der Botschaften wiederum einladen könnten, diese misszuverstehen und seinerseits ins Eltern-Ich zu wechseln, weil sich auch der Zustand des rechtfertigenden, trotzigen Kind-Ichs nun einmal rechtfertigend äußert.

Ob das innere Kind des Chefarztes enttäuscht oder traurig gewesen sein mag, weil viele Patienten dessen fürsorgliches Eltern-Ich nicht hinreichend gewürdigt haben mögen, soll hier nicht Gegenstand von Spekulationen sein. Mich haben seine Aussagen traurig gestimmt, angesichts der Tatsache, dass sich so viele Menschen so wenig für ihre Gesundheit interessieren. Die Kommunikation zwischen uns beiden würde ich als gelungen bezeichnen. Angesichts der Erkrankung wundert es nicht, dass die Person, die krank im Bett lag, weniger an der Kommunikation beteiligt war. Manchmal benötigen wir Menschen um uns herum, die für uns einstehen. Da ist es mir wirklich schnuppe, welcher Ich-Zustand da in welcher Form aktiviert ist.

„Respektieren unterschiedlicher Realitäten"

Wenn wir an dieser Stelle dem weiteren Verlauf des Buches ein wenig vorgreifen wollen, so lassen Sie uns die Untersuchung der Kommunikation kurz ein wenig erweitern. Wir können definitiv festhalten, dass hier vollkommen verschiedene Realitäten aufeinandergeprallt sind. Das Ärzteteam ist einer völlig anderen Realität ausgesetzt, wenn es tagtäglich Menschen durch den Krankenhausbetrieb schleust, die wenig kommunizieren oder an ihrer Gesundheit scheinbar kein Interesse haben. Diese tagtägliche Realität trifft nun auf meine. Das ist ein Konflikt. Beide Gesprächspartner respektieren diese unterschiedlichen Realitäten jedoch! Und dies wirkt öffnend! Wir werden noch tiefer darauf eingehen!

Wie ging es weiter? Nach der Einweisung hatte man schnellstens das Blut untersucht und den Bauchraum erneut sonographiert. Der OP-Saal wurde tatsächlich schon vorbereitet. Als das Labor jedoch die Ergebnisse des Blutbildes übermittelte, entschieden sich die Ärzte dazu, schnell eine Konferenz einzuberufen, um den Fall zu diskutieren. Was sie im Blutbild vorfanden, hatten sie zuvor noch nie erlebt! Die Entzündungsmarker waren zwar erhöht, aber von einer Sepsis, also einer Blutvergiftung, weit entfernt. Dies entsprach in keiner Weise den Erfahrungen oder den Erwartungen, die sie bei dem stark vereiterten Bauchraum vermutet hatten. Deshalb kamen sie gemeinsam zu dem Schluss, die lebensbedrohliche Operation abzusagen und es erst einmal mit einer Hochdosis-Infusions-Antibiotikatherapie zu versuchen. Dies gelang! Nach fünf Tagen Krankenhaus konnte die Person entlassen werden.

„Wenn Kinder zum Arzt gehen, wird der Arzt zum Helden!“

Sind solche Situationen, wie ich sie oben beschrieben habe, die Ausnahme oder die Realität vieler Menschen? Auch wenn ich selbst kein Mediziner bin, so stelle ich häufig Fragen, wenn mir jemand von seinen Erkrankungen berichtet. Wie häufig können die Betreffenden nicht antworten, weil sie gewisse Dinge nicht erfragt oder selbst recherchiert haben! Tatsächlich lassen sich viele Zeitgenossen völlig unkritisch von Ärzten behandeln. Mir begegnen auch immer wieder Angehörige, die mir beispielsweise von der Krebserkrankung eines nahestehenden Menschen berichten, aber nichts zum Status des Patienten zu berichten in der Lage sind. Und dabei geht es nicht um hochkomplexe Zusammenhänge, sondern um einfache Fragen wie zum Beispiel nach dem Namen des Krebses oder ob der Primärtumor bereits metastasiert habe. Wie oft wissen sie das nicht!

Viele begegnen einem Arzt im weißen Kittel mit großer Ehrfurcht. Er ist der, der sie *„heile macht“*, *„mit ihnen schimpft oder sie ermahnt, das Rauchen zu unterlassen“* oder schlicht Kompetenzen und Wissen haben muss, die das Fassungsvermögen des durchschnittlich begabten Bundesrepublikaners übersteigen, so glaubt es der sich selbst Kleinwähnende zumindest allzu häufig. *„Der Herr Doktor“* wird in großen Teilen der Bevölkerung auf die Stufe des großen, allwissenden Übervaters gehoben. *„Auch wenn ich ihn nicht verstehe, wenn er mit diesen ganzen Fachbegriffen um sich wirft, aber er wird schon Recht haben. Er kennt mich schließlich so viele Jahre lang und das besser als ich mich selbst.“*

Sprüche wie *„Die würden uns doch nichts Böses antun.“* sind in die gleiche Kategorie einzuordnen, die zahlreichen Corona-Maßnahmenkritikern gegenüber geäußert worden sind, wenn sie nur auf die zahlreichen Unstimmigkeiten der Maßnahmen hingewiesen haben und nicht einmal unbedingt Bösartigkeit gewisser, handelnder Personen unterstellten.

Auf welchen Sockel Peter Brings Ärzte stellt, der Sänger aus Köln, der oft von der alten, supergeilen Zeit oder auch *„Kein Kölsch für Nazis"* in die Mikrofone singt, wird in seiner folgenden Aussage klar:

> *„Ärzte machen bei mir immer noch Eindruck und ich bin tief ehrfürchtig vor diesem Beruf. Besonders, wenn ich krank bin und mir geholfen werden soll. Mir ist klar, dass auch die Damen und Herren im weißen Kittel ein normales Leben leben, aber das will ich als Patient gar nicht wissen. Der Doc kann alles, weiß alles und wird mich retten. In diesem Glauben möchte ich bleiben. So sollte das auch mit den Ärzten und Virologen sein, die jetzt unser ganzes Land – ach was sag' ich – die ganze Welt retten sollen."*[78]

Spiegeln diese wenigen Worte nicht die Eigenschaften von so vielen Menschen wider und zeigt dies nicht noch einmal treffend die Richtigkeit der Transaktionsanalyse? Brings formuliert weiter, er wolle *„nicht wissen, mit wem sie ins Bett gehen und ob sie solo sind, oder 'ne Freundin suchen."*. Gefährdete es etwa den Status des Helden, wenn Ärzte oder Virologen plötzlich als normale Menschen wahrgenommen werden müssten? Die Ehrfurcht Brings' ist derart groß, dass er Virologen und Ärzte gar als Weltretter wahrnimmt! Er befürchtet, dass sie *„sich jetzt durch so ein Boulevard-Verhalten unglaubwürdig machen"*. Von einem Herrn Drosten habe er eine solche Nabelschau noch nie gesehen.

Ich finde es bemerkenswert, dass sich ein Mensch durch *„Boulevard-Verhalten"* unglaubwürdig machen würde. Denn geht es im Grunde nicht um einzelne Sachinformationen? Als ob ein Mensch immer Recht hätte. Natürlich hat er das nicht! Wer hingegen *„im-*

mer" Recht hat, ist die Lichtgestalt, Gott, der Erlöser oder schlicht der Held des Kindheits-Ichs. Drosten wurde während der „*Pandemie*" von weiten Teilen der Bevölkerung als Lichtgestalt angesehen.

Was passiert nun, wenn Sie als Maßnahmenkritiker auf Widersprüche, Denkfehler oder schädliche Folgen der Corona-Maßnahmen hinweisen wollen? Sie greifen damit den Erlöser an, dessen Funktion ja darin liegt, die Menschen aus einer misslichen Lage zu befreien. Das illusionäre Kind-Ich wird diesen Zustand nicht ertragen können, denn es bestünde die Gefahr, dass es nicht erlöst und damit wieder mit seinen Ängsten allein dastehen würde. Selbst wenn Sie Ihren Kommunikationspartner aufforderten, aus dem Kind-Ich in den Zustand des Erwachsenen zu wechseln, wird es, also das Kind-Ich, sich tendenziell verweigern und lieber Sie bekämpfen, weil der Status des Erwachsenen die Welt ja mit den Augen sehen würde, die das Kind lieber geschlossen hielte. Gerade diese Welt will eben nicht wahrgenommen werden. Was glauben Sie, wie oft ich, wenn ich von meinen beiden bisher veröffentlichten Büchern berichtet habe, gehört habe, ich solle bitte nicht weiter davon erzählen, da derjenige seine Illusionen gerne behalten würde?

Da der aus dem Kind-Ich heraus Kommunizierende jedoch mindestens unbewusst weiß, dass er sich selbst klein macht – nicht jeder wird es so auf den Punkt formulieren, wie Peter Brings es getan hat –, wird er entweder aus dem Dämon des Kind-Ichs feuern oder sich Gesetze und Normen einfallen lassen, um sich wieder groß fühlen zu können. Genau diese Gesetze sind es dann, die von Irrationalität nur so triefen.

Die Steigerung des gigantischen Irrsinns ist derart groß, dass die Corona-Krise mitsamt ihren irren Maßnahmen erst durch die Erlöser hervorgerufen wurden und so viele Menschen selbst das nicht mehr begreifen konnten. Schließlich waren es die Erlöser, die auf die Gefahren hingewiesen hatten, obwohl die tatsächlichen Gefahren für Leib und Leben verschwindend gering waren.

> *„Eine Gruppe von Forschern, darunter John Ioannidis von der Stanford-Universität, [hat] in einer Meta-Studie herausgefunden, dass Covid-19 für Menschen bis 70 Jahre mit einer saisonalen Grippe vergleichbar und für jüngere noch ungefährlicher ist. Die Ergebnisse beruhen auf der Analyse von Dutzenden von Studien aus der Anfangszeit der Pandemie, als es keine Impfstoffe gab und die Daten aufgrund von Mangel an Informationen über die lediglich ‚mit' Corona Gestorbenen überschätzt wurden. Kombiniert mit der Tatsache, dass die Grippe zu Beginn der Corona-Zeit weltweit verschwand, deuten diese Ergebnisse darauf hin, dass die meisten Freiheitsbeschränkungen, einschließlich Maskenpflicht und Abstandsregeln, verfehlt waren. Eine weitere Veröffentlichung des Cochrane-Instituts bestätigte zudem, dass es keinerlei Beleg gibt, dass Masken die Virusverbreitung eindämmen.“*[79]

> Selbst *„Lothar Wieler, Chef des deutschen Robert-Koch-Instituts, [räumte] freimütig ein, die verheerenden Kita- und Schulschließungen seien unnötig gewesen. Und niemand Geringerer als der deutsche Gesundheitsminister Karl Lauterbach nannte sämtliche Maßnahmen im Außenbereich rückblickend ‚Schwachsinn'.“*[80]

Selbstverständlich wurden zudem hypnotisierende Techniken eingesetzt, um Menschen nach der Pfeife der Dirigenten des Corona-Konzerts tanzen zu lassen. Reihenweise rümpfen Menschen jedoch die Nase, wenn sie das Wort „Hypnose“ hören, weil sie an unsägliche Show-Hypnosen erinnert werden, in denen sich Menschen wie dumme Kinder aufführen. Sagen Sie also einem Menschen, er sei hypnotisiert, wird er sich an diese Bilder erinnern, die im Mainstream so gerne gezeigt werden. Er wird die ihm unangenehmen Gefühle abwehren und sich in einem Zustand wähnen, der ihn als nicht hypnotisierbar darstellen lässt. Würde er sich jedoch intensiv mit Hypnose und Traumatherapien befassen, müsste er schnell erkennen, dass eine gut gemachte Hypnose bei weitem nichts mit einer Showhypnose zu tun hat. Traumatische Effekte und ständige Wiederholungen lösen hypnoseähnliche Zustände aus. Die wirkende Hypnose macht es umso schwerer, den Erwachsenen des Gegenübers zu erreichen. Gruppendynamische Effekte steigern die Intensität des Gebräus noch. Die Menschen werden für rationale Argumente vollkommen unerreichbar und verprügeln lieber andere, die die Maske nicht so auf der Nase platzieren, wie sie es gerne hätten.

Ich möchte es an dieser Stelle noch einmal wiederholen: Mir ist vollkommen klar, dass niemand meine Sicht der Dinge und damit meine Realität teilen muss. Haben Sie eine andere Sicht der Dinge, ist das für mich okay. Für mich wurden jedoch Grenzen überschritten, die mit Nächstenliebe oder mindestens mit Respekt vor anderen Menschen bei weitem nichts mehr zu tun hatten. Ob Kindern verboten wurde, gemeinsam draußen zu spielen, Angehörige in Pflegeheimen nicht mehr besucht werden durften, Sterbende allein gelassen wurden, Maskengezwängte Maskenfreie attackierten, Tests von gesunden Menschen verlangt und Menschen in eine Therapie gedrängt wurden, die nicht nur zweifelhaft, sondern auch gefährlich war, ist nicht hinnehmbar. Zumindest die deutsche Gesellschaft hat in weiten Teilen völlig versagt. Die schweigende Mehrheit hat sich für etwas einspannen lassen, das sie, meiner Meinung nach, nicht hätte hinnehmen dürfen. Ich selbst habe nie von jemandem verlangt, die Maske abzunehmen, auch habe ich niemanden bedroht, der eine Therapie verweigert oder auch hingenommen hätte und ich habe Verständnis für die, die sich haben impfen lassen. Weshalb hätte uns mehr Freiwilligkeit und Einsicht geschadet, wie es in anderen Ländern durchaus an der Tagesordnung gewesen ist? Weshalb ist uns der Blick über den Tellerrand so schwergefallen? Weshalb verhält sich der heutige Mensch immer noch so, wie es Plato in seinem Höhlengleichnis vor mehr als 2.000 Jahren beschrieben hat? Weshalb können wir Menschen andere Menschen mit anderen Werten und Normen nicht einfach lassen, wie sie sind?

„Den bösen geschäftsführenden Zauberer in einen Menschen wie dich und mich verwandeln"

„Insolvenz vermeiden"

Einige Zeit nach der Finanzkrise 2008/2009 wurde mir ein Geschäftsführer eines mittelständischen Unternehmens vorgestellt, das weit über 100 Jahre alt und für seine Produkte weltbekannt ist. Vor dem ersten persönlichen Treffen studierte ich die im Bundesanzeiger veröffentlichten Bilanzen des Unternehmens, für das er selbst erst 2008, also mitten in der schweren Finanz- und Wirtschaftskrise, die Leitung übernommen hatte. Auf den ersten Blick war die Eigenkapitalquote mit ca. 50% relativ hoch ausgewiesen. Die EK-Quote des Mittelstands lag damals durchschnittlich bei zirka 25% und liegt heute bei etwas über 30%. Der zweite Blick offenbarte jedoch, dass das gesamte Eigenkapital plus eines beträchtlichen Teils des Fremdkapitals in Vorräten angelegt war, sprich Roh-, Hilfs- und Betriebsstoffe, unfertige Erzeugnisse, unfertige Leistungen und fertige Erzeugnisse und Waren. Es gibt den Grundsatz, dass das Anlagevermögen und die Vorräte zu etwa 100% von Eigenkapital plus langfristiges Fremdkapital finanziert sein sollten. Das relevante Fremdkapital, also die Kredite, wurden jedoch mit einer Laufzeit von bis zu einem Jahr ausgewiesen. Wenn also die Konstellation eingetreten wäre, dass keine neuen Kredite hätten ausgehandelt werden können und sich keine Käufer für die Waren gefunden hätten, wäre es mit der Bezahlung von Rechnungen oder der Auszahlung von Löhnen und Gehältern schwierig geworden.

Sie können sich die Diskussionen mit den Banken sicher vorstellen, wenn Sie mitten in der Finanzkrise neue Kredite beantragen und das Unternehmen zudem nicht mehr profitabel wirtschaftet. Als Banker wissen Sie genau, wie *„präzise"* die Bewertungen auf Seiten der Aktiva vorgenommen werden, wenn Sie es mit Kunden des Mittelstands zu tun haben. Wer *Adler Immobilien* oder *Wirecard* kennt, weiß allerdings auch, dass es nicht nur im Mittelstand zu *„plötzlichen“* Abwertungen der Aktiva kommt.

Mit diesem Vorwissen trafen wir uns nun, um abzustimmen, was ich für das Unternehmen tun könne. Er fragte mich, woher ich wissen könne, welche Gesprächsinhalte er mit seiner Hausbank zu diskutieren hatte. *„Naja, es steht ja alles in den Bilanzen.“*, war meine Antwort.

Vergiftetes Klima

Wir kamen schnell auf sein größtes Problem zu sprechen, welches er dringend lösen wollte. Die Finanzsituation hatte sich seit der Veröffentlichung der Bilanzen merklich verbessert, Hilfe bräuchte er jedoch beim Umgang mit seinen Mitarbeitern. Denn seit er die Geschäftsführung übernommen hatte und eine kleine Zahl von Mitarbeitern entlassen musste, sei das Klima vergiftet. Mit dem Betriebsrat könne er seitdem nicht mehr konstruktiv zusammenarbeiten und selbst die Maschinen, die vor der Krise wie selbstverständlich **nachts** in Betrieb gehalten worden waren und sich dabei immer jemand gefunden hatte, der sie regelmäßig überwachte, war diese Art der Zusammenarbeit nicht mehr möglich. Die Maschinen würden nachts nicht mehr betrieben und die Stimmung sei auf einem Tiefpunkt. Wir begaben uns gemeinsam in eine der Produktionshallen, damit ich mir ein eigenes Bild machen konnte.

In produzierenden Unternehmen, die schon lange am Markt sind, schleichen sich über die Jahre häufig Mechanismen ein, die die Effizienz und Produktivität schwinden lassen. Wenn ich selbst meinen 13er-Gabelschlüssel suche, den ich in großen Abständen hin und wieder in meiner Garage benötige, dann ist das zwar nicht zielführend, andererseits nenne ich den in der Garage stehenden Oldtimer mein Hobby, mit dem ich kein Geld verdienen muss. Wenn ich in unregelmäßigen Abständen in der Freizeit mal ein Werkzeug suche, ist das völlig anders zu bewerten, als wenn der Schlendrian in einen Produktionsbetrieb eingezogen ist und benötigte Werkzeuge, Vorräte und Betriebsmittel immer wieder gesucht werden müssen.

Um solche Zustände zu beheben und dauerhaft zu verhindern, gibt es die 5S-Methode, die aus dem Toyota-Produktionssystem stammt. **Seiri** (Sortiere aus, was du nicht mehr benötigst), **Seiton** (Aufräumen und Arbeitsmittel ergonomisch anordnen), **Seiso** (Säubere und prüfe dabei die Arbeitsmittel), **Seiketsu** (Standardisiere, also erstelle Schattenbretter, damit Werkzeuge ihren Platz haben, definiere und markiere Stellflächen wie An- und Ablieferzonen, kennzeichne Plätze für Betriebsmittel, Werkzeuge etc.) und **Shitsuke** (Mache die neuen Definitionen zu Regeln und überwache sie).

In der Produktionshalle zeigte sich bereits nach wenigen Momenten, dass wir mit 5S eine enorme Produktivitätssteigerung würden erzielen können. Im weiteren Gesprächsverlauf vereinbarten wir, dass ich mit seinen Mitarbeitern einen 5S-Workshop durchführen würde. Bis zum Start des Workshops betonte er jedoch immer wieder, dass ihm an der Verbesserung der Kommunikation und des Betriebsklimas mehr läge als an der Durchführung des Workshops. Mein Ansatz war, beides miteinander zu verbinden.

Wie Borgward die Stimmung drehen konnte

Damals war ich noch kein Heilpraktiker für Psychotherapie und auch die Transaktionsanalyse kannte ich nicht. Dennoch hatte ich eine Idee! Ich erinnerte mich an Borgward, den Hersteller der wunderschönen Fahrzeuge und Lastkraftwagen aus Bremen, der in den 1960ern Insolvenz anmelden und schlussendlich abgewickelt werden musste. Borgward entstammte einfachen Verhältnissen aus Hamburg-Altona und brachte es als Konstrukteur zum größten privaten Automobilproduzenten der Bundesrepublik.

Borgward hätte man Anfang der 1960er-Jahre sicherlich zahlreiche betriebswirtschaftliche Fehler vorwerfen können. Einer der größten Fehler war, nicht auf entsprechend hohe Liquidität geachtet zu haben. Sind keine flüssigen Mittel vorhanden, können keine Lieferanten, Löhne und Gehälter gezahlt werden. Das verunsichert nicht nur Lieferanten, sondern auch Käufer. Nach einer Absatzkrise und schweren Auseinandersetzungen mit der Landespolitik Bremens, bei der sich Banken, Politik und Borgward nicht auf ein Konzept hatten einigen können, übergab Borgward das Unternehmen 1961 an das Land Bremen, das als Sanierer den BMW-Aufsichtsratsvorsitzenden Semler einsetzte, der zeitgleich mit der Sanierung des Borgward-Konkurrenten BMW beschäftigt war. Wäre es zu viel des Framings, zu behaupten, auf eine solche Idee könne nur ein Politiker kommen? Jemanden von einem Unternehmen wegzuholen, das saniert wird, um den Konkurrenten ebenfalls zu sanieren? Glorreiche Idee! Im selben Jahr wurde, wen wundert's, Konkurs beantragt.

Also verarbeitete ich die Geschichte Borgwards in einer Präsentation, die ich später per Beamer den Mitarbeitern des Unternehmens vorstellte. Sie alle waren Handwerker in einem selten gewordenen Beruf und verfügten über Spezialwissen, das nur noch selten in Deutschland zu finden ist, gerade weil diese Form des Handwerks hierzulande immer weiter ausstirbt. Der jüngste von ihnen wird so um die Mitte 20 gewesen sein, der älteste Mitarbeiter um die 60. Alle saßen bereits auf ihren Stühlen des Pausenraums, verschränkten ihre Arme, richteten die Köpfe nach unten und die Blicke nach oben zu mir. Finstere Stimmung – so wie es nach den Schilderungen des Geschäftsführers zu erwarten war.

Doch mitten in diese finstere Stimmung wurden Bilder schöner alter Isabellas und Arabellas gezeigt, technische Besonderheiten hervorgehoben wie das Luftfahrwerk beim P100, Frontantrieb bei der Arabella (Volkswagens Golf I vermochte das erst in den 1970er-Jahren), glänzendes Chrom, Blumenvase am Armaturenbrett,

22.000 Arbeitnehmer, für die Borgward sogar eine Siedlung bauen ließ, Bundesverdienstkreuze und Wohlstand – Historie, Tradition, echte, deutsche Wertarbeit. Mit schöner Musik untermalt. Plötzlich Absatzkrise und innerhalb kürzester Zeit das Aus! Absolute Stille im Raum! Von der Begeisterung über die Erfolge Borgwards war nicht mehr viel zu spüren – und niemand hatte mehr die Arme verschränkt.

Der nächste Teil der Präsentation beschäftigte sich mit der 150jährigen Historie des Unternehmens: Fabrikbau, Erweiterung, Mitwirkung an DIN-Normen, Kriege und dem großen Zusammenhalt, der darin gipfelte, bis zum Jahr 2008 niemals auch nur einen Mitarbeiter vor die Tür gesetzt haben zu müssen. So plötzlich wie Borgward während der Präsentation vor Probleme gestellt war, so plötzlich tauchten Zahlen des Unternehmens auf, in dem wir nun alle zusammensaßen. Kennzahlen der Bilanzen, gute Eigenkapitalquote, aber Umsatzrückgänge, Verluste über mehrere Jahre, die IST-Kennzahlen der Bilanzen und wie sie, im Gegensatz dazu, hätten sein sollen wie z.B. Liquiditätsgrade etc. Dazu habe ich lapidar dargestellt, wie hart die Gespräche mit den Banken gewesen sein müssen. Die Präsentation endete mit der Frage:

> *„Heute ist der 1.1.2009 und Sie übernehmen mitten in der schweren Finanzkrise als Geschäftsführer dieses großartige Unternehmen. Was tun Sie jetzt?“*

Erwachen in die traurige Realität

Zwar befanden wir uns in einem sehr kalten Winter eines Folgejahres, doch die Frage katapultierte die Teilnehmer zurück in die turbulente Zeit der Finanzkrise. Ich fragte also den ersten von mir links sitzenden Teilnehmer des Stuhlkreises:

„Was tun Sie jetzt?“

Der zirka Mitte 20-Jährige zappelte auf seinem Stuhl hin und her und antwortete leicht stammelnd:

„Insolvenz anmelden!“

„Wie bitte? Sie melden Insolvenz an? Schauen Sie mal in die Runde. Die Mitarbeiter würden gerne ihren Job behalten und brauchen weiter ihre Butter auf ihren Brötchen. Und Sie melden Insolvenz an?“ Ich ging auf den nächsten Mitarbeiter zu.

„Was tun Sie?“

Achselzucken. Für meine Wahrnehmung jedoch nicht aus Desinteresse, sondern weil der Mitarbeiter plötzlich mit einer Realität konfrontiert wurde, auf die er nicht vorbereitet war. Alle weiteren Mitarbeiter zuckten mit den Achseln, bis ich bei dem ca. 60 Jahre alten Mitarbeiter angekommen war.

„Tja, ich weiß es auch nicht genau, irgendwas muss ich ja tun, damit es weitergeht!“

Ich wollte niemanden in Verlegenheit bringen, deshalb habe ich bei keiner Antwort weiter nachgehakt, sondern habe die Eingangsfrage einfach in der Runde weitergereicht. Selbstverständlich wusste ein Teil der Truppe, auf was ich hinauswollte. Dennoch brachte es niemand von ihnen über die Lippen.

Ich nahm also meinen Stuhl, setzte mich zu ihnen in den Stuhlkreis und sprach sehr ruhig die folgenden Worte:

„Ich kann Ihnen sagen, was ich als Geschäftsführer tun würde, wenn ich eine solche Situation vorfände. Ich würde mich von so wenigen Mitarbeitern wie möglich trennen, um über eine höhere Liquidität zu verfügen. Ich brauche das Geld, um Rechnungen und unsere Gehälter zu zahlen. Auch wenn ich es selbst sehr bedauerte, würde ich diesen Schritt gehen, um das Unternehmen zu retten. Ansonsten gingen wir in den Konkurs und niemand behielte seinen Job. Das möchte ich nicht. Ich möchte das Unternehmen und unsere Jobs retten! Selbst wenn mir der Schritt äußerst schwerfiele, denn auch ich möchte nicht, dass ich Menschen kündigen muss."

Aufbruch in die Zukunft

Die Stimmung im Raum veränderte sich merklich. Wir starteten daraufhin den Workshop, erstellten gemeinsam eine Liste mit Punkten, die, aus Sicht der Mitarbeiter, dringend gelöst werden mussten, um gemeinsam Verbesserungen zu erzielen. Wir bewerteten sie nach der Wichtigkeit und nahmen uns die Punkte vor, die wir selbst lösen konnten. Selbst am Samstag arbeiteten alle intensiv mit und stellten die Produktionshalle quasi *„auf den Kopf"*. Während die Arbeitskleidung aller Beteiligten immer dreckiger wurde, erstrahlte die Halle mehr und mehr in neuem Glanz. Wir bauten Regale auf, beschrifteten sie, erstellten Schattenbretter, organisierten den internen Bestellprozess neu, sortierten, schmissen weg, strukturierten, standardisierten und kennzeichneten An- und Ablieferzonen. Der Geschäftsführer hielt sich, wie es vereinbart war, zurück. Gegen Nachmittag telefonierten wir.

„Meinen Sie wirklich, ich kann jetzt vorbeikommen?"

„Ja klar!", war meine Antwort.

Jetzt sollte sich zeigen, ob sein oberstes Ziel erreicht werden konnte. Er erkannte die Halle nicht mehr wieder, wir präsentierten ihm die Ergebnisse und ich zog mich kommunikativ immer mehr aus dem Gespräch zurück. Die Truppe übernahm das Gespräch, ohne dass ich es hätte moderieren müssen. Sie SPRACHEN wieder miteinander! Von Mensch zu Mensch, ohne Ärger, ohne Vorwürfe, ohne Ängste! Sie besprachen die Punkte der Liste, für die finanzielle Mittel zur Verfügung gestellt werden mussten. Sie besprachen auch die neuen Prozesse, die das Team definiert hatte, um Abläufe zu beschleunigen. Sie einigten sich auf das weitere Vorgehen und auch, wie sie die neuen Vereinbarungen als Standards umsetzen wollten. Ich stellte ihnen dafür ein einfaches Excel-Tool, das ich nebenbei für sie erstellt hatte, zur Verfügung. Mein Job war getan!

Monate später hörte ich noch, wie positiv dieser Workshop die dortige Stimmung Unternehmen verbessert hatte. „*Richten Sie Herrn Kohlhaas aus, dass ich meine Mitarbeiter gar nicht mehr wiedererkenne. Insbesondere Herr XY, das ist ein völlig neuer Mensch geworden. Und zwar im positiven Sinne!*“, war seine Nachricht an mich. Folgeaufträge konnte ich von dort nicht mehr annehmen, da ich in dieser Zeit voll ausgebucht war.

Wie bewerten Sie diese Geschichte aus Sicht der Transaktionsanalyse? Wie viele Träume und Illusionen sind geplatzt, als das Unternehmen erstmals Mitarbeiter entlassen musste? Wer wurde als Bösewicht auserkoren? Wer war der böse Zauberer? Gegen wen stand die Truppe zusammen? Und wer war der Held in der Borgward-Geschichte, der kurz nach dem Konkurs des Unternehmens tatsächlich verstorben ist? Hätte das Borgward-Märchen dieselbe Wirkung erzielt, wenn die Belegschaft auch aus Frauen bestanden hätte? Wie auch immer! Weshalb nannte man den wirtschaftlichen Erfolg der jungen Bundesrepublik „*Wirtschaftswunder*“? Waren das Wunder des magisch-denkenden Kind-Ichs oder würde das Erwachsenen-Ich dieses „*Wunder*“, das nach dem Krieg eingetreten ist, auch als Wunder bezeichnen? Wurde der böse Zauberer in einen Helden verwandelt, als ich die Mitarbeiter gebeten habe, sich in die Rolle des Geschäftsführers zu begeben? Immerhin schaffte es dieser Held, den Konkurs abzuwenden! Etwas, das dem Helden der Borgward-Geschichte nicht gelang! Oder verwandelte es ihn in einen normalen Menschen wie Sie und mich?

Ein nicht zu unterschätzender Faktor, der zum Erfolg des Projekts führte, war, dass ich den Geschäftsführer und dessen Handeln niemals namentlich erwähnt habe, als ich über die Entscheidung gesprochen habe, wie ich mich selbst als Geschäftsführer verhalten hätte! Ich habe also **nicht direkt** versucht zu widerlegen, dass er **NICHT** der böse Zauberer sei! Weshalb das so wichtig ist, werden wir im Kapitel über das Framing erörtern.

Ein weiterer Faktor könnte der kleine Schock gewesen sein, der bei den Teilnehmern des Workshops entstand, als sie so heftig mit **der Realität** des eigenen Unternehmens und den Parallelen zu Borgward konfrontiert worden waren. Und auch der Wille, die Ermutigung und **die Erlaubnis** etwas gegen den Schock und dagegen zu unternehmen, selbst ein Opfer eines traurigen Märchens zu werden.

Illusionen und magisches Denken in der Politik

Magisches Denken und Illusionen durchziehen die Menschheitsgeschichte. Lichtgestalten und Erlöser, an die sich Menschen seit Jahrtausenden klammern, bringen ihnen jedoch meist das Gegenteil. Die Lichtgestalt Moses brachte Krieg und Zerstörung in das Land, das ihm und seinen Nachfolgern *„verheißen worden war"*. Dieser Krieg wird bis heute geführt. Der israelische Ministerpräsident Netanjahu bezieht sich in seinen Reden immer wieder auf das Israel alter Zeiten, erwähnt regelmäßig die Tempel,[81] die sich in Jerusalem befunden haben und erwähnt in Ansprachen, die militärische Aktionen begründen, das Volk *„Amalek"*, gegen das, laut Aussage des Alten Testaments, Israel von Generation zu Generation Krieg zu führen habe.

> *„Die Amalekiter waren es, die die Israeliten angriffen, als sie Kanaan erobern wollten. Nach der Schlacht, die die Israeliten gewannen, sagte Gott Josua voraus, dass er die Amalekiter vollständig vernichten werde.*
>
> *‚Er sagte: ‚Weil sie ihre Hand gegen die Herrschaft des HERRN erhoben haben, […] führt der HERR für alle Zeiten Krieg gegen die Amalekiter!'‘*[82]
>
> *‚Für alle Zeiten‘ bedeutet von ‚Kind zu Kindeskind‘, wie es in der Lutherbibel ausgedrückt wird, oder von ‚Generation zu Generation‘, wie es die Elberfelder Bibel übersetzt.*
>
> *‚Denk daran, was Amalek dir getan hat auf dem Weg, als ihr aus Ägypten zogt, wie er dir auf dem Weg entgegentrat und deine Nachzügler schlug […], alle Schwachen hinter dir, als du erschöpft und müde warst, und dass er Gott nicht fürchtete. Und wenn der HERR, dein Gott, dir Ruhe verschafft hat vor allen deinen Feinden ringsum in dem Land, das der HERR, dein Gott, dir als Erbteil gibt, es in Besitz zu nehmen, dann sollst du*

die Erwähnung Amaleks unter dem Himmel auslöschen. Vergiss es nicht!‘“[83] [84]

„*Wir erinnern uns und wir kämpfen.*“, erklärte Netanjahu am 28.10.2023. Es hat unterdessen keine weitere Bedeutung, dass einige jüdische und christliche „*Gelehrte*“ den Begriff „*Amalek*“ eine andere Bedeutung zuschreiben, denn wir untersuchen hier den Zustand des magisch-denkenden Kind-Ichs und wie es sich in der Welt zu zeigen vermag.

Im Gegensatz zu den Erlösungen des religiösen Judentums, das den Gläubigen im Diesseits eine Welt, viele Sklaven und utopische Verhältnisse verspricht, sobald der Tempel wiederaufgebaut ist und ihr Messias regiert, verschieben Christentum und Islam die Erlösung in das Jenseits. Nach dem Tod tritt die Erlösung ein. Spannend, wie viele Religionsorganisationen auf ein altes Jerusalem mit neuem Tempel oder dem imaginären geistigen Tempel aus dem Freimaurertum oder dem himmlischen neuen Tempel-Jerusalem aus dem Christentum hinarbeiten. Auch wenn wir erst später zu der Erschaffung einer Matrix mit Hilfe der Hegel'schen Dialektik kommen, sei hier schon die Frage gestattet:

Wessen Matrix wird hier eigentlich befeuert? Schon Nietzsche hatte erkannt, dass sich

> „*heute noch der Christ antijüdisch fühlen kann, ohne sich als die letzte jüdische Konsequenz zu verstehn.*“[85]

Übrigens war Nietzsche mitnichten ein Antisemit, sondern wollte „*die antisemitischen Schreihälse des Landes […] verweisen*“.[86]

Auf Bibel und Koran werden heute noch tausende von Soldaten eingeschworen.

„Priester der russisch-orthodoxen Kirche müssen seit September 2022 in allen Gottesdiensten für den Sieg Russlands im Ukraine-Krieg beten. Wer dies nicht tut, dem droht der Rauswurf. Die Verbindung zwischen dem Kreml und der russisch-orthodoxen Kirche sind eng. Dies zeigt sich nirgendwo deutlicher als beim sogenannten ‚Siegesgebet'. Seit September 2022 ist es verpflichtender Bestandteil aller Gottesdienste."[87]

Doch wen wundert das? War es doch der Erlöser mitsamt seinen Nachfolgern, der es geschafft hat, einem Großteil der Heiden den jüdischen Gott als Gott aller Völker zu verkaufen. Er selbst war der Meinung, er sei gekommen, das Gesetz, also die Thora, zu erfüllen und nicht Frieden zu bringen, sondern das Schwert.[88] Und so wurde das Christentum in Europa mit dem Schwert und in Amerika mit Kanonen eingeführt.

Erlöserfiguren müssen von ihren Anhängern verteidigt werden, weil das Erkennen einer anderen Realität die eigene Identität gefährdete sowie die Illusionen des Kind-Ichs zerstörte. Der Erlöser ist groß, der Angesprochene möchte vermeiden, sich wieder klein fühlen zu müssen, weil er sich ja als Anhänger des großen Erlösers ebenfalls groß wähnt.

Versuchen Sie einmal einem Christen gegenüber zu argumentieren, dass, entgegen seinem Glauben, die Geburt Jesu im Alten Testament, nämlich in Jesaja 7, nicht angekündigt worden sein kann. Christen lesen dort

„‚Siehe, die Jungfrau hat empfangen, sie gebiert einen Sohn und wird ihm den Namen Immanuel geben.', und verstehen, dass Jesus als Messias angekündigt würde. In Jesaja 7 spricht Jesaja jedoch zu Ahas, dem König von Juda, der von zwei Königen anderer Reiche bedroht wird. Jesaja fragt Ahas, ob dieser ein Zeichen haben wolle über das, was kommen soll. Als Ahas verneint,

verspricht er ihm dennoch ein Zeichen Gottes. Dieses Zeichen soll also die Geburt Immanuels darstellen, der 700 Jahre später geboren werden soll. Welchen akuten Wert soll das Zeichen für Ahas haben, wenn Jesus weder als Immanuel benannt und darüber hinaus 700 Jahre später geboren werden sollte?
Die unbefleckte Empfängnis würde durch das Wort Jungfrau prophezeit. Maria soll Jesus 700 Jahre später als Jungfrau gebären. Das hebräische Wort ‚alma', das in Jesaja 7 verwendet wird, bedeutet allerdings ‚junge Frau' und nicht Jungfrau. Über die Auslegung des Wortes ist ein erbitterter Streit entstanden, denn einige Christen behaupten weiterhin, ‚alma' stünde für Jungfrau."[84]

Solche Diskussionen machten wenig Sinn. Sie würden nur wütende Reaktionen auslösen und Sie selbst wären es, der als Überbringer der schlechten Nachricht verdächtigt würde, mit dem bösesten aller Geister einen Pakt geschlossen zu haben.

Die Anfälligkeit der Deutschen für Erlöserkonzepte

Man kann sicher darüber diskutieren, ob solche Erlöserkonzepte oder magisches Denken, die in kleinen gesellschaftlichen Gruppen zelebriert werden, tatsächlich eine Gefahr für gesamte Zivilisationen bedeuten. Letztlich ist es egal, ob Delfine lieber als Veganer begriffen werden oder ob sie exzellente Jäger sind. Wenn Ideologien andererseits auf politischer Ebene ihre Wirkung entfalten, muss die Gesellschaft wesentlich wachsamer werden, um nicht ständig diktatorischen Elementen ausgeliefert zu sein, die im Falle des Widerspruchs ihre Realität angegriffen sehen oder in Kriegen verheizt zu werden. Gerade die Deutschen haben im Laufe der jüngeren Geschichte gezeigt, wie anfällig sie für zerstörerische Ideologien sind.

Im Gegensatz zu den Erlöserkonzepten, die die Erlösung auf unbestimmte Zeit oder in das Jenseits verschieben, ist die Idee der Erlösung, die der Mensch durch richtiges Handeln im Diesseits erreichen könnte, relativ neu. Der Kommunismus verfolgt eine solche Idee und auch in der Klimawandelideologie finden wir diese Idee wieder. Die einseitige Behauptung, Menschen seien für den Klimawandel verantwortlich, wird in zahlreichen anderen Publikationen erschöpfend diskutiert, weswegen hier keine Abwägung dieser Argumente erfolgen kann. Dennoch sind der Mensch und sein Handeln als Übeltäter und Bösewicht definiert. Menschen, darunter Nobelpreisträger, die gegen diese Ideologie argumentieren, werden diskreditiert, die eigene Behauptung als einzig wahr hingestellt und die gegensätzliche Meinung nicht mehr toleriert. Wer die Dinge vom Ende her denkt, könnte schlussfolgern, dass sämtliches Handeln, dass das Klima, also das Wetter, vermeintlich bedrohte, wie der Konsum von Fleisch, das Errichten von Einfamilienhäusern, das Produzieren und Nutzen von Fahrzeugen und sogar das Heizen, eines Tages ebenso als Bedrohung gegen das Überleben von Menschen aufgefasst werden könnte. Wie geht man gegen Menschen vor, die das eigene Überleben derart bedrohen? Was ist die Schlussfolgerung?

Die Welt soll immer noch an Deutschlands Wesen genesen

„Auf Deutschlands globale Vorreiterrolle bei einer nachhaltigen und klimafreundlichen Energieversorgung können wir stolz sein.“, tönte Bundeswirtschaftsminister Sigmar Gabriel Anfang 2017. *„Deutschland könne ein Vorbild für andere Länder sein.“*[89] Das deutsche Wesen, an dem die Welt wieder einmal genesen solle, ist ein derart großes Vorbild, das Polen und Tschechien, wohin die deutsche Industrie massiv **migriert**, von den deutschen Windmühlen so nachhaltig überzeugt wurden, **dass dort zehn Atomkraftwerke gebaut werden sollen.**

Der Nachfolger Gabriels, Habeck, machte Mitte 2023 noch mit wohlfeilen Worten auf die „*German Angst*“ aufmerksam, für die es angesichts der schlechten Wirtschaftsdaten dennoch keinen Grund gäbe.[90] Vielleicht liegt es am Prozess des Aufwachens, der ihn Ende 2023 übermannte,[65] und der plötzlichen Einsicht, dass er von Wirklichkeit umgeben sei, die ihn im Februar 2024 verkünden ließ, „*es laufe gerade ‚dramatisch schlecht‘ in der Wirtschaft*“, und Deutschland „*erlebe einen ‚perfekten Sturm*“.[91] Nach dem Aufwachen befällt den Herr Minister also plötzlich die German Angst?

Der wenig erwachsene bundesrepublikanische Illusionär, der an die Heilsgestalten des grünen Märchens glauben und selbst ein Held der Wetterrettung sein möchte, wird derweil weiter glauben, dass es „*uns ja gut ginge*“. Auf Straßen braucht er sich bald nicht mehr festkleben, denn die werden ja kaum noch genutzt werden. Außer in Polen.

Harte „*Ansprache*“? Ja klar! Liebevoll? Ja und nein! Auch in dieser, meiner „*Ansprache*“ ließen sich kritisches sowie stützendes Eltern-Ich vermuten. Auch das trotzige Kind könnte beteiligt sein. Könnte! Es könnte auch schlicht der Zustand des Erwachsenen sein, der mit Vehemenz auf Zusammenhänge aufmerksam machen will, die der sich im Märchenwald Befindende nicht mehr wahrnehmen will. Im Gegensatz zum „*bösen Zauberer*“, dem Geschäftsführer, der gar nicht böse war, sind die Illusionen schwerer aufzulösen, wenn sie mit gezielt erzeugten Traumata einhergehen. Und man sich selbst in Position des Helden oder neben dem Erlöser stehend wahrnimmt und darüber hinaus die vier „*T*“ nach Birkenbihl aktiviert sind, die einen Virus des Geistes charakterisieren.

Das Klimamärchen wird gezielt mit dramatischen Bildern von Naturkatastrophen unterfüttert, die zugleich mit der **Klimakrise** in Verbindung gebracht werden. Das Opfer des Märchens wird kaum noch wahrnehmen können, dass es zu allen Zeiten Fluten im Ahrtal gegeben hat, wie z.B. 1804 und 1910, Flüsse regelmäßig über die Ufer traten und ganze Ernten vernichteten oder im Sommer komplett austrockneten. Erst der Bau von Talsperren ermöglichte es, regelmäßig auf Wasser zugreifen und Äcker besser bewässern zu können. Das in nördlichen Gefilden Wein angebaut wurde und Menschen die Alpen auf Wegen durchquerten, die aktuell erst durch das Abschmelzen der Gletscher freigelegt werden, ist im Märchenwald als Information kaum noch verfügbar.

Das Erwachen in die Realität ist ein harter und schmerzlicher Prozess. Fragen Sie mal Sektenaussteiger, die wirklich an das geglaubt haben, was dort gelehrt wird. Wie lange der Prozess des Erkennens, des Ausstiegs und des Befreiens dauert! Menschen mit einem stark illusionären oder magisch denkenden Kind-Ich, die zugleich traumatisiert sind, sind mit Vernunft niemals erreichbar. Da sind die Grenzen der Kommunikationsmöglichkeiten erreicht – zumindest in den Themengebieten, die das Märchen betreffen.

Weshalb der Begriff „*Klimawandel*“ durch die Begriffe „*Klimakrise*“ oder „*Klimakatastrophe*“ ersetzt worden ist, werden wir noch genauer erörtern.

Das Enttarnen von Masken

Um die inneren Zustände nach außen hin zu verdecken, ziehen sich Menschen die „*Persona über*". Die Persona ist ein Konzept, das auf Carl Gustav Jung zurückgeht. Sie wird auch als „*Maske*" bezeichnet, da sie vorgibt, das „*Ich*" zu sein. Sie ist allerdings nur die nach außen gezeigte, sozialverträgliche Maske des Menschen, die die Ich-Zustände verbergen soll. Sie übernimmt die gesellschaftlich erwünschten Vorstellungen und drückt sie nach außen hin aus. Sie ist damit zwar einerseits mit dem Nachteil verbunden, dass die Individualität unterdrückt wird, bietet aber andererseits Schutzfunktionen als Vorteil. Sie schützt einerseits vor Übergriffen anderer, die entstehen würden, wenn das wahre Ich zum Ausdruck gebracht würde, andererseits dämpft oder unterdrückt sie eigene Impulse oder Handlungen, die gesellschaftlich nicht anerkannt oder darüber hinaus sogar strafbewehrt sein könnten. Sie

> *„ist aber, wie ihr Name sagt, nur eine Maske der Kollektivpsyche, eine Maske, die Individualität vortäuscht, die andere und einen selber glauben macht, man sei individuell, während es doch nur eine gespielte Rolle ist, in der die Kollektivpsyche spricht. […]*
> *Sie ist ein Kompromiss zwischen Individuum und Sozietät über das, ‚als was einer erscheint'."*[92]

Diese Maske oder soziale Persönlichkeit ist laut Dr. Eric Berne in einem durchschnittlichen Alter von sechs bis zehn Jahren und versteckt Eltern-, Erwachsenen- und Kind-Ich. Die Persona orientiert sich häufig an den Lieblingshelden des Menschen und vor allem an den Skripts und Spielen, die der Mensch seit Kindestagen spielt. Das Kind-Ich lauert möglicherweise so lange hinter der Persona, bis es genug Gutscheine gesammelt hat, plötzlich hinter der Maske auftauchen zu dürfen. Insbesondere in beruflichen Angelegenheiten zeigte sich die Persona besonders stark. Lassen Sie Ihrem inneren, freien Kind doch einmal kurz freien Lauf, wenn Sie sich in einer beruflichen Umgebung befinden, die die besonders stark ausgeprägte Persona erfordert. Sie werden mit abwertenden Blicken eines sozial angepassten Zehnjährigen bedacht, der sich seines Zustands jedoch meist überhaupt nicht bewusst ist. Wechseln Sie sodann wieder zurück in Ihr Erwachsenen-Ich, haben Sie es jedoch nach wie vor mit dem Zehnjährigen zu tun.

Laut Berne gibt es einen gesamtgesellschaftlichen, ungeschriebenen Vertrag, in dem vereinbart ist, die Persona nicht anzugreifen, sondern sich stattdessen unter diesen Masken zu begegnen. Das erklärt z.B. das Verhalten von Unternehmenslenkern, die ihre Reden opportunistisch, also wie ein Fähnchen im Wind, nach der aktuellen politisch-medialen Richtung ausgestalten, um dann doch ihre Produkte in einem Staat fertigen zu lassen, dessen Konzepte, objektiv betrachtet, geeigneter erscheinen. Die Persona ist also wieder eine Maske, eine Schutzschicht und Panzerung mehr, mit der es allenfalls Sinn ergibt, über sachliche oder belanglose Dinge zu sprechen. „*Was für eine Art Mensch sind Sie?*“, oder noch besser: ‚*Wie denken andere Menschen über Sie?*‘“,[93] könnten Fragen sein, die Maske zu enttarnen.

Meiner Meinung nach waren Gesichtsmasken gleich zu Beginn der Pandemie die Manifestation der Programmierungen des Menschen. Zugleich sollten sie eine Gefährlichkeit eines Virus darstellen, die es nie gegeben hat. Außerdem halfen sie dabei, eine Masse gesichtsloser, bedingungslos folgender Personen (hier als Plural von Persona gedacht) zu schaffen und Abweichler sofort identifizieren und abstrafen zu können.

Ich will gewinnen

Vielen Menschen geht es in ihrer Kommunikation darum, zu gewinnen. Die Spiele und Skripts sind seit ihrer Kindheit so ausgeprägt, dass sie sich kaum über eine sachliche Information unterhalten können, weil sie in ihrer scheinbar überlegenen Position verbleiben wollen. Dieses Verhalten zieht sich durch die Gesellschaft hindurch. Der FBI-Agent muss besser sein, höher stehen als der *„gewöhnliche"* Polizist aus Los Angeles. Der wiederum steht weit über dem Polizisten des Dorfes. Nur die eigene Richtung, die der Physiotherapeut eingeschlagen hat, ist die beste – die unterschiedlichen Schulen bekämpfen sich allzu oft. Lernen voneinander ist nicht notwendig – so dünkt es aus den einzelnen Schulen. Der Techniker steht über dem Meister, aber unterhalb des Ingenieurs. Der Meister ist der, der dem Gesellen vorgibt, wie er etwas auszuüben habe. Der Geselle hingegen überlässt die komplizierten, oder die Dinge, die er selbst nicht ad hoc lösen kann, lieber dem Meister. Privat würde er anders handeln, der Meister ist aber doch der Meister, nicht wahr? Der ist es doch, der für das Denken bezahlt wird. Sobald ein wahrer Meister dem Gesellen jedoch das selbstständige Denken gestattet oder es sogar einfordert, weil er sich selbst und anderen nicht ständig beweisen muss, dass er der Allerbeste ist, bringen sich Gesellen wesentlich mehr ein und finden oft genug bessere Lösungen als der Meister. Es liegt also an beiden Seiten, sich auf Augenhöhe zu begegnen. Auf einer anderen Ebene ist die eigene Regierungsform die allerbeste, die eigene Religion, Weltanschauung, was auch immer. Dreht sich die Menschheit damit nicht seit Jahrtausenden im Kreis?

Diese Mechanismen erklären die häufig anzutreffende Kommunikation zwischen Menschen und Gruppen. Wie oft geht es darum, nur die eigene Position als die bessere darstellen zu wollen? Doch wer sich ständig erheben muss, wird an anderer Stelle ein Bückling sein. Glauben Sie, ich hätte mich einen Moment erhaben gefühlt, als ich mich mit dem sympathischen Volkswirtschaftler über das Geldwesen unterhalten habe? Nicht eine Sekunde. Ich weiß exakt, dass ich in so vielen Bereichen des Lebens von ihm lernen könnte. Im Grunde war es ein so bereichernder Abend, dass beide gewonnen hatten.

Im Kapitel „*Alexander, mit dir kann man eigentlich gar nicht reden!*“ ging es im Grunde um diese Mechanismen, die wir hier noch einmal abschließend betrachten. Die Kommunikation wurde seitens des Kollegen häufig geführt, um zu gewinnen. Seine Beobachtung der anderen Kollegen scheint das zu bestätigen. Es geht also nicht um den Austausch von Sachinformationen oder um gemeinsames Lernen, sondern um Spiele – um Gewinnen oder Verlieren. Auch Dr. Berne weist immer wieder darauf hin.

Das geht so weit, dass behauptet wird, dass der Motor nicht liefe, obwohl er läuft. Mit erweiterten Sachinformationen oder neuen Erkenntnissen fühlen sich viele Menschen in ihrem Sein, in ihrem Status oder in ihrer Persona betrogen.

Schmecken Fragen wie Küsse?

Es gibt ein Buch mit dem Titel »Fragen können wie Küsse schmecken«. Auch im Rahmen dieses hier vorliegenden Buches rate ich zu Fragen, um sich besser in andere Menschen einfühlen zu können. Doch wir haben auch erörtert, dass Fragen vollständig anders aufgenommen werden können – wenn sie nämlich in das Spiel des Gewinnens oder Verlierens fallen.

Selbst Fragen, die im Rahmen gemeinsamer Lernsituationen gestellt werden, können durch den Lehrer oder Trainer so aufgefasst werden, als würde sich das trotzige Kind-Ich äußern, um den Lehrer bloßstellen zu wollen, oder als würde der Fragende in das kritische Eltern-Ich wechseln, um das unwissende Kind, das er im Lehrer verortet, zu kritisieren. Diese Mechanismen zeigen sich auch dann, wenn nur das Erwachsenen-Ich des Fragestellers sendet, also weder das Kind- noch das Eltern-Ich an der Frage beteiligt war, weil die Menschen in ihren Spielen und Machtmechanismen verstrickt sind. Denn tatsächlich werden Fragen häufig genug gestellt, um Kontrolle und Macht auszuüben. Fragen erinnern uns an unschöne Situationen. Wir sind von unseren Eltern und Lehrern gefragt worden, als wir uns rechtfertigen mussten. Auch die Fragen einer Klausur oder Klassenarbeit sind Rechtfertigungen, Diplomarbeiten werden verteidigt – schon wieder sehen wir den Kampfaspekt. Wer verteidigt, kämpft! Polizisten fragen, das Finanzamt, der Arbeitgeber. Das bringt viele Menschen in den Zustand des Kind-Ichs.

Auch Nichtwissen kann Menschen in den Kind-Ich-Zustand befördern. Das könnte ein Grund sein, weshalb sie nicht fragen, wenn sie etwas nicht verstehen. Es gibt Kulturen, da nicken die Menschen mit dem Kopf und sagen: *„Ja, ja, ich habe verstanden!“*, ohne tatsächlich etwas verstanden zu haben. Das Eingestehen von Nichtwissen macht sie klein. Wohlgemerkt: Sie selbst sind es, die sich in den Zustand bringen. Sie selbst machen sich klein! Und so stehen beim

Training verschiedener Kampfkünste ganze Gruppen Erwachsener herum und trauen sich nicht zu fragen, wenn sie die gezeigte Übung des Trainers nicht verstehen. Niemand möchte als dumm gelten. Als ob Fragen dumm machten!

Meiner Ansicht nach sind es ausschließlich schlechte Erfahrungen, die uns dazu bringen, so zu handeln. Von Natur aus sind wir nicht so. Jedes gesunde Baby erkundet die Umgebung neugierig und saugt Wissen aus der Umgebung auf. Fällt es hin, weint es allenfalls kurz, um sofort wieder aufzustehen. Erst die Spiele und Skripts der Erwachsenen führen im Laufe des Lebens dazu, kein weiteres Wissen mehr erwerben zu wollen bzw. das Fragen aufgegeben zu haben.

Leben, Lieben, Lachen?

Die Ich-Zustände nach Dr. Berne sind meiner Meinung nach hervorragend geeignet, Menschen und ihre Kommunikation zu beschreiben und besser einordnen zu können. Je bewusster wir uns darüber sind, desto besser verstehen wir uns selbst und mit anderen. Wie häufig habe ich Menschen beobachten können, die, als sie das Konzept kennengelernt hatten, ihre eigene Kommunikation analysieren und jahrzehntealte Strukturen durchschauen konnten. Und herzlich miteinander über ihre eigenen Zustandswechsel lachen konnten, wenn mal wieder das trotzige Kind-Ich kurz in den Gesichtszügen aufblitzte, ein einziger Schwall von Belehrungen aus dem eigenen Eltern-Ich an das Kind des anderen Kommunikationspartners ausgegossen wurde und dieser womöglich noch stärker aus dem Kind-Ich antwortete. Wenn wir uns alle mit ein wenig Humor behandelten – ohne uns über den anderen zu stellen –, was würde sich verändern? Nicht aus dem belehrenden Eltern-Ich, sondern als liebevoll schwingende Wesen, wissend, dass unser Wissen ein Tropfen ist und wir uns in dem Tropfen des anderen nur allzu oft spiegeln! Menschen, die sich nicht auslachen, sondern lachend miteinander wachsen.

Die einzelnen Zustände sind als eine Ganzheit zu verstehen, selbst wenn einige Zeitgenossen die einzelnen Zustände so scharf gegeneinander abgrenzen, dass sie sich darin besonders gemütlich eingerichtet haben. Das innere Kind ist eben nicht als abgetrennter Teil zu verstehen, sondern wir sind AUCH Kind. Es geht nicht um die Abspaltung von einzelnen Teilen unseres Seins, die in langen Meditationen befragt werden müssten. Eine solche Abspaltung macht nur in therapeutischen Sitzungen Sinn, z.B. im Rahmen einer Hypnose, um Verlorengegangenes wiederentdecken zu können. Das Verlorengegangene sollte nach einer solchen Sitzung zu uns gehören dürfen, solange andere Menschen keinen objektiven Schaden daraus ziehen. Wie einfach ist es manchmal, traurige Menschen an ihr freies Kind-Ich zu erinnern! Die Frage danach, was sie als Kind gerne getan haben oder getan hätten, öffnet nicht selten Türen, hinter denen Möglichkeiten der Freude verschlossen sind. Dennoch bringt uns die Transaktionsanalyse Erkenntnisse, die erklären können, weshalb Menschen es sich seit Jahrtausenden so schwer machen. Die Welt besteht eben nicht nur aus Leben, Lieben, Lachen. Um seelisch wachsen und reifen zu können, brauchen wir eben auch den Zustand des ErWACHSENen-Ichs, das die Skripts, Anweisungen und Befehle des Eltern-Ichs zu hinterfragen und überwinden in der Lage ist, wenn diese die freie Entfaltung unterbinden oder uns gar in Schleifen gefangen halten, die nicht förderlich sind. Wenn wir uns über die drei Zustände bewusst sind, können wir zu dem Wesen werden, das wir selbst sein wollen.

Wie sind Kommunikation und Liebe miteinander verbunden?

Bevor Sie beginnen, dieses Kapitel zu lesen, möchte ich Sie bitten, sämtliche Urteile über das, was ich Ihnen mitteilen möchte, vorab beiseitezulegen. Wenn Menschen auf gewisse Begriffe stoßen, die sie glauben, einordnen zu können, werden sehr häufig innere Barrieren gegen Themen hochgezogen, obwohl diese Urteile meist nur auf oberflächlichem Wissen oder gar Hörensagen beruhen.

Meine Worte zu Beginn gelten weiterhin: Ich gehöre keinerlei Sekte, Religionsgemeinschaft oder einer ähnlichen Verbindung an. Ich schreibe Bücher, die die Manipulation und Gehirnwäschemethoden, die Religionen, Sekten, Medien oder die Politik mannigfaltig anwenden und der Gesellschaft in der Regel leider viel zu wenig bekannt sind, beschreiben und aufdecken. Diese Bücher sollen befreien, und in eben diesem Geist schreibe ich die folgenden Gedanken und Wörter zu Papier.

Denn die Methode, die ich Ihnen vorstellen möchte, wird zwar weit und breit kritisiert und angefeindet, aber dennoch mannigfaltig angewendet. Zig Unternehmensberatungen wandeln sie etwas ab, damit die Herkunft verschleiert wird, und impfen sie weltweit Verkäufern ein, damit sie Ihnen ihre Produkte andrehen. Diese Methode wird also einerseits zur schamlosen Manipulation von Menschen eingesetzt und die besten Waffen dagegen bleiben schlicht Wissen und Bildung.

Auf der anderen Seite können die Kenntnis und Anwendung der Methode sehr segensreich sein, wenn sie auf ehrlichen, konstruktiven und liebevollen Grundsätzen beruhen. Sie ermöglicht viel mehr als ein Einlassen in die Welt eines anderen Menschen, denn tatsächlich lassen sich damit Auseinandersetzungen vermeiden oder klären.

Viel mehr noch: Die Zuneigung und liebevolle Verbundenheit zwischen Menschen können sich damit deutlich verbessern lassen.

Das ARK-Modell stammt von L. Ron Hubbard, dem Begründer von Scientology, und beschreibt drei Seiten der Verbindung zwischen Menschen. Die Verbindung zwischen Menschen besteht demnach aus Affinität, Realität und Kommunikation – ARK. Weil der Begriff Affinität nicht so gebräuchlich ist, können wir ihn auch durch Zuneigung ersetzen.

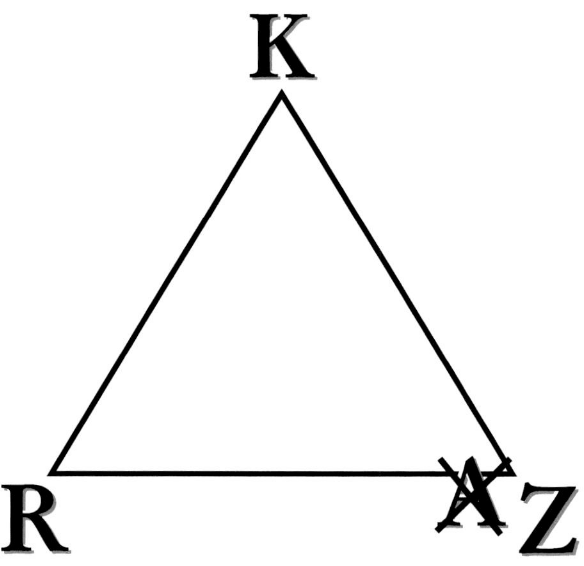

Steigen wir doch mit einer einfachen Frage ein, die ich persönlich immer wieder als störend empfinde, einfach weil sie selten ernst gemeint ist. „*Wie geht's?*", ist meist eher als Floskel zu verstehen, denn als echtes Interesse einem anderen Menschen gegenüber. Schon klar – kaum jemand möchte und sollte einem emotional entfernten Arbeitskollegen gegenüber einen Seelen-Striptease durchführen. Doch weshalb wird die Frage dann gestellt und nicht einfach eine andere Floskel verwendet, wenn sie doch eigentlich gar nicht ernst gemeint ist? Im englischsprachigen Raum schmeißen sich beide Gesprächspartner gar die Floskel um die Ohren, ohne darauf zu antworten. Da folgt ein „*How do you do?*“, auf die Eingangsfrage „*How do you do?*“. Beide wissen natürlich, dass es eine Höflichkeitsfloskel ist. Doch lassen Sie uns untersuchen, was diese Frage in unserem Dreieck auslösen könnte:

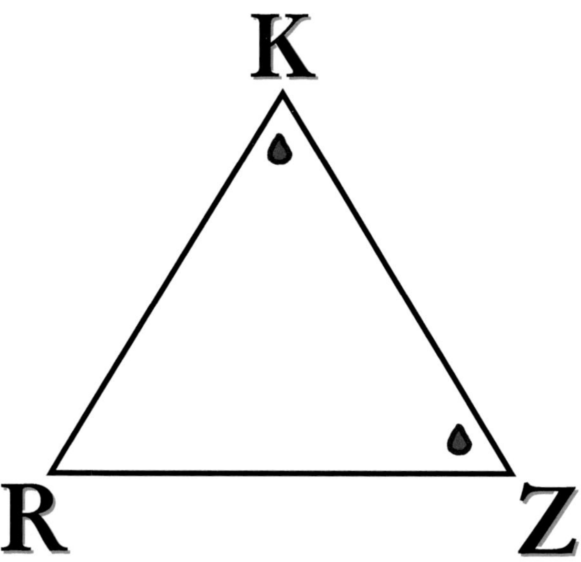

Wie Sie sehen, bleibt das Dreieck fast leer, denn jeder weiß, dass die Kommunikation allenfalls einen geringen oder überhaupt gar keinen, Aspekt der Zuneigung ausdrücken soll und schon gar nicht erst Interesse an der Realität des anderen besteht. Hier besteht echte Leere zwischen Menschen.

Nehmen wir einmal an, der Sender der Frage hätte sie wirklich ernst gemeint, der Empfänger der Nachricht sie aber dennoch als Floskel verstanden:

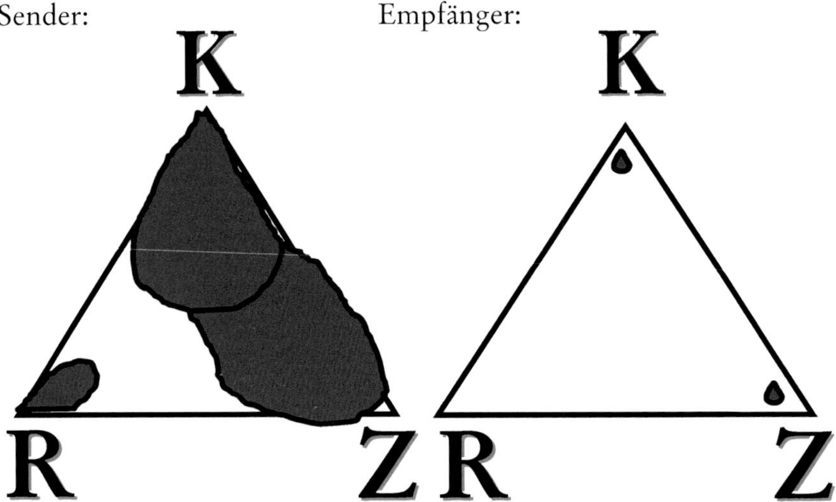

Der Sender der Frage drückt seine Zuneigung über die Kommunikation aus und zeigt mit der Frage Interesse an der Realität des Empfängers. Er kennt die Realität des Empfängers noch nicht, deshalb ist die Intensität des *„R“* im oben gezeigten, linken Dreieck noch als kleine Fläche dargestellt. Der Empfänger indes missinterpretiert diese Frage bzw. das echte Interesse an einer Verbindung und antwortet lapidar mit *„gut!“*, und das vielleicht, obwohl es ihm sehr schlecht ginge.

Wer nun empathisch zuhören und auch einordnen kann, wie oft diese Frage im Grunde missbraucht wird, kann die Technik der Kommunikationsklärung einsetzen. Nehmen wir an, der Sender bemerkt eine Abweichung zu der sonstigen Mimik, Gestik oder Körperhaltung des Empfängers und äußerte dies:

„Stefan, wie geht's dir?“
„Gut, danke!“
„Oh, du siehst bedrückt aus“ oder *„Bist du traurig?“*

Schlagartig wird sich das Dreieck des Empfängers füllen, denn ihm wird bewusst, dass ich echtes Interesse, also Zuneigung (!), an seiner Realität zeige und ihm anbiete, darüber zu sprechen. Dieses simple Alltagsbeispiel hat mir selbst viele intensive Begegnungen ermöglicht, woraufhin Menschen sich geöffnet und mir berichtet haben, wie es ihnen wirklich geht. Und nicht selten hatten sie sonst niemanden, mit dem sie darüber sprechen konnten.

Der Theorie nach muss sogar nur eine der Ecken des Dreiecks aktiviert werden, um die beiden anderen Ecken zu verstärken. Doch wie das oben genannte Beispiel zeigt, ist das nicht immer so. Gehen wir doch auf das Beispiel der Covid-Impfbefürworter und der Covid-Impfgegner ein. Nehmen wir an, eine sechzigjährige Mutter unterhielte sich mit ihrem dreißigjährigen Sohn, wobei die Mutter der Impfung kritisch gegenüberstünde, der Sohn sie jedoch befürwortete. Sowohl Mutter als auch Sohn haben sich umfassend über die Impfung, die Funktionsweise und die Wirkung der Impfung informiert – aber aus unterschiedlichen Quellen. Die Mutter mag sich auf Quellen wie den Nobelpreisträger und Entdecker des HIV, Professor Dr. Luc Montagnier, den Erfinder des PCR-Tests und Nobelpreisträger Dr. Kary Mullis, Professor Dr. Sucharit Bhkadi für medizinische Mikrobiologie, Dr. Klaus Wodarg, Dr. Köhnlein und Dr. Robert Malone, einem der Pioniere der mRNA-Impfstoffe, berufen. Der Sohn hingegen bezöge seine Informationen von ARD, ZDF, RTL2 und den Herren Lauterbach und Drosten. (Übrigens sind diese meine Sätze ein besonders triviales, also plattes, Beispiel für Framing, das ich bewusst so verwende. Näheres im Kapitel über Framing.)

Beide könnten sich mit ihren unterschiedlichen Quellen niemals auf eine gemeinsame Realität des anderen einlassen. Dementsprechend gestaltete sich jegliche Kommunikation darüber schwierig – und damit verschwindet gleichzeitig die Zuneigung zwischen beiden. Übertrieben? Na, wie viele Familien haben die Covid-Maßnahmen zerrüttet?

Sicher – reife Menschen können sich auf eine völlig verschiedene Realität eines anderen einlassen, doch wie oft finden wir so etwas tatsächlich vor? Wie oft zeigt die Praxis, dass Juden, Muslime und Christen sich in Zuneigung verbunden über die unterschiedlichen Realitäten ihrer Religionen unterhalten können und dabei in Liebe verbunden sind oder bleiben? Wohl eher selten, oder?

Impfung oder Nicht-Impfung als Beweis der Zuneigung

Selbstverständlich stünde sowohl der Mutter als auch dem Sohn die Option offen, stundenlang gemeinsam die unterschiedlichen Quellen zu studieren und darüber zu sprechen. Doch ist das die Realität? Die Realität ist doch eher, dass sich beide innerlich voneinander distanzieren. Frappierend: Es könnte sogar sein, dass beide in Streit geraten, obwohl die Sorge vor dem Schaden des anderen im Vordergrund stünde. Weder die Mutter wollte den Sohn an Leib und Leben durch Nebenwirkungen geschädigt wissen noch der Sohn die Mutter durch das Virus. Wobei wir wieder bei *„Love and fear cannot exist in the same space!“* wären.

Wie einfach es wäre, diese Gefühle dem jeweils anderen gegenüber zu äußern. Und sofort wäre das Dreieck wieder an allen Ecken gefüllt. Und auch die Ebene gewechselt, denn beide hätten die Realitäts-Ebene der Impfung verlassen und wechselten in Richtung Schönheit und Wertschätzung der Verbindung zwischen beiden.

Wechseln Sie die Realität

Darin liegt im Grunde die Lösung für sämtliche Bereiche, in denen keine gemeinsame Realität erzielt werden kann. Wechseln Sie die Themen! Zeigen Sie Ihrem Kommunikationspartner jedoch, dass er Ihnen wichtig ist – Sie in diesen Punkten jedoch keinen gemeinsamen Nenner werden finden können – und dass das auch nicht notwendig ist, da zwei Menschen niemals in allen Bereichen des Lebens vollständige Übereinkunft der Meinungen werden erreichen können. Allein durch diese Nachricht werden sämtliche Ecken des Dreiecks wieder gestärkt.

Ähnliche Empfehlungen gelten für Paare, die schwierige Zeiten durchmachen oder sich mit dem Gedanken der Trennung beschäftigen. Wie viele Paare trennen sich nach Jahren, weil ein Ereignis eingetreten ist, das einen Partner verletzt hat. Obwohl im Grunde in vielen Bereichen des Lebens Dreiecke voller Intensität zwischen beiden existieren, führt eine einzige Situation der nicht gemeinsam teilbaren Realität zur Trennung. Solange jedoch auf beiden Seiten Interesse an einer Fortführung der Beziehung besteht, raten viele (Ehe-)Beratungsstellen nicht umsonst dazu, nicht allein über die Probleme der Beziehung zu sprechen, sondern dafür extra einen geschützten Rahmen, wie den während des Beratungsprozesses, zu schaffen und außerhalb dieses Rahmens ausschließlich die Gemeinsamkeiten zu teilen und zu stärken.

Trauma und Kommunikation

Wir Menschen haben im Laufe unseres Lebens alle Situationen der Zurückweisung oder teilweise schwere Traumata durchleben müssen. Die moderne Forschung weiß, dass in Momenten traumatischen Erlebens der Neocortex, also der Frontallappen des Hirns, keinerlei oder nur sehr geringe Hirnaktivität aufweist, während das sogenannte Reptilienhirn sozusagen feuert. Im Reptilienhirn sind die Mechanismen Erstarren, Kämpfen oder Flucht hinterlegt – damit der Gesamtorganismus überleben kann (Hubbard erkannte dies sehr früh und unterteilte diese Funktionen in den **analytischen Verstand**, der wie ein Computer anhand seiner vorliegenden Daten handelt und den schwachsinnigen **reaktiven Verstand**). Die logischen Funktionen des Hirns sind in Zeiten akuter Belastungsreaktionen demnach abgeschaltet und deswegen währenddessen höchstsuggestibel, also in hohem Grade beeinflussbar. Dabei können sich sogenannte Aktionssätze und Programmierungen einschleichen, die dem Opfer jedoch in keiner Weise bewusst sind. Folgende Sätze sind beispielsweise möglich:

- *„Ich habe nicht verdient, zu leben!"*, (als Überlebender eines Unfalls beispielsweise, bei dem der Partner ums Leben gekommen ist).
- *„Ich habe Angst vor Spinnen!"*, (obwohl als Ursache die Mutter in einer Situation panisch reagierte, die mit einer Spinne wenig zu tun hatte).
- *„Ich bin wertlos und habe es verdient, geschlagen zu werden."* (Wird insbesondere häufig von Frauen geäußert, die einem gewalttätigen „Partner" ausgesetzt sind. Möglicherweise wurde genau dieser Satz von dem ersten gewaltausübenden Menschen der Frau gegenüber während der Prügel geäußert und wirkt seitdem seit Jahrzehnten als Programmierung.).

Hubbard bezeichnete solche Situationen als „Engramme". Ein Engramm ist

> *„eine […] Aufzeichnung eines Zeitraums von Schmerz und Bewusstlosigkeit […]. Sie ist dem analytischen Verstand nicht zugänglich."*[94]

Unter Bewusstlosigkeit verstand Hubbard nicht nur den Zustand einer nicht ansprechbaren Person, sondern im Grunde das Abschalten des sogenannten analytischen Verstandes während traumatischen Erlebens. Selbst Müdigkeit und Krankheiten können diesen Zustand herbeiführen (siehe Kapitel über Framing und Feindbilder). In diesen Zustand fallen Menschen jedoch auch, wenn sie nur an eine Trauma auslösende Situation erinnert werden. So mag ein Baby nicht sofort versorgt worden sein, weil die Mutter parallel Essen bzw. Zwiebeln zubereitete, als es wegen Hungers weinte. Jahre später noch könnte der Geruch von Zwiebeln ähnliche Zustände der Angst o.ä. reaktivieren. Opfer schwerster Verbrechen oder Kriegsopfer erleben gewisse Situationen immer wieder, weil scheinbar harmlose Situationen wie lautes Knallen oder das Aufheulen von Motoren sie an schlimme Situationen erinnern. Ähnliches kann auch in der Kommunikation zwischen Menschen geschehen.

Ganz nebenbei: Sowohl die *Germanische Neue Medizin* nach Dr. Hamer als auch *Scientology* wie auch viele andere Systeme sehen Schocks als mögliche Ursache zahlreicher (psychiatrischer) Krankheiten an. Oft wird jedoch die Ansicht geäußert, dass Schocks die Ursache aller Krankheiten seien. Diese Ansicht teile ich allerdings nicht.

Auch innerhalb des Farbheilungssystems *Aura-Soma*® sieht man es als bedeutsam an, erlittene Schocks zu überwinden. Der numerologische Wert von *Aura-Soma* entspricht der Zahl 26. Die B26 (B für Bottle, also Flasche) ist auch als „Schock-Flasche“ bekannt.

Hubbard ging davon aus, dass eine normale Schullaufbahn durchschnittlich zwischen 800 und 3.000 Engramme hinterlässt. Könnte das ein Mit-Grund dafür sein, dass so wenige Menschen gerne lesen? Wie dem auch sei: Wir alle waren mehr oder weniger starken Zurückweisungen ausgesetzt, manche haben dabei auch schwere Misshandlungen anderer Menschen erlebt oder waren Zuständen schwerer Krankheit ausgesetzt, weil auch in diesen Zeiten häufig Bewusstlosigkeit vorliegt. Zurückweisungen gehen also sehr häufig mit alten Verletzungen einher.

Desinteresse lässt Zuneigung schwinden

Was passiert nun also, wenn Menschen, die sich eigentlich nahestehen, kein oder wenig Interesse an der Realität des anderen Menschen zeigen? Lapidar geschrieben: Wie viele Männer zeigen null Interesse an dem Hobby ihrer Partnerin, wie z.B. Nähen, oder wie viele Frauen ziehen lange Gesichter, wenn Männer von Motoren sprechen? Keine Ecke des Dreiecks wird gestärkt, Zuneigung kann sich nicht entfalten oder reduziert sich auch in anderen Themengebieten. Denn warum sollte ich Interesse an den Realitäten eines anderen Menschen zeigen, wenn dieser auch kein Interesse an meinen Realitäten zeigt? Zudem wird die Person unbewusst an frühere Zurückweisungen oder gar an die Emotionen erlittener Traumata erinnert, die sie nun unbewusst mit einer Person verknüpfen wird, die überhaupt nichts zur Entstehung des Traumas beigetragen haben mag.

Dabei könnte es so einfach sein: Wer verlangt denn schon von dem zuhörenden Partner, selbst Näher zu werden oder auch nur mit einem Faden eine sinnvolle Naht nähen zu können? Wer verlangt schon von der Partnerin, die richtigen Pleuellager eines Motors auswählen zu können, wenn die Kurbelwelle neu eingeschliffen wurde? Es geht nur um einfaches Interesse. Jeder kann zuhören, jeder kann sich für einige Augenblicke auf und in die Realität eines anderen einlassen, so er es denn nur will.

Auch hier zeigen Fragen beispielsweise echtes Interesse. Ein Zurückweisen des Gesprächsangebots oder mangelndes Interesse an der Realität wird jedenfalls nicht zu einer Stärkung der Zuneigung führen, wenn wir das Modell grundsätzlich als richtig anerkennen. Sie entscheiden also selbst, ob das Dreieck voll wird oder ist oder ob Leere vorherrscht.

Vergangene Zurückweisungen wirken in aktueller Kommunikation

Sicherlich können wir uns gut weitere Reaktionen vorstellen, die aufgrund von Zurückweisungen oder Traumata einprogrammiert sind. Kennen Sie den Spruch *„Das größte Kommunikationsproblem ist, dass wir nicht zuhören, um zu verstehen. Wir hören zu, um zu antworten.“*? Sicher – da ist etwas dran. Viele Menschen können und wollen sich nicht auf das Gefühlsleben eines anderen Menschen einlassen. Denen *„ist vielleicht noch nicht aufgefallen, dass Kommunikation sowohl Ausströmen als auch Empfangen umfasst.“*[95] Oder aber sie arbeiten in einem Beruf, in dem es um schnelle Reaktionen geht, und sie können ihr dort antrainiertes Verhalten nicht einfach mal ablegen und antworten deshalb vorschnell. Denn tatsächlich ist es so, dass, wenn das Gehirn mit der Formulierung der Antwort beschäftigt ist, in der Regel wesentlich weniger Aufmerksamkeitseinheiten zur Verfügung stehen, um die Kommunikation auch tatsächlich zu empfangen. Allerdings ist eine solche Situation auch leicht lösbar, wenn ich mein Gegenüber darauf aufmerksam mache, dass es mir bitte bis zum Ende zuhören möge – ohne währenddessen Lösungen anzubieten. Häufig geht bei der Betrachtungsweise völlig unter, dass auch das Anbieten von Lösungen Zuneigung bedeuten kann. Und andererseits testen Menschen, die in der Vergangenheit Zurückweisungen ausgesetzt waren, ihr Umfeld häufig immer wieder. So mögen die Sätze *„Ich werde (mit meinen Bedürfnissen) nicht ernst genommen.“* oder *„Ich bin es nicht wert, dass man mir zuhört.“* dazu führen, dass die Umgebung darauf getestet wird, ob sie der betreffenden Person zuhört. Obwohl eine gesamte Gruppe beispielsweise ein Thema bereits hinreichend verstanden hat und gerne im Gesprächsthema weitergehen würde, wird die betreffende Person die Kommunikation zum fünften Mal wiederholen, sie weiter ausschmücken und jeden Versuch der Gruppe unterbinden, im Gespräch voranzuschreiten. Letztlich ist diese Person mit der Aufmerksamkeit kaum im Hier und Jetzt, da sie immer noch versucht, die Personen, die ihr vor Jahrzehnten keine Beachtung geschenkt haben, zu überreden (im wahrsten Sinne des Wortes), ihr endlich zuzuhören. Einerseits empfindet sie es selbst als respektlos, wenn ihr die Gruppe vermeintlich nicht zuhört, obwohl die Realität der Individuen innerhalb der Gruppe völlig anders aussieht, andererseits verhält sie sich selbst der Gruppe gegenüber respektlos. Die Realitäten der Kommunikationspartner können also nur schwer übereingebracht werden, weil das Trauma oder die verletzenden Erfahrungen immer noch wirken. Was bedeutet das für die Intensität der Zuneigung innerhalb unseres Dreiecks bei sämtlichen Kommunikationspartnern? Und wird gleichzeitig nicht wieder das Programm *„Ich werde zurückgewiesen!"* aktiviert? Sozusagen als selbsterfüllende Prophezeiung?

Handelt eine Person nicht aufgrund von Aktionsbefehlen aufgrund eines Traumas, die ihr Sprechen oder Zuhören entweder verhindern oder aufzwingen, wird die Person mehr oder weniger in gleichen Teilen zuhören und sprechen. Hubbard teilte die Kommunikationsfähigkeit von Menschen in einer Spalte, einer sogenannten *„Tonskala"*, ein. Nehmen Sie die Skala, die ich hier nun schildere, doch einmal heran, um die Stufe der deutschen Gesamtgesellschaft oder einzelner Politiker, die nur der Spiegel der Gesellschaft sind, einzuordnen.

Skala der Kommunikationsfähigkeit

Auf der höchsten Stufe dieser Spalte *„ist das Vermögen, vollkommen zu kommunizieren, ohne irgendetwas zurückzuhalten, voll ausgeprägt [und man kann] im Gespräch schöpferisch und konstruktiv [...] sein. Auf dieser hohen Stufe der Skala ist man imstande, allem, was gesagt wird, zuzuhören und es rational auszuwerten."*[96] Das bedeutet auch, dass man anderen zuhören kann, wenn sie über belastende Lebensereignisse sprechen, ohne selbst davon heruntergezogen zu werden.

„Man kann Ideen aufnehmen, ohne kritische oder abschätzige Bemerkungen anzubringen. Und man kann andere, während man ihre Ideen aufnimmt, bei ihrem Denken und Sprechen in hohem Maße unterstützen.“[96] Ergänzend dazu sei noch anzumerken, dass es auch Menschen gibt, die diese Unterstützung schon als kritische Abwertung verstehen, obwohl es eindeutig nicht aus der Kommunikation hervorgeht. Auch das liegt in alten, längst vergangenen Zurückweisungen begründet, die mit dem aktuellen Kommunikationspartner nichts zu tun haben müssen. Auf einer deutlich tieferen Stufe dieser Skala *„geht die Fähigkeit, zu anderen zu sprechen, bis zu der zögernden Äußerung einer beschränkten Anzahl von Überzeugungen zurück […]. Man mag gegenüber Leuten mit höchst schöpferischen und konstruktiven Ideen eine sehr konservative Reaktion zeigen.“*[96] Kritik an offensichtlich Irrationalem kann dagegen noch geäußert werden. Weiter sinkend auf der Skala *„wird das Gespräch eher oberflächlich und zurückhaltend. Hier ist der Bereich der Plaudereien über das Wetter und ähnliche Belanglosigkeiten. Auf dieser Stufe zeigt sich Widerstand gegen Ideen, die zu umwälzend sind. Hier kommt eine gewisse analytische Furcht in Form eines leichten Unbehagens zum Ausdruck.“*[96] Wieder weiter auf der Skala absinkend finden wir die Einstellung *„Darüber lohnt es gar nicht zu diskutieren […] Kommunikation wird beiseitegeschoben; ob die eigene Kommunikation empfangen wird oder überhaupt verständlich ist, spielt keine Rolle.“*[96]

Wiederum um eine Stufe tiefer gesunken, wird Kommunikation zurückgewiesen und nicht oder nur wenig gesprochen.

Das Ende der Skala ist jedoch noch nicht erreicht. Wieder um eine Stufe abgesunken, neigt man *„dazu, zu meckern oder abschätzige Kommentare zu machen, um andere abzuwerten. Auf dieser Stufe kann man eine Person nur durch Nörgeleien, gemeine, spitze Bemerkungen, Abwertungen und sonstige antagonistische [gegensätzliche] Kommunikation ansprechen.“*[96] Merken Sie sich bitte diesen Satz, denn er erhält in der weiteren Betrachtung noch eine tiefere Bedeutung, nämlich genau dann, wenn es darum geht, Menschen (beispielsweise zu einem Verkaufsabschluss) zu motivieren oder zu manipulieren.

> „*Bei Tonstufe 1,5 wird das Gespräch anderer abgeschnitten; man weigert sich völlig, zuzuhören, und ist bemüht, einströmende Kommunikation zu zerstören. Das Gespräch, das von einem solchen Menschen ausgeht, ist unverblümt destruktiv; er verschwendet keinen Gedanken an den möglichen Gegenschlag, der durch diese Zerstörungswut ausgelöst werden könnte. Auf dieser Stufe kann sich Konversation kaum Konversation nennen, da es sich um eine Vorwärtsbewegung in Richtung Zerstörung sowie um eine Weigerung handelt, irgendetwas anzunehmen, das diese Zerstörung verhindern könnte. Unterhalb dieser Stufe […] versinkt die Person in störrisches Schweigen, schmollt und weigert sich zu sprechen. Sie wird keiner Kommunikation irgendwelcher Art von anderen Leuten zuhören, außer derjenigen, die sie in ihrer Haltung unterstützt.*“[96]

Auch der letzte Satz ist bedeutsam, wenn wir die Möglichkeit der Manipulation erkennen wollen.

> „*Auf Stufe 1,1 stoßen wir auf Lügen, um wirkliche Kommunikation zu vermeiden. Dies spielt sich in Form von vorgetäuschtem Einverständnis, Schmeicheleien oder verbalen Beschwichtigungen ab […], eine falsche Fassade, eine künstliche Persönlichkeit. Hier ist der Bereich der versteckten Feinseligkeit […]. Hier ist die Person zu finden, die lächelt, während sie Ihren Ruf praktisch zerstört hat. Hier befindet sich der falsche Schmeichler, der nur einen Moment der Unachtsamkeit abwartet, um zu zerstören. Das Gespräch ist voll kleiner Sticheleien, die aber unmittelbar damit gerechtfertigt werden, dass sie eigentlich als Komplimente gedacht waren […] eine solche Person ist zu keiner wirklichen Zuneigung fähig.*“[96]

Solche Menschen nutzen Kommunikation nur, um andere Menschen zu stören oder zu zerstören, ohne dass die Menschen um die Person herum sich darüber bewusst würden. Eine weitere Stufe des Absinkens würde den Betreffenden nur von schlimmen Dingen sprechen lassen oder von schlimmen Dingen, die seiner Meinung nach eintreten werden und denen man nicht abhelfen könne. Solche Menschen lassen sich nicht aufheitern oder aufmuntern, sie verfallen schnell wieder in ihre Apathie. Und jetzt kommt der mögliche Manipulationsaspekt hinzu.

Unauffällige Manipulation, die nur schwer bemerkt wird

Schlussendlich eignet sich das Modell auch dazu, echtes Interesse vorzuheucheln – und genau das wird im Verkauf fleißig angewendet. Wenn ein Verkäufer den Bereich Zuneigung stärken möchte, lässt er den Kunden einfach über dessen Realität sprechen. Selbst wenn er gegenteiliger Meinung sein sollte und mehrere Argumente eines Themas kennt, kann er doch genau die Argumente verwenden, die die Realität des Kunden unterstützen. So wird er dem Kunden gegenüber sympathisch wirken und ein Ablehnen des Kaufangebots damit schwieriger werden. Denn es fällt uns naturgemäß schwerer, einen uns sympathischen Menschen *„vor den Kopf zu stoßen"*. Das bewusste Einlassen und Bestärken der Realität eines anderen wirken also zuneigungsfördernd.

Es gibt jedoch noch eine weitere Möglichkeit der Manipulation. Hubbard nannte diese Methode *„Zwei-Minuten-Psychometrie"*. Diese Methode beruht auf der Erkenntnis, **dass ein Zuhörer nur gelenkt oder angesprochen werden kann, wenn er auf der eigenen Tonstufe oder allenfalls ein wenig darüber oder darunter angesprochen wird.** Na – wundern Sie sich noch darüber, wenn Ihr Umfeld Ihre schöpferischen Ideen nicht im Ansatz zu verarbeiten vermag?

Um die Tonstufe herauszufinden, empfiehlt er, etwas Schöpferisches und Konstruktives zu äußern und die Reaktion darauf abzuwarten. Gäbe es keine Reaktion des Gesprächspartners, sollte man das Thema auf etwas Belangloses wie Sport o.ä. lenken. Erhielte man auch hier keine wirkliche Reaktion, solle ein Thema gesucht werden, das etwas Gegensätzliches beschreibt, das aber auf keinen Fall gegen die andere Person gerichtet sein solle. Man könne ein oder zwei wütende Sätze gegen irgendeinen Zustand von sich geben – wie z.B. die aktuelle Politik. Erfolgte auch hier keine Reaktion, so könne später etwas schändlicher Klatsch über unbeteiligte Personen erfolgen. Spränge der Gesprächspartner auch hierauf nicht an, könne das Gespräch auf die Hoffnungslosigkeit der Situation gelenkt werden. Irgendwo innerhalb dieser hier genannten Spanne wird das Gegenüber antworten. Genau in dieser Spanne könnte sich der Manipulierende sicher bewegen, das Gegenüber wird einen vermeintlich Verbündeten gefunden haben und sich das Produkt leichter an den Mann bringen lassen, weil es eine vermeintliche Übereinkunft der Realitäten gibt. Sicher – ein wirklich gutes Produkt spräche für sich selbst! Definitiv wirken Sie jedoch sympathischer, wenn Sie diese Regeln beachten. Ob Sie sie auch anwenden wollen, um ständig mit Menschen einer niedrigeren Stufe zu kommunizieren, müssen Sie natürlich selbst wissen. Opfer dieser Methoden werden Sie durch deren Kenntnis jedoch nun eher nicht mehr so schnell.

Hubbard war übrigens der Meinung, dass ein wirklich freier Mensch seine Emotionen der Realität anpasst. Er wäre in der Lage, alle Emotionen und Gefühle der „*Tonskala*" auszudrücken, wenn die Realität es erfordert. Empfindet er Trauer, kann er sie ausdrücken. Will er kreativ sein, macht er Pläne und setzt sie um. Erfordert die Situation Wut, wird er wütend reagieren. Um mit den Erkenntnissen, die wir uns bis zu dieser Stelle erarbeitet haben, zu argumentieren:

Weder befiehlt ein Engramm Wut oder verbietet sie! Weder schlägt das Kind-Ich wild um sich, um zu zerstören, noch verbietet das Eltern-Ich eine wütende Reaktion. Weder schaltet ein Skript Wut ein oder aus, noch verbietet die Persona, Wut zu äußern, wenn sie in der Situation angemessen wäre.

Zusammenfassend lässt sich konstatieren, dass es wenig sinnbehaftet ist, mit Menschen Kontakt halten zu möchten, die einfach entweder keinen Kontakt zu Ihnen haben wollen oder Sie schlicht und ergreifend ablehnen. Sie verletzten sich durch den Kontakt immer wieder selbst, falls die andere Seite nicht bereit sein sollte, Ihnen auf Augenhöhe zu begegnen, verletzende Kommunikation zu unterlassen, Grenzen zu respektieren oder unterschiedliche Realitäten zu akzeptieren.

> *„Franz Ruppert ist Psychologieprofessor und Psychotherapeut in München. Viele der Patienten, die zu ihm kämen, hätten sich bemüht bis zum Burnout oder zur Depression, um die Beziehung zu den Eltern zu verbessern, erzählt er. Um dann zu erklären, weshalb solche Bemühungen aussichtslos sind: ‚Wenn ich mit jemandem, der mich ablehnt, in Kontakt bleiben will, zwingt mich das dazu, mich selbst aufzugeben. Ich gebe meinen Willen auf, verleugne meine Gefühle [und damit die eigene Realität].‘ Überspitzt kämpfen für den Therapeuten dann zwei Kopflose miteinander. ‚Denn auch die Eltern haben schon früh ihr Ich, ihre Bedürfnisse und Ziele aufgegeben. Das ergibt ein endloses Ringen: überhöhte Erwartungen an den anderen haben, enttäuscht werden, auf Distanz gehen, beleidigt sein, sich wieder annähern, es erneut versuchen und so weiter.‘ Aber was kann man denn dann tun? ‚Sich mitfühlend sich selbst zuzuwenden.‘ Aha. Achtsamkeit, ist es das? Ruppert zögert. Ein Wochenendseminar könne so was nicht vermitteln. Im Zweifel sei man bei einem erfahrenen Trauma-Therapeuten beraten.*“[97]

Das wäre auch meine Empfehlung. Das gilt auch für die zuvor geschilderten Aktionssätze. Sollten Sie selbst an der einen oder anderen Stelle erkannt haben mögen, dass bei Ihnen noch sogenannte Aktionssätze oder Programmierungen ihre Wirkung entfalten, empfehle ich Ihnen natürlich nicht, einen Scientologen aufzusuchen. Denn was soll es schon bringen, einzelne Programmierungen aufzulösen, die nur durch neue, unfreie ersetzt werden? Was Scientology mit vielen Menschen angerichtet hat, ist ja bekannt. Eine Hilfe könnte ein Therapeut sein, der EMDR nach Francine Shapiro oder Brainspotting nach David Grand anbietet. Diese beiden Verfahren sind meiner Ansicht nach an Effizienz kaum zu überbieten und eignen sich hervorragend dafür, belastende Emotionen der Vergangenheit aufzulösen, um sie endlich hinter sich lassen zu können.

Schwarze Magie der Sprache?

Framing ist eine der schärfsten kommunikativen Waffen, die im Rahmen der menschlichen Kommunikation eingesetzt werden. Man könnte Framing als schwarze Magie der Sprache begreifen, da Menschen seit Jahrtausenden auf die Mechanismen des Framings hereinfallen.

Schwarze Magie? Echt jetzt? Sie doch nicht, oder? Ich auch nicht! Niemals werden wir uns beeinflussen lassen, das haben nur unsere Großväter und Urgroßväter, die stramm einer bunten Fahne hinterherliefen, nicht wahr?

Nun, wenn wir das wirklich glaubten, wären wir die Kandidaten, für die es in der Tat keines besonders großen Aufwands bedürfte, damit wir wie Marionetten an den Seilen eines Marionettenspielers tanzten. Denn die Realität, die so viele scheinbar Erwachsene mit ihren magischen-Kind-Ich-Zuständen nicht wahrnehmen wollen, sieht so aus:

> *„egal, wie intelligent Sie sind: Sie haben schlicht nicht den Durchblick, den Sie zu haben glauben. Nicht dort, wo Sie sicher sind, Bescheid zu wissen. Und schon gar nicht über das Ausmaß Ihres Unwissens. Sie haben weder die Handlungs- noch die Wahlfreiheit, die Sie vermuten.*“[98]

Dr. Elisabeth Wehling, die *„politische Werte-, Sprach- und Kognitionsforschung*“[99] betreibt, ist sicher eine der prominenteren Vertreterinnen dieses *„neuen*“ Forschungsgebiets. Sie beschreibt, dass viele dächten, Menschen seien vernunftgesteuert und rationale Wesen, die Fakten abwägen und entscheiden könnten, *„was zu tun ist*“.[100]

„Doch mit dieser Vorstellung hinken wir den Erkenntnissen der Neuro- und Kognitionsforschung hinterher.“[100] **Nicht Fakten seien**

entscheidend, sondern gedankliche Deutungsrahmen, in der kognitiven Wissenschaft Frames genannt.

> *„Framing ist die Verknüpfung von Fakten mit einer Bedeutung. Fakten ergeben für uns erst einen Sinn, wenn unser Gehirn den Wörtern bzw. Fakten eine Bedeutung zuordnen kann, also einen Deutungsrahmen oder Frame. Das ‚Framing' an sich ist also ein ganz normaler Vorgang und geschieht automatisch. Wir alle framen fast ununterbrochen, ‚bewusst oder unbewusst'."*[101]

> *„Um Worten eine Bedeutung zuzumessen, aktivieren unsere Gehirne kognitivneuronale Frames, die unter anderem das Simulieren von Gefühlen, Gerüchen, Geschmäckern, Bewegungen und Bildern umfassen. Darüber hinaus steckt in jedem Frame viel mehr an Wissen und Assoziationen, als sich vermeintlich hinter einem einzelnen Wort verbirgt."*[102]

> *„Ist der […] Frame einmal aktiviert, so werden faktische Argumente innerhalb des Frames verarbeitet. Und Fakten, die nicht zu dem Frame passen, werden zunächst einmal vom Gehirn ignoriert. Ist ein […] Frame einmal gesetzt, richten rein faktische [Gegen-]Argumente langfristig nicht mehr viel aus."*[103]

> *„Frames […] leiten […] unser Denken und Handeln, ohne dass wir es merkten."*[104]

Ein Frame ist also so etwas wie ein Deutungsrahmen, der innerhalb des Gehirns erzeugt wird. Ein sehr einfaches Beispiel ist das des Nagels, auf den geschlagen wird:

> *„1972 gab das US-amerikanische Forschungsteam John D. Bransford und Marcia K. Johnson einer Versuchsgruppe Folgendes zu lesen: ‚John wollte das Vogelhaus reparieren. Er schlug auf den Nagel, als sein Vater hinzukam.' Anschließend wurden die TeilnehmerInnen gefragt, ob der Text das Wort ‚Hammer'*

beinhaltete. Was meinen Sie? Wurde das Wort ‚Hammer' erwähnt? – Nicht schummeln! Der Großteil – und vielleicht auch Sie – antwortete mit Ja. Doch das stimmt nicht; das Wort ‚Hammer' wurde nicht genannt. Eine Kontrollgruppe bekam den gleichen Text zu lesen, allerdings mit einer winzigen Änderung: John schlug nicht auf den Nagel, sondern er ‚suchte den Nagel'. Nun glaubten nur 20% der TeilnehmerInnen, das Wort ‚Hammer' gelesen zu haben. Diese Studie zeigt, wie sehr die Formulierung unser Gehirn beeinflussen und uns fälschlicherweise glauben machen kann, dieses oder jenes wurde tatsächlich gesagt."[105]

Die beiden Wörter „schlug" und „Nagel" haben also die Frames aktiviert. Wehling beschreibt eine Studie von Matlock, in denen einer Gruppe ein Text vorgelegt wurde, der das Durchfahren eines einfachen Terrains über eine gerade und ebene Straße beschrieb, die an Sandstränden vorbeiführt. Der zweiten Gruppe legte man einen ähnlichen Text vor, der jedoch das Durchfahren eines schwer zu überwindenden Terrains mit Haarnadelkurven und gezackten Klippen beschrieb.

> *„Im Anschluss daran lasen alle Teilnehmer den Satz ‚Eine Straße läuft an der Küste entlang.' Die Versuchsleiter maßen derweil, wie lange die Teilnehmer brauchten, um den Satz zu begreifen. Was geschah? Jene Probanden, die zuvor von einfach zu überwindendem Terrain gelesen hatten, begriffen den Satz deutlich schneller […].*"[106]

Stellen Sie sich bitte vor, Sie lernten gerade jemanden kennen. Glauben Sie, die Auswahl eines Getränks hätte etwas damit zu tun, wie sympathisch Sie auf ihn wirkten? Ob es ein Kalt- oder ein Heißgetränk wäre? Lawrence E. Williams, Professor für Marketing an der University of Colorado in Boulder, und der Psychologe John A. Bargh führten im Jahr 2008 ein Experiment durch, bei dem den

Probanden gleich zu Beginn ein Kalt- oder ein Heißgetränk serviert wurde. Einige Zeit später stellte man den Probanden eine Person vor, die sie später beurteilen sollten. Keiner der Teilnehmer stellte eine Verbindung zu dem Getränk her. Alle Teilnehmer, die zuvor ein Heißgetränk erhalten hatten, beurteilten die Person deutlich positiver. Menschen werden durch Wärme an Zeiten der Geborgenheit aus der Kindheit erinnert und übertragen diese Erfahrung in die Umwelt bzw. auf andere Menschen.[107]

Selbst die Wärme der Hände hat einen Einfluss darauf, ob man als Entlohnung für eine Teilnahme an einem Experiment ein kleines Geschenk für sich selbst oder einen Geschenkgutschein für einen Freund aussucht. *„Probanden mit warmen Händen wählten deutlich häufiger das Geschenk für einen Freund. Jene mit kalten Händen beschenkten sich vorzugsweise selbst.*“[108]

Nehmen wir an, Sie hätten zwei Medikamente gegen eine tödliche Krankheit entwickelt, die derzeit in einem Gebiet mit 600 Bewohnern grassiert. Nun würden Sie folgende Fragen an die Gruppen stellen:

> *„Mit Medikament A retten wir ganz sicher 200 Menschenleben!“*

Und für Medikament *„B“* wäre Ihr Slogan:

> *„Mit Medikament ‚B‘ retten wir wahrscheinlich alle 600 Menschenleben mit einer Wahrscheinlichkeit von 1/3 und niemanden mit einer Wahrscheinlichkeit von 2/3.“*

In einer Studie haben sich 72% der Teilnehmer für Medikament *„A“* entschieden, da Sicherheit und Überleben Frames sind. Menschen bevorzugen Sicherheit, die bei Medikament *„A“* über Frames vermittelt wird, und gehen ungern Risiken ein. Medikament *„B“* war über die beschreibenden Wörter mit Risiken verbunden.

Nehmen wir an, Sie hätten Ihre Medikamente, die wir nun „*C*" und „*D*" nennen wollen, wie folgt beworben:

> *„Mit Medikament ‚C' haben wir ca. 400 Tote. Mit Medikament ‚D' haben wir null Tote mit einer Wahrscheinlichkeit von 1/3 und 400 Tote mit einer Wahrscheinlichkeit von 2/3."*

Obwohl Variante „*A und C*" und „*B und D*" identisch sind, haben sich im zweiten Versuch 78% der Menschen für Variante „*D*" entschieden! Optionen, die mit positiven Begriffen wie „*Überleben*" bedacht sind, werden eher bevorzugt als Optionen, die mit negativ belegten Begriffen wie „*Sterben*" beschrieben werden.[109]

Wann entscheiden sich Menschen eher für eine Operation? Wenn Sie die Operation mit einem Sterberisiko von zehn Prozent beschreiben oder anstatt dessen eine Überlebenswahrscheinlichkeit von 90% angeben? Sie ahnen es schon. Richtig, das Überleben mit einer 90%-Wahrscheinlichkeit ordnen Menschen als sicherer ein.[110]

Ob Margarine mit 97%-fettfrei oder mit 3%-fetthaltig beschrieben wird, macht ebenso einen gewaltigen Unterschied. Zwar nicht in der Realität – aber in der Kaufentscheidung. Die 97%-fettfreie wird häufiger gekauft.

Wenn deutsche Richter würfeln

Ob deutsche Richter mit durchschnittlich fünfzehn Jahren Berufserfahrung strenger oder weniger streng urteilen, wenn sie mit einem fiktiven Fall konfrontiert werden, bei dem sie ein Urteil über eine Hausfrau sprechen sollen, die zum wiederholten Male beim Stehlen erwischt worden ist, hängt davon ab, ob sie zuvor beim Würfeln eine höhere oder niedrigere Zahl würfeln. Würfelten sie in einer Studie mit zwei manipulierten Würfeln eine „*11*", war die durchschnittliche Strafe acht Monate Freiheitsentzug, würfelten sie eine „*3*" kam eine bedingte dreimonatige Freiheitsstrafe heraus.[111]

Dieses Konzept funktioniert in der Praxis exakt nach diesen Prinzipien. Setzen Sie als Erster eine Zahl in den Raum, wird dieser Frame gesetzt. Es gibt Studien, die die Schätzungen der Immobilienpreise, die Makler abgeben, überprüfen sollen.

> *„In einem Experiment lud man professionelle Makler zur Hausbesichtigung ein. Die einen erhielten eine Beschreibung, an deren Ende ein übertriebener Fantasiepreis genannt wurde, die anderen nur die Beschreibung. Die Makler, die das Papier mit Preis erhalten hatten, lachten herzlich über die Naivität des Verkäufers. Aber sie schätzten das Haus um ein Drittel wertvoller ein als die Makler, die die Beschreibung ohne Preis gelesen hatten.“*[111]

Nun ließen sich die oben beschriebenen Situationen teilweise noch leicht auflösen, indem die Protagonisten noch einmal über ihr Handeln nachdächten. Das ist in der Praxis nur leider selten der Fall. Menschen neigen dazu, Recht behalten zu wollen, völlig unerheblich, wie weit sie danebenliegen. Noch schwieriger wird es, wenn noch einige Gewürze hinzugefügt werden.

Der neuronale Superkleber

Um es Menschen schwerer oder unmöglich zu machen, aus einem Frame auszubrechen, brauchen wir jedoch noch einen *„neuronalen Superkleber“*, wie Dr. Wehling es ausdrückt:

> *„Wenn wir also mehrere Dinge zeitgleich wahrnehmen – wie Bilder, Bewegungen, Emotionen, Gerüche, Geschmäcke oder Geräusche –, festigt sich die neuronale Vernetzung der entsprechenden Neuronen-Gruppen untereinander. Und je häufiger wir die Dinge zeitgleich wahrnehmen, desto stärker entwickelt sich ein – irgendwann dann automatischer und dann leicht aktivierbarer – Schaltkreis im Gehirn. Nur diejenigen Verbindungen, die auf diese Weise über Erfahrungen gestärkt werden, wer-*

den zur Grundlage unseres Denkens. [...] Je öfter wir Worte oder Sätze hören, die bestimmte Ideen miteinander assoziieren, desto selbstverständlicher wird diese Assoziation Teil unseres alltäglichen Denkens und formt langfristig unsere Wahrnehmung."[112]

Um den Zaubertrank anmischen zu können, benötigt der Sprachmagier noch weitere Hilfsmittel und Zutaten:

1. Gefriertruhe
2. Leierkasten
3. Sprechpuppen
4. Identifikation
5. Paradies

Schockgefrieren als wichtigste Maßnahme der Matrix-Macher

Wenn Sie als Schwarzmagier der Sprache Menschen schockgefrieren, damit sie erstarren, haben Sie die halbe Miete bereits im Sack. Wenn Menschen nachhaltig traumatisiert werden, können sie nachweislich keinerlei rationale Entscheidungen mehr treffen. Das betrifft die Akutsituation oder wenn sie an die Situation – bewusst oder unbewusst – erinnert werden. Wie Traumatisierungen ausgelöst werden und was sie in Menschen anrichten können, füllt andere Bücher und würde hier den Rahmen sprengen. Nachgewiesen ist jedoch, dass der Frontallappen des Hirns, der für logisches Denken zuständig ist, abgeschaltet wird, wenn Traumatisierungen (re-)aktiviert werden, und das Limbische System, das für die Funktionen Kämpfen, Fliehen oder Erstarren notwendig ist, sozusagen feuert. Bei einer traumatischen Situation werden die Dinge nicht mehr getrennt voneinander wahrgenommen, sondern in einem Ereignis zusammengefasst. Es wird als ***ein*** schrecklicher Sinneseindruck abgespeichert, an den man nicht mehr erinnert werden möchte. Nehmen wir an, ein Räuber hätte eine Bäckerei überfallen. Jemand, der diesen Raub überlebt hätte und dadurch gleichzeitig traumatisiert worden wäre, würde die Sinneseindrücke nur schwer voneinander trennen können. So könnte er Jahre später Angst, Panik, Stress, Wut, Flucht- und Kampfesgedanken entwickeln, wenn er an einen der Sinneseindrücke der Trauma auslösenden Situation erinnert würde, wie z.B. den Geruch eines gekochten Kaffees oder beim Anblick von Gebäck. Gut vorstellbar ist auch eine Entwicklung allergischer Reaktionen. In einer therapeutischen Sitzung kann der Klient anfänglich nur einzelne Fragmente wiedergeben, während der Sitzung erlangt er immer mehr Zugriff auf die weiteren Fragmente und kann sie neu verarbeiten und einordnen. Im besten Fall ist die Belastung der Trauma auslösenden Situation nach einer solchen therapeutischen Sitzung wie weggeblasen.

Leider ist gesamtgesellschaftlich noch nicht die Erkenntnis vorgedrungen, dass in solchen Situationen das Hirn absolut empfänglich ist und für hypnotische Befehlssätze weit offensteht. Der zuvor erwähnte Hubbard beschäftigte sich über Jahrzehnte mit diesen Zusammenhängen und jeder Traumatherapeut wird das bestätigen können. Diese Form der Hypnose ist die unauffälligste, weil sich diese Erkenntnisse eben noch nicht herumgesprochen haben und zu wenig Menschen in traumatherapeutischen Verfahren wie EMDR oder Brainspotting ausgebildet sind.

Können Sie sich daran erinnern, wie Covid auf einmal wirklich und nachhaltig in die Realität der Menschen eingedrungen ist? Wenige Tage vorher habe ich im kleinen Kreis geäußert, dass jetzt, nachdem genug Vorarbeit geleistet worden war, die Zeit gekommen wäre, schreckliche Bilder aus Bergamo zu zeigen. Ich äußerte, dass die Menschen nicht mehr würden differenzieren können, dass es dort von Jahr zu Jahr zu ähnlichen Situationen kommt und die Krankenhäuser jeden Winter überlastet sind. Wenige Tage später zeigte man Militärtransporter, die die Särge durch die nächtlichen

Straßen karrten. Das Herausstellen **eines Ereignisses** eines wesentlich komplexeren Zusammenhangs nennt man *„Salient-Exemplar-Effect"*. Wird ein einzelnes, emotional stark beeindruckendes Ereignis mehrfach wiederholt dargestellt, halten Menschen dieses Exemplar für typisch, also die Regel. Dabei war die Todesfolge bei Corona eher die Ausnahme als die Regel.

Das Schockgefrieren war damit gelungen, die hypnotischen Befehlssätze, die wir bereits analysiert haben, folgten sodann.

Lässt die Bundesregierung Sie für Ihr Trauma zahlen?

Glauben Sie, die Bundesregierung käme dabei ohne Berater aus? Selbstverständlich setzt sie *„Experten"* ein, die sich mit Menschen sehr gut und weit besser auskennen als diese selbst bzw. es sich die Masse jemals einzugestehen in der Lage wäre. Und so bedachte das Bundesministerium für Gesundheit in Ihrem und meinem Namen die Kommunikationsagentur *Scholz & Friends* mit ungefähr 22.000.000€,[113] um die Masse mit Sätzen, die stark an hypnotische Befehlssätze erinnern, zu beglücken. Auch *Brinkertlück* brachte Corona Glück in Form eines Unterauftrags von *Scholz & Friends*, der mit 800.000€ dotiert war.[114]

Laut *Brinkertlück „brauchte es eine Kampagne, die emotional an die Eigenverantwortung der Bürgerinnen und Bürger appelliert"*.[115] Emotion anstelle von Ratio – ist das nicht eine exakte Beschreibung der politischen Situation der Bundesrepublik?

Brinkert entwarf mit seinem Team auch die Wahlkampagne der SPD zur Bundestagswahl 2021 und sie *„holten mit einem revolutionären Look das SPD-Rot zurück auf die Straße und in die Köpfe der Bürger*innen"*.[116] Klingbeil, der Generalsekretär der SPD, rechtfertigte die Beauftragung mit den Worten:

„Die Agentur hat mit Projekten wie #wekickcorona, #DeutschlandsagtDanke oder #United4Rescue gezeigt, dass sie unsere sozialdemokratischen Werte teilt. Sie hat Haltung bewiesen mit Projekten für ‚Laut gegen Nazis', die Allianz für Weltoffenheit oder das Deutsche Rote Kreuz und sich für gesellschaftliches Engagement stark gemacht."[117]

Brinkertlück arbeitet *„nicht für und mit Personen, Vereinen, Verbänden, Institutionen und Dienstleistern, die gegen das Grundgesetz, die Menschenrechte, das Gemeinwohl und den United Nations Global Compact verstoßen.*".[117]

Ist das schon orwellsches Doppeldenk[N] in Reinform? Wurden während der P(l)andemie nicht etwa zig Grundrechte wegen der Maßnahmen außer Kraft gesetzt? War das Grundgesetz noch das Papier wert, auf dem es gedruckt wurde? Waren die SPD als Regierungspartei und das Bundesministerium für Gesundheit etwa nicht daran beteiligt, massiv in die Grundrechte erwachsener Menschen einzugreifen und sie wie Kleinstkinder zu behandeln?

Wie Lüge zur Wahrheit wird

Die Gefriertruhe ist nun optimal eingestellt, aus den Leierkästen der Republik ertönt die immer gleiche Leier, die Einschleifeffekte im Gehirn erzeugt. Auch Dr. Elisabeth Wehling beschreibt, dass *„je öfter man eine unwahre Aussage hört, desto mehr wird sie für das Gehirn zur Wahrheit!*"[118]

Je häufiger wir eine Lüge hören, desto mehr wird sie also zur Wahrheit. Wäre es nicht, um mit dem magisch-denkenden Kind-Ich zu sprechen, *„fantastisch*", wenn wir das, nach Jahrtausenden des Irrtums, lernen würden? Wenn wir uns eine neue Fehlerkultur erlaubten und uns weniger mit den Inhalten eines Weltbildes oder Glaubenssystems identifizieren lernten? Uns darüber im Klaren wären, dass unser Hirn wie ein *„bockiges Pferd*" arbeitet, wenn es auf

Informationen trifft, die einem einmal in uns installierten Frame widersprechen? Dr. Wehling schreibt, dass das Gehirn

> *„sich weigert, die abweichende Information als Teil der Realität wahrzunehmen.“*[119]

Magische Rituale und Zwangshandlungen

Der Schwarzmagier der Massenmanipulation hat die Agenturen also gut bezahlt, die Journaille auf Linie gebracht, Sprechpuppen wie Schauspieler, Sportler und Musiker, die der Bundesrepublikaner schon lange glaubt zu kennen, eingesetzt und die Masse davon überzeugt, selbst hochdekorierte Nobelpreisträger, Wissenschaftler, Virologen, Professoren etc. als Verschwörungstheoretiker zu bezeichnen. Die Masse weiß nun über Nacht *„alles“* und wirft mit neuen Wörtern, die regelmäßig Bestandteil eines Kultes sind, um sich. PCR, Viruslast, ct-Werte, eineinhalb Meter Abstand etc. Auch Verbote werden kaum noch hinterfragt und die Widersinnigkeit einzelner Regeln nicht erkannt.

> *„Das Sitzen auf einer Parkbank ist erlaubt. Das Sitzen auf einer Parkbank mit einer Bierflasche in der Hand oder einem Buch ist dagegen nicht erlaubt. Das Liegen auf einer Wiese ist erlaubt. Wer aber im Park eine Picknickdecke ausbreitet, muss damit rechnen, von der Polizei weggeschickt zu werden.“*[120]

Auch grandiose Studien über die besondere Gefährlichkeit des gemeinsamen Singens deutscher Lieder[121] oder die Regel, dass Schüler nur noch im Stehen essen dürfen,[122] **dienen dem Magier!** Denn magische Rituale und Zwangshandlungen stärken den Frame und führen zu einer gemeinsamen Identität. Gebete, Predigten, Taufe, Marschieren hinter einer bunten FDJ- oder Hakenkreuz-Fahne, Gleichschritt, ständiges Rezitieren der Bibel oder des Korans, Jugendweihe der DDR, Kampfgruppen der Arbeiterklasse, Festkleben auf Straßen etc. stärken nicht nur den Frame, sondern die Gruppenzugehörigkeit sowie die Identifizierung mit der Idee, wodurch wiederum der Frame gestärkt wird. Dadurch wirken die Frames nun innerhalb einer Gruppe – und damit entstehen weitere schädliche, gruppendynamische Mechanismen.

Frame bedeutet Rahmen. Gitterrohrrahmen! Stellen Sie sich einen Gitterrohrrahmen unter, einen links, einen rechts, einen vor, einen hinter und einen über sich vor – und fertig ist die selbsterzeugte Matrix. Die Erlösung, also das Paradies, die Spritze, der Lock-Up als Belohnung und Umkehrung des Lockdowns, der Himmel, das Jenseits usw., sind Bestandteile eines jeden Kultes und stärken den Frame.

Die Neinsager-Falle?

Bevor wir einzelne, wenige Wörter beleuchten, lassen Sie uns die „*Neinsager-Falle*" untersuchen, die Dr. Wehling beschreibt. Sie nennt den Satz:

„*Denken Sie nicht an Obamas graue Haare!*"[123]

Wir haben keine Chance. Wir sehen Obama mit seinen grauen Haaren vor uns. Sie beschreibt, wer in Diskursen gegen ein Thema argumentiert oder sich verteidigt, habe schon verloren. Gegen etwas zu sein, würde das Narrativ und damit den Frame nur noch verstärken. Der Kritiker einer Sache würde also das genaue Gegenteil erreichen.

Sie begründet es mit dem Beispiel von Theodor und seiner Mutter.

> „*Theodor ist ein großzügiger Mensch. Er gibt gerne Geld aus, um sich selbst und seinen Liebsten eine Freude zu machen. Für ihn gehört das zum Leben dazu. Man soll es genießen, sein Leben, und nicht ständig ans Geld denken! Sein Umgang mit Geld*

drückt also einen persönlichen Wert aus, der ihm wichtig ist: Freigiebigkeit gegenüber sich und anderen.
Theodors Mutter hingegen ist ein sehr sparsamer Mensch. Sie dreht jeden Euro zweimal um. Sie findet es falsch, das Geld, das man verdient, einfach auszugeben. Man sollte sein Geld sparen. Auch ihr Umgang mit Geld drückt einen Wert aus, der ihr wichtig ist: Sparsamkeit im Umgang mit Ressourcen.“[124]

Hier treffen also zwei gegensätzliche Werte, die stark aufgeladen sind, aufeinander: Sparsamkeit und Freigiebigkeit. Beide Begriffe würden auch in Zuhörern grundsätzlich die damit verbundenen Matrizes, als Plural von Matrix, aktivieren. Da Menschen unterschiedliche Werte und Realitäten anderer selten anerkennen können, kommt es in dem Beispiel von Dr. Elisabeth Wehling

„auf der Geburtstagsfeier seines fünfjährigen Neffen zum Streit zwischen Theodor und seiner Mutter. Theodor hat dem Jungen ein teures ferngesteuertes Motorboot gekauft. Seine Mutter stört das, denn ‚So sollte man mit Geld nicht umgehen, Du bringst dem Kleinen ganz was Falsches bei, wenn Du ihm so teure Geschenke machst! Wieso bist Du auch immer so verschwenderisch, das ist wirklich nicht gut mein Junge, gar nicht gut!‘ Worauf Theodor antwortet: ‚Ich bin doch gar nicht verschwenderisch! Ich will dem Kleinen eine Freude machen.‘ Indem er den Frame seiner Mutter negiert, lässt er sich schon darauf ein, das Thema innerhalb ihrer moralischen Perspektive zu diskutieren: Verschwendung. Frames zu negieren bedeutet immer, sich gedanklich auf sie einzulassen. Und deshalb ist es auch relativ egal, welche Fakten Theodor nun noch vorbringt. Der Kleine mag doch Boote so gerne, das Geschenk war ja gar nicht so teuer! Er hat den Streit bereits verloren. Anstatt seine eigene Weltsicht entgegenzusetzen – ‚Ich bin großzügig‘ – adaptiert er den Frame der Mutter: ‚Theodor ist verschwenderisch‘.“[125]

Theodor hätte die Diskussion meines Erachtens auch vor den Augen der Teilnehmer der Geburtstagsfeier verloren. Der moralische Frame wäre hier allerdings eindeutig als sekundär zu bewerten, da die Teilnehmer der Geburtstagsfeier den Frames nicht oder allenfalls nur teilweise ausgesetzt sind. Sie befinden sich eben nicht in der Matrix der Mutter oder der Matrix Theodors. Um dies an dem Beispiel Obamas zu erläutern: Wenn Sie Barack Hussein Obama nicht kennen würden, könnten Sie sich Obama auch nicht mit weißen Haaren vorstellen. Wenn Sie nur Bilder aus der Jugend Hussein Obamas kennen würden, hätten Sie es vermutlich deutlich schwerer, sich ihn mit weißen Haaren vorzustellen, als wenn Sie ihn schon zigmal mit weißen Haaren gesehen hätten. Zudem handelt es sich bei dem *„weiße-Haare-Beispiel“* um eines, das keinen oder allenfalls einen geringen Deutungsrahmen zulässt. Es ist also kein Frame vorhanden, allenfalls eine neuronale Verknüpfung zu einem Bild Obamas, das ihn mit weißen Haaren zeigt. Es geht nicht darum, ob er ein fähiger oder unfähiger Präsident war, und es geht schon gar nicht um einen moralischen Aspekt, der das Tragen weißer Haare als besonders löblich oder sträflich behandelte.

Doch was ist mit Theodor und dessen übergriffiger Mutter? Der aufmerksame Leser würde hier einen anderen Ansatz verfolgen als die Kognitionswissenschaftlerin Wehling, die selbst stark politisch argumentiert und ihre Meinung geschickt mit Deutungsrahmen versieht. Für den neutralen Teilnehmer der Geburtstagsparty gäbe es doch erst einmal keinen Grund, irgendeinen Deutungsrahmen zu präferieren. Er wäre, wenn er nicht schon durch Erzählungen oder Erlebnisse mit beiden Protagonisten vorbelastet wäre, erst einmal völlig neutral. Er kennt den Deutungsrahmen eben nicht – zumindest erwähnt Wehling es nicht – und kann sich kein Urteil über die finanzielle Situation Theodors erlauben.

Nicht der Frame ist es, der die Argumentation der Mutter zum Siege verhilft. Eindeutig nicht! Sondern?

Das gesamte Beispiel Dr. Wehlings gehört weniger zum Thema Framing, als in das Thema Transaktionsanalyse. Wir sehen grundständige Lebenskonzepte in Form von Skripts am Werk. Wir sehen das Lebensskript der Mutter, die sich selbst Sparsamkeit als Skript einprogrammiert hat, möglicherweise sogar *„Sparsamkeit, koste es, was es wolle!“*, und wir sehen das Konter- und Gegenskript des Sohnes. Hier sind eindeutig Familienskripts erkennbar. Die Mutter äußert eine Bemerkung, die ihrem kritischen Eltern-Ich entspringt. Sie gewinnt die Diskussion nur, weil Theodor aus dem rechtfertigenden Kind-Ich antwortet. Er bestärkt ihren Zustand des kritischen Eltern-Ichs, der ihr ihm gegenüber nicht unbedingt zusteht. Jede Rechtfertigung und auch jedes sachlich vorgetragene Argument wird sie in ihrem Eltern-Zustand belassen, selbst wenn er die Sachargumente ihr gegenüber aus dem Erwachsenen-Ich äußerte. Man kann sich das Stirnrunzeln oder das Lächeln der Teilnehmer der Geburtstagsparty vorstellen, wenn sie Theodors Rechtfertigung hören. Wie wir es bereits intensiv analysiert haben:

Weshalb Eltern Streit häufiger gewinnen

Eltern-Ich-Zustände werden eher ernst genommen als Kind-Ich-Zustände. *Deshalb* gewänne sie die Diskussion.

Er sollte lernen, ihr Grenzen aufzuzeigen und sie aus seinem Erwachsenen-Ich in den ihr zustehenden Raum zurückzubefördern. Selbst wenn er den Ärger herunterschluckte oder so täte, als sei nichts geschehen, wird der Konflikt weiterschwelen, gerade weil es ja ein Thema der Skripts, der Spiele und der Lebenspläne ist. Hätte sie sich Sorgen um seine finanzielle Situation gemacht oder wäre es nur ein einfach zu lösender Sachverhalt, hätte sie ihn ja auch zur Seite nehmen und mit ihm unter vier Augen sprechen können. Sie zieht allerdings die öffentliche Attacke vor, um ihn vor anderen bloßzustellen, ihre moralische Position als die edlere zu verkaufen oder um Verbündete gewinnen zu können. Tatsächlich hätte sie

Verbündete gewonnen, wenn er in den Zustand des rebellischen, trotzigen Kind-Ichs fiele, auch wenn die Teilnehmer der Geburtstagsfeier schwiegen. Sie führt die Kommunikation, um zu gewinnen.

Dr. Wehlings Antwortvorschlag ist meiner Ansicht nach deswegen durchaus geeignet, den Konflikt zu beenden. *„Ich bin großzügig!"*, würde den Frame verlassen, der von der Mutter beabsichtigt konstruiert wurde. Zudem wäre es KEINE Antwort aus dem trotzigen Kind-Ich. Die Teilnehmer der Geburtstagsparty würden ihr Popcorn wieder wegstellen können. Ob es in der Praxis dabei bliebe, ist fraglich. Denn wer unbedingt gewinnen und seinen Gesprächs-*„Partner"* unbedingt ins Kind-Ich bringen will, wird sich in der Regel ***nicht*** mit der Antwort zufriedenstellen. Dem Sohn bliebe nur, die Mutter konsequent und unnachgiebig darauf zu verweisen, dass dieser Rahmen nicht geeignet ist, ein solches Gespräch zu führen, um eine Eskalation zu vermeiden.

„Um des lieben Friedens willen" lassen wir den Krieg weiterschwelen

Ein Schlüssel für das Lösen solcher Konflikte läge hier eindeutig bei der Gruppe. Wären die in diesem Buch benannten Mechanismen weitläufiger bekannt, könnten Gruppen hier einen Beitrag leisten, die Ursachen des Streits zu benennen. Denn die Überwindung dieser Konflikte kann uns Menschen nur gelingen, wenn wir uns der Mechanismen unseres Seins bewusster werden. Selbstverständlich wäre das in der Praxis kein leichtes Unterfangen, denn die Mutter Theodors wollte sicher nicht hören, welchen Teil sie zu dem Problem beizutragen hat. Weder wollte sie ihre Persona heruntergerissen noch ihre Skripts und Lebensentwürfe aufgedeckt sehen. Und so enden solche Konflikte allzu häufig *„um des lieben Friedens willen"*, um dann doch jahrelang weiterzuschwelen und die Beteiligten über viele Geburtstagspartys hinweg in einen Zustand der Anspannung zu versetzen.

Wehlings Beispiel berührt also mehr den Bereich der Transaktionsanalyse als den des Framings. Hat sie also Recht mit der Formulierung „*Denn wann immer man eine Idee verneint, aktiviert man sie in den Köpfen seiner Zuhörer oder Leser. Einen Frame zu negieren, bedeutet immer, ihn zu aktivieren.*“?[126] „*Einerseits ja, andererseits nein*“, wäre mein Antwort darauf.

Lösen sich dunkle Pläne von allein in Luft auf?

Meines Erachtens muss ein sachlich falscher Vortrag **auch** inhaltlich widerlegt werden können. Wem nutzte es denn sonst, wenn falsche Ideen inhaltlich nicht mehr widerlegt würden? Doch eindeutig dem Ersteller der politischen Agenda! Wenn wir die Dinge vom Ende her dächten, würde derjenige die Politik bestimmen, der die Agenda vorsetzte. Es erhallte kein wirksamer Widerspruch mehr, weil es ja ansonsten dem Frame diente. Welch ein Irrweg!

Und so geistert durch so manche Community die irrige Auffassung, ein Gehirn könne niemals das Wörtchen „*nicht*“ oder „*nie*“ analysieren und bewerten oder man müsse keine Opposition mehr gegen einzelne Wahnideen vorbringen, weil Opposition ja den Thementreiber stärkte. Als würde das Thema von allein verschwinden, wenn niemand mehr opponierte! Ideen und Pläne der Ersteller der Agenda lösen sich doch nicht von allein in Luft auf. Gerade dieses Verhalten können wir doch eher dem Wunschdenken des magisch-denkenden Kind-Ichs zuordnen und der Faulheit gewisser Protagonisten, sich zu engagieren. Wenn Widerspruch immer zu einer Stärkung des Frames führte, könnte kein Gerichtsverfahren gewonnen werden, das von einer Seite mit einem starken Deutungsrahmen versehen würde. Gerade das Gegenteil ist richtig.

Egal ob Sie in einem schriftlichen Vorverfahren oder in der mündlichen Hauptverhandlung sind: Entkräften Sie die falschen Argumente der Gegenseite **NICHT**, kann das dazu führen, dass sie als wahr wahrgenommen werden. Je länger sie unwidersprochen bleiben, desto mehr verfestigen sich falsche Argumente. Falsche Argumente müssen in der Sache widerlegt werden.

Auch wenn Frames gezielt eingesetzt werden, um die Menschen dazu zu bringen, ihre Matrix zu erschaffen, bedeutet das noch lange nicht, dass sie auf alle Menschen in gleichsam hoher Intensität einwirken. Nicht alle Menschen fallen auf Frames herein, nicht alle Menschen bleiben auf alle Zeiten in einer Sekte gefangen oder auf Dauer hypnotisiert. Je mehr wir uns über die Mechanismen des Framings bewusst werden, desto weniger anfällig sind wir für sie.

Auf der anderen Seite ist ein in Frames gefangener Mensch tatsächlich nicht mehr für sachliche Argumente erreichbar. Diskutieren Sie mal mit einem Zeugen Jehovas. Oder einem Klimakleber! Es ist sinnlos. Je intensiver die „*4T*“ nach Birkenbihl individuell wirken, desto höher ist die potenzielle Viruslast des Geistes, und desto weniger können Sie dem etwas entgegensetzen (siehe Kapitel „Geistesvirus“, Seite 94). Solche Gespräche ergeben nur dann Sinn, wenn Sie die hier theoretisch vorgetragenen Argumente in der Praxis erleben oder „*Schadenminimierung*“ betreiben wollen.

Ich habe mal jemanden kennengelernt, der sich in der Bibel sehr gut auskennt. Der lädt Zeugen Jehovas regelmäßig zu sich nachhause ein, damit sie in der Zeit anderswo keinen Schaden anrichten können, womit gemeint ist, dass sie in der Zeit niemand anderen finden können, der auf ihre Tricks hereinfiele. Menschen, die in Frames gefangen sind, können Sie nach Hegel tanzen lassen – und sie merken es nicht einmal. Doch dazu später mehr.

Wirksames Opponieren in öffentlichen Debatten

Auch in öffentlichen Diskussionen würde ich einer opponierenden Partei empfehlen, weitgehend auf inhaltliche Stellungnahmen zu verzichten. Nehmen wir an, Sie wollten gegen das Narrativ des von Menschen gemachten Klimawandels Stellung beziehen. Vergessen Sie's! Sie haben keine Zeit, sämtliche Nobelpreisträger, Wissenschaftler und Atmosphärenforscher zu zitieren, die der Meinung des Mainstreams widersprechen. Wie wollen Sie denn einen wirksamen Konter innerhalb des Narrativs setzen, wenn der massenmedienkonsumierende Bundesrepublikaner Tag und Nacht mit dem Thema „*Klimawandel*" konfrontiert wird und diese Frames überdies ihre „*magische*" Wirkung entfalten?

Klimawandel oder Klimakatastrophe?

Dr. Wehling analysiert in ihrem 2016 erschienenen Buch übrigens, „*Wandel*" würde eine Veränderung zum Guten oder Schlechten hin bedeuten, der von außen wirkende Eingriff fehle in diesem Frame. Auch beim Wörtchen „*Klimaschutz*" würde der Mensch als Schadensverursacher ausgeblendet, im Gegenteil: Er wäre gar der Retter!

Die Rolle des „*Bösewichts*" oder der „*Gefahr*" bliebe unbesetzt.

> Das „*Wort ‚Klimaverschlechterung' hätte eine andere Wirkkraft, wenn es darum ginge, den Menschen zu ihrem eigenen Schutz die Gefahren nahezubringen, die wir mit unserer Veränderung des Klimas heraufbeschwören.*"[127]

Sehr gutes Framing im Sinne der Erschaffung einer Matrix – oder? Wir Menschen werden zu dunklen Zauberern, wenn wir die Veränderung des Klimas heraufbeschwören. Jetzt wird auch verständlich, weshalb die Matrix-Macher neuerdings auf die Wörter „*Klimakatastrophe*", „*Hitzetote*" und „*Extremwetter*" ausweichen. Diese Wörter verfangen. Wer ist denn nun der dunkle Zauberer?

Nadelstiche gegen Wahn?

Es ist daher sinnlos, umfangreich dagegen anzudiskutieren. Eine wirkliche Opposition würde einige wenige Verdrehungen einiger Klimapropheten enttarnen oder historische Daten verwenden und diese mit gut einprägsamen Wörtern versehen, die ein wirksames Bild im Zuhörer auszulösen in der Lage wären. Dennoch können diese Bilder nur als einzelne Nadelstiche gegen die tausenden und sich ständig wiederholenden Frames angesehen werden, mit denen der gewöhnliche Bundesrepublikaner traktiert wird.

> *„Die Menschen sind im Mittelalter über die Pässe gewandert und die Gletscher legen diese Pässe erst jetzt frei! Es war einmal wärmer.“*
>
> Oder: *„Dass der Rhein austrocknet, ist ein altes Phänomen und kam in der Geschichte immer wieder mal vor! Im Jahr 1303 war der Rhein komplett ausgetrocknet!“*[128]
>
> Oder: *„Weshalb nennt man Hungersteine HUNGER-Steine? Wenn Flüsse damals austrockneten, wie 1303 der Rhein oder 1904 die Elbe, legten sie regelmäßig Steine frei, die bei höherem Wasserstand nicht zu sehen waren. Hungersteine zeigten den Wassermangel in der gesamten Region, wodurch Menschen gestorben sind, weil die Äcker nicht mehr bewirtschaftet werden konnten. Und wie haben unsere Vorfahren das gelöst? Indem schlaue Menschen Talsperren gebaut, Kühlschränke, Motoren, Kraftwerke usw. entwickelt und hergestellt haben, die uns heute ein sicheres Leben ermöglichen! Die haben sich eben nicht auf Straßen geklebt oder über die schlechten Zustände lamentiert, sondern die gesamte Gesellschaft und uns weitergebracht! Deswegen bin ich davon überzeugt: ‚Wir schaffen das!‘ Wir sind so viel klüger, als es uns die Miesmacher Ihrer Seite einzureden versuchen. Dafür bedarf es allerdings einer gewissen Art von Bildung, die ich auf Ihrer Seite allzu oft vermisse! Lernen Sie erst einmal etwas Vernünftiges, bevor Sie hier gebildeten Menschen Angst einjagen wollen!“*

Pommespanzer an den Hungersteinen?

„Sie können heute Pommes essen und Hungersteine begaffen, weil andere für Sie Verantwortung übernommen haben!" oder *„Heute können Sie Ihren Getränkestand für Touristen aufbauen, die sich das Spektakel ansehen wollen, weil Techniker und Ingenieure die Probleme von damals für Sie gelöst haben. Und das werden sie auch in Zukunft!"*, wären denkbare Erweiterungen, die allerdings nicht in jedem Gesprächsrahmen angemessen wären.

Gleichzeitig müssten die Zuhörer auf wissenschaftliche Quellen verwiesen werden, die gegen den Klimwandelwahn opponieren und die mit den Bezeichnungen *„Nobelpreisträger"* oder *„Atmosphärenforscher"* zusätzlich geframed werden müssten. Gerade hier besteht die Möglichkeit, dass die Bevölkerung, nachdem sie von den geschwärzten RKI-Files erfahren haben, dass die Wissenschaftler, die in der öffentlichen Corona-Erzählung nicht zu Wort gekommen sind, doch Recht hatten, endlich nachhaltig aufwachte und sich selbst mit den Themen beschäftigte. Bestenfalls findet sich eine sinnvolle Zusammenstellung der Gegenargumente auf einer Homepage der opponierenden Partei. Tiefergehende Diskussionen sollten jedoch vermieden werden. Warum wird in Talkshows einem *„Wissenschaftler"* wie Drosten eigentlich kein Experte wie Bhakdi gegenübergesetzt? Sie wissen ja – dumme Fragen kann ich immer noch ganz gut stellen!

Folgen der Klimawahnpolitik

Noch wirksamer wäre allerdings, auf die Folgen der Klima**wahn**politik hinzuweisen. Wenn hierzulande immer weniger produziert, immer weniger Menschen aufgrund von Bauvorschriften oder Armut eine Immobilie erwerben können, immer mehr Menschen immer weniger Freiheiten haben, der Zustand der Straßen und Immobilien immer weiter verlottert, die Misere der Bildung immer offensichtlicher wird – was wird das wohl mit den Menschen machen?

Und wie steht **das** im Kontrast zu den Staaten, die sich für eine vernünftige und menschenfreundliche Politik entscheiden? Das gehört den Zuschauern der politischen Situation nachhaltig mitgeteilt. Die politischen Agenden dazu, wie die Agenda 2030 etc., sind doch schon lange bekannt. Weshalb wird eine solche Aufklärungsarbeit in Bild und Ton von den oppositionellen Parteien nur in so geringem Maße durchgeführt?

Opposition in Talkshows – seit Jahrzehnten nichts dazugelernt

Und weshalb fallen die Politiker der Oppositionsparteien der Bundesrepublik noch so häufig auf Angriffe von Journalisten oder Moderatoren herein, die moralisch angehauchte Argumente gegen Kollegen der Partei vorbringen und das in Fragen verpacken bzw. die befragte Person zu einer Rechtfertigung bringen wollen? Spätestens nach der Lektüre dieses Buches muss doch nun vollends klar sein, was das bezwecken soll.

> *„Ihr Kollege Herr XY hat das und jenes behauptet. Das finde ich schon sehr heftig. So etwas darf man nicht sagen. Was sagen Sie denn dazu?“*

Es ist doch klar, was dieser billige, aber scheinbar seit Jahrzehnten gut funktionierende Trick bewirken soll. Der Opponent wird sowieso häufig genug aus dem *„trotzigen Kind-Ich-Zustand“* wahrgenommen, weil er ja gegen eine Sache aufbegehrt, selbst wenn er sich in seinem Erwachsenen-Ich befindet. Durch die Frage nach einer Rechtfertigung irgendeiner Sachlage oder der Frage nach dem moralisch *„unanständigen“* Kollegen wird das den Gefragten in der Regel sofort in den Zustand des *„rechtfertigenden Kind-Ichs“* bringen. Selbst wenn er geübt ist, aus dem Erwachsenen-Ich antwortet und sachlich glaubt, argumentieren zu können, so ist der Zuschauer in seinem Eltern-Ich und wartet quasi auf die Rechtfertigungen des Gefragten. In diesem Zustand wird der Zuschauer politische Zusammenhänge, die den Zustand des Erwachsenen-Ichs erforderten, nicht mehr gut beurteilen können.

Mit solchen Fragestellungen wird heraufbeschworen, dass der Zuschauer moralisch werten und keine Zeit mehr für sachliche Betrachtungen haben soll.

Fehlkommunikation der deutschen Opposition

Je länger die Schein-Moraldebatte anstelle einer inhaltlichen und sachlichen Auseinandersetzung geführt wird, desto weniger Zeit bleibt für das Vortragen eigener Argumente oder eigener Politikvorstellungen. Was nicht gesagt wird, kann auch nicht als Frame bei den Zuschauern ankommen. Wenn die oppositionellen Kräfte nicht in der Lage sind, dieses plumpe Gebaren einzelner Moderatoren zu stoppen, tragen sie eine immense Mitverantwortung dafür, dass ihre Ideen nicht bei den Bürgern ankommen können. Es ist schlicht so, wie Dr. Wehling es formuliert:

> *„Wer in Diskursen nicht sagt, was er ideologisch meint, der macht sich der Fehlkommunikation schuldig – mit allen Konsequenzen!“*

Meine mögliche Antwort wäre eine verbale Gegenattacke, die es in sich hätte und welche die Zuschauer miteinbezöge. Ich will sie hier allerdings nicht zum Besten darbieten, da dem Leser dieses Buches genug Stoff geboten wird, um selbst eigene, individuelle Lösungen finden zu können. Außerdem möchte ich weder die Moderatoren des Mainstreams auf neue Techniken vorbereiten, deren Umgang sie vorab eintrainieren könnten und nicht jeder oppositionellen Kraft Wachstum ermöglichen.

Lassen Sie uns zum Schluss der Betrachtungen über das Framing noch einige Wörter untersuchen, die stark aufgeladen oder eine Matrix zu aktivieren in der Lage sind.

Matrix-Wörter

Klimaschutz

Wenn in öffentlichen Debatten Klimaschutzmaßnahmen als Maßnahmen des Wetterschutzes verspottet werden, wird vom hinreichend hypnotisierten Bundesrepublikaner reflexartig darauf hingewiesen, dass der Spötter den Unterschied zwischen Klima und Wetter offenbar immer noch nicht begriffen habe, obwohl das doch schon lange geklärt sei.

> „*Klima ist der mittlere Zustand der Atmosphäre an einem bestimmten Ort oder in einem bestimmten Gebiet über einen längeren Zeitraum.*", so definiert es das Umweltbundesamt.[129]

Und was ist das Wetter?

> „*Als ‚Wetter' wird der physikalische Zustand der Atmosphäre zu einem bestimmten Zeitpunkt oder in einem auch kürzeren Zeitraum an einem bestimmten Ort oder in einem Gebiet bezeichnet, wie er durch die meteorologischen Elemente und ihr Zusammenwirken gekennzeichnet ist.*"[130]

Nur der Zeitraum unterscheidet Wetter vom Klima! Was ist also Klimaschutz? Wetterschutz! Willkommen in der andauernden Wetterkatastrophe!

Umweltschutz

Umweltschutz ist also erst einmal etwas völlig anderes als Wetterschutz. Wer jedoch Wetterschutzmaßnahmen kritisiert, wird gleichzeitig als „*Umweltsau*" wahrgenommen. Daran dürfte der WDR nicht ganz unbeteiligt sein, schließlich war es doch diese Anstalt, die Kinder aufmarschieren und das Liedchen „*Meine Oma fährt im Hühnerstall Motorrad*" mit der besonderen „*Pointe*" „*meine Oma ist ne' alte Umweltsau*" singen ließ. Selbstverständlich sind Artenvielfalt, saubere Luft, sauberes Wasser etc. nicht nur für die

Umwelt relevant, sondern auch für das Überleben des Menschen – doch diese Themen haben mit CO_2, das für die Klimakatastrophe verantwortlich sein soll, nichts zu tun. Um modern und sicher leben zu können, sind Eingriffe in die Natur notwendig. Das war schon immer so und es wird immer so sein. Je mehr Menschen, desto mehr Eingriffe in die Natur durch den Menschen – so einfach ist das. Das Wort *„Umwelt"* bezieht als Frame den Menschen eben nicht mit ein, denn korrekt müsste es *„Mitwelt"* lauten. Denn die Welt UM den Menschen herum ist als Umwelt zu verstehen. Und genau so stellen sich gewisse langfristige Wetterschutzmaßnahmen, die durch gewisse globale Zirkel seit Jahrzehnten vorgesehen sind, dar: als Maßnahmen, die das Überleben des Menschen erschweren! Dabei wären gewisse Maßnahmen einfach umzusetzen: Wo sind denn die nationalen Kraftanstrengungen, um die Wälder wiederaufzuforsten? Wo werden sie mit gleicher Intensität betrieben wie die Rüstungs- und Waffenprogramme, von denen aus schon wieder Deutschlands Wesen in die Welt gesendet werden soll? War da nicht was mit CO_2 und Bäumen?

„Deutschland ist ein reiches Land!" und „Uns geht es ja gut!"
Stimmt. Deutschland ist europäischer Meister in punkto des Bruttoinlandsprodukts. Doch mit diesen o.g. Formulierungen soll ja etwas anderes erreicht werden, als über die Höhe des Bruttoinlandsprodukts sprechen zu wollen. Derjenige, der Missstände anspricht, soll mit diesem Gefasel zum Schweigen gebracht werden. Denn wenn es uns ja so gut geht, *„was soll denn dann das lästige Kritisieren?" „Dann muss doch etwas ganz anderes dahinterstecken als sinnvolle Kritik!"*, oder etwa nicht?

„Was soll denn das Lamentieren du kleines, trotziges Kind-Ich?"

Oder?

Ferner wird dieser Frame oft genug dafür verwendet, das Geld der deutschen steuerpflichtigen Lastesel in Projekte zu stecken, die alles andere als förderlich sind. Wenn wir doch so reich sind, dann *„müssen wir doch"* – oder? Können es vielleicht noch ein paar Panzer, U-Boote oder Taurus mehr sein? Wer sind übrigens die *„Wir's"*?

Wen interessiert denn das Bruttoinlandsprodukt, wenn es eigentlich doch um den Wohlstand und um das Wohlbefinden der Menschen gehen sollte? Ginge es nicht um wesentlich mehr als um ein kaum fassbares Bruttoinlandsprodukt?

Wie hoch ist das Renteneintrittsalter im europäischen Vergleich? Im Staatskonstrukt der Ausgepressten sind es zwar durchschnittlich 65,6 Jahre, es wird derzeit jedoch schrittweise auf 67 Jahre angehoben.[131] Damit ist die Bundesrepublik mit Norwegen und Island Spitzenreiter bei der Absaugung von Lebenskraft – und die Matrix-Macher schreien heute schon von den Dächern, dass das Renteneintrittsalter der Bundesrepublikaner, die im besten Deutschland aller Zeit leben, weiter erhöht werden muss. In Island liegt die Bruttoersatzquote, also die Quote der Höhe der Rentenbezüge aus gesetzlichen öffentlichen und privaten Rentenversicherungen im Verhältnis zur Höhe des Verdiensts während der Erwerbstätigkeit, bei 69%. Norwegen liegt bei 45,1%. Dem Bundesrepublikaner bleiben ganze 38,2%. Die Bundesrepublik ist unter den Schlusslichtern der Anerkennung der Lebensleistung tatsächlich noch das allerletzte Schlusslicht.[132] [133]

> *„Uns geht's doch wirklich gut! Es gibt doch noch genügend Pfandflaschen, die die Rentner sammeln könnten!"*

Wie ist es mit der Lebenserwartung? Bei den Männern liegt die BRD mit 78,4 Lebensjahren hinter Schweden mit 81,3, hinter Malta mit 80,8, hinter Italien, Luxemburg und Irland mit 80,5 und Spanien mit 80,4, hinter den Niederlanden mit 79,7, hinter Belgien und Dänemark mit 79,6, hinter Finnland und Frankreich mit 79,3, hinter Zypern mit 79,2, hinter Österreich mit 78,8 und sogar hinter Portugal mit 78,5 Lebensjahren. Ja, es gibt im europäischen Vergleich auch Staaten, in denen das Lebensalter noch deutlich unter dem Deutschlands liegt. Diese Staaten befinden sich auf dem Gebiet des ehemaligen Ostblocks, in denen die Lebensumstände sicher noch nicht vergleichbar zu denen der industriell entwickelten Staaten sind. So kann der künftige Wetterschutz auch verstanden werden. De-Industrialisierung führt zu einer Verschlechterung der Lebensumstände, die wiederum zu einer verringerten Lebenserwartung führen. Die schon länger in der Bundesrepublik Lebenden müssen also vergleichsweise am längsten arbeiten, bekommen eine geringe Rente und treten die Reise in andere Welten früher an. Uns geht's doch gut!

Wenn dem gemeinen Bundesrepublikaner schon so wenig Zeit vom Renteneintrittsalter bis hin zur letzten Reise seines Lebens bleibt, so wird er diese Zeit doch im schönen Eigenheim verbringen können, oder? Von 34 europäischen Staaten belegt die Bundesrepublik Platz 33 der Tabelle der Eigenheimbesitzer. Albanien, Rumänien, Slowakei, Kroatien, Ungarn und Montenegro sind die Staaten mit den höchsten Quoten der Haushalte, die über ein Eigenheim verfügen. Dort liegt die Quote bei über 90%. In der Bundesrepublik sind es ganze 49,5% der Haushalte, die über ein Eigenheim verfügen.[134] Jetzt wissen Sie auch, woher der Frame *„Wir haben Platz!"*, stammt. Damit die Quote nachhaltig nach unten gedrückt wird, brauchen wir noch ein paar Dämmmaßnahmen und Wärmepumpen. Warum *„wir"* uns das leisten können? **Weil es uns doch gut geht!**

Dafür wird es mit der Steuer- und Abgabenbürde des ausgepressten Bundesrepublikaners sicher besser aussehen als in anderen Staaten, nicht wahr? Mitnichten! Im Auspressen ihrer Insassen ist die Bundesrepublik tatsächlich Meister, wenn es auch nur zum Vizeeuropa- und Vizeweltmeister reicht. Deutschland wird hier nur von Belgien übertroffen.[135]

Wenn es uns doch so gut geht, haben wir doch auch mehr für Sprit übrig, stimmt's? Richtig! Der Spritpreis für einen Liter Super mit einer Klopffestigkeit von 95 Oktan beträgt in der Bundesrepublik, Stand 26.2.2024, 1,826€. Damit liegen wir auf Platz 22 der 27 EU-Mitglieder.[136] In 21 Staaten können sie also günstiger tanken als hierzulande.

Geht es *„uns"* wirklich so gut? Oder wird der gemeine Bundesrepublikaner nicht doch ausgepresst? Zahlt er nicht etwa für eine Luxuslimousine und erhält im Gegenzug gerade mal einen Kleinstwagen?

Demokratieabgabe

„Alle Staatsgewalt geht vom Volke aus.", liest sich ja erst einmal wohlwollend. *„Sie wird vom Volke in Wahlen […] ausgeübt."* – und damit war es das schon wieder mit der demokratischen Teilhabe, die das Grundgesetz vorsieht, wenn Sie sich nicht durch den Parteienfilz hindurchquälen wollen, um in eine Position zu gelangen, in der Sie etwas mehr Verantwortung übernehmen könnten, als die örtliche Verkehrsinsel im Gemeinderat zu planen. Parteien sind ein Paradebeispiel dafür, wie negative Aspekte der Gruppendynamik, die Gustave le Bon in seinem Buch »Psychologie der Massen« bereits vor 100 Jahren beschrieben hatte, zelebriert werden. Dass für diese Demokratie eine gesonderte Abgabe gezahlt werden solle, ist schon ein starkes Stück. Das Wort *„Demokratie-Abgabe"* wurde von Jörg Schönenborn, dem Wahlergebnisvorleser der ARD, in die Welt posaunt. Dass damit die Bezahlung der bundesrepublikanische Propaganda-Massenmedien-Maschinerie gemeint sein soll, ist der absolute Gipfel des Framings. Auch hier ist erschreckend, wie gut das Framing funktioniert. Landauf, landab können Sie sich die *„selbst gebil-*

dete Meinung" von Bundesrepublikanern anhören, dass sie gerne *„für unseren freien und öffentlichen Rundfunk"* zahlten. Wie gut es mit dem Framing funktioniert, dass Menschen Demokratie und Rundfunk in einen Topf werfen und verknüpfen!

Dabei waren es doch die Nationalsozialisten, die Rundfunk erstmals als Massenpropagandainstrument gebrauchten.

> *„Die NS-Propaganda benutzte als erste den Rundfunk als Waffe im propagandistischen Kampf. Propagandaminister Joseph Goebbels hielt schon 1933 den Rundfunk für das modernste Massenbeeinflussungsmittel, das es gab."*[137], heißt es bei Wikipedia.

Müsste uns diese Logik nicht dazu führen, schnellstens nicht nur den Öffentlich-rechtlichen Rundfunk (ÖRR), sondern auch das Anwenden von Funk-Frequenzen zu verbieten? Ge- und Verbote können *„WIR"* doch sonst auch ganz gut!

Wie konnte es dazu kommen, dass Rundfunk heute einem so starken Frame unterliegt?

Auch daran war Dr. Wehling nicht ganz unbeteiligt. So verfasste sie im Auftrag der ARD ein Framing Manual, um die Mitarbeiter der ARD *„für den verantwortungsvollen Umgang mit Sprache zu sensibilisieren."*[138] Sollten Sie sich über den Inhalt des *„Papiers"* aufregen, dann nur, weil Sie den Kontext nicht kennen – zumindest wenn es nach der ARD geht.

> *„Die Aufregung um dieses Papier funktioniert nur, wenn man diesen Kontext nicht kennt oder ignoriert. Auch deswegen ist die Unterlage von Frau Dr. Wehling zur Weitergabe völlig ungeeignet."*[138]

Das wäre nun wirklich zu viel des Guten, wenn das ausgepresste Zahlvolk nun auch noch erführe, mit welchen Mitteln es zwangsbeglückt werden solle.

> *„Die Formulierung ‚öffentlich-rechtlicher Rundfunk' enthält beispielsweise keinerlei inhaltliche Aussage, außer die rechtliche Organisationsform zu benennen. ‚Unser gemeinsamer freier Rundfunk' weist hingegen auf den gemeinwohlorientierten Auftrag der ARD für die gesamte Gesellschaft hin.*"[138]

Spätestens die Corona-Maßnahmen, die wohlwollend durch den ÖRR befeuert worden sind, haben doch nachhaltig gezeigt, dass dieser ÖRR alles andere als frei ist. Manchem Journalisten gingen die Maßnahmen nicht weit genug und der freie Rundfunk überbot sich in Vorschlägen zur „*Inhaftierung*" von Menschen – so z.B. im Rahmen der Null-Covid-Idee. Das Wörtchen „*wohnhaft*" bekam in dieser Zeit ja eine völlig neue Bedeutung. Gerade diesen Rundfunk als „*frei*" zu bezeichnen, der von einer Zwangsgebühr lebt, die achteinhalb Milliarden einbringt, ist schon eine besondere Pointe. Eines der ärmsten Länder dieser Welt, Burundi, hat bei elfeinhalb Millionen Einwohnern ein Bruttoinlandsprodukt von zirka zehneinhalb Milliarden Euro. Es könnte so einfach sein. Dort und in so vielen Teilen der Welt wären diese Gelder sicher sinnvoller angelegt als 1,9 Millionen Euro pro Jahr für Talkmaster Markus Lanz oder 1,7 Millionen für Horst Lichter.[139]

Im Jahr 2014 bescheinigte das Bundesverfassungsgericht dem ZDF noch eine verfassungswidrige Zusammensetzung des Verwaltungsrates, da der Einfluss „*staatlicher und staatsnaher Mitglieder*" konsequent begrenzt werden müsse. Zudem „*dürfen [seitdem] Regierungsvertreter keinen entscheidenden Einfluss mehr auf die Besetzung der Gremienmitglieder ausüben.*".[140]

> *„Dass diese [bis dahin geltenden] Regelungen das nötige Maß an Staatsferne nicht hinreichend gewährleisten, zeigt im Übrigen die Praxis. Bis zur letzten Amtsperiode gehörten mit wenigen Ausnahmen alle vom Fernsehrat gewählten Mitglieder des Verwaltungsrats einer politischen Partei an, wobei es sich überwiegend um Personen handelte, die in verantwortlichen Positionen und in engem politischen Kontakt mit führenden Vertretern des Staates standen. Auch in der derzeitigen, seit dem Juli 2012 erstmals deutlich staatsferneren Zusammensetzung sind unter den acht vom Fernsehrat gewählten Mitgliedern noch vier Personen mit zum Teil jedenfalls vormals herausgehobenen politischen Ämtern.“*[141]

Wer 2014 vom *„Staatsfunk“* sprach, wurde von den Zwangsabgabenbegeisterten noch als *„Verschwörungstheoretiker“* beschimpft. Da heutzutage *„nur“* noch vier Ministerpräsidenten, nämlich Dreyer, Haseloff, Kretschmann und Schwesig, im Verwaltungsrat sitzen, glauben sie, die Profiteure dieses Systems und andere Realitätsverweigerer höchstwahrscheinlich umso mehr an die *„Staatsferne“* dieser *„Demokratie-Instanz“*.

Doch mit welchen besonderen Formulierungen half Elisabeth Wehling nun der ARD, um die Matrix zu gestalten, die ein unkritischer Bundesrepublikaner nur allzu gerne als eigene Weltanschauung übernimmt?

> *„Jedes Anliegen, für das sich die ARD stark macht, ist ein moralisch strittiges Anliegen. Der Grund, dass sich die ARD für das jeweilige Anliegen einsetzt, während ihre Gegner – ob etwa in Form politischer Kräfte oder Kommerzmedien – sich gegen das Anliegen stark machen, liegt darin, dass beide ‚Lager‘ ein und dieselbe Faktenlage unterschiedlich bewerten. Und zwar aufgrund unterschiedlicher – und oft gegensätzlicher – moralischer Präferenzen.“*[142]

Moral, Gegner, Kampf, Kräfte, Kommerzmedien, Lager – im Grunde leicht durchschaubar, nicht wahr?

> *„Nehmen Sie die Debatte über die ‚Lügenpresse', die die AfD und andere erfolgreich angestoßen haben. Von Talkshows über Leitartikel bis hin zu Expertenvideos wurde eine Debatte über die ‚Lügenpresse' geführt – und nicht über die ‚Demokratiegefährder'.“*[143]

Dadurch wird der Frame „***AfD = Demokratiegefährder***“ gesetzt.

> *„Wer die demokratisch kontrollierte Rundfunkinfrastruktur beschneiden oder abschmelzen will, gefährdet damit unmittelbar unsere demokratische Pluralität und Freiheit. Er [...] macht uns Bürger [...] verwundbarer durch ideologische Einseitigkeit und Verzerrung, durch Befangenheit und Unsachlichkeit in der Berichterstattung [...].“*[144]

Die demokratisch kontrollierte Rundfunkinfrastruktur wird beschnitten und eine große Gefahr zieht hierzulande auf: der Zwangsabgabenkritiker! Er wird zur Gefahr, weil offenbar er es ist, der die Pluralität und Freiheit gefährdet. Gut, dass es noch rechtzeitig zu Lockdowns gekommen ist! Die Freiheit war wirklich zu stark gefährdet.

„*Ideologische Einseitigkeit und Verzerrung, durch Befangenheit und Unsachlichkeit in der Berichterstattung*“ wären gerade Kennzeichen eines Zwangssystems, denn in einem wirklich freien Markt regelte der Markt das ohne Zwang. Einseitige Berichterstattung führte zum Konkurs des Mediums. Es könnte sich vermutlich nur mit Zwangsabgaben retten.

Oder bedient Dr. Wehling mit dieser Analyse etwa alte, längst als überholt angesehene Ressentiments, wenn sie unterstellt, dass der Markt ansonsten befangen und unsachlich in seiner Berichterstattung wäre oder sein könnte? Ist der Markt etwa in Händen einiger, weniger Kräfte, was durch diese Formulierung angedeutet werden könnte?

Der Sender ARD wird als „sozialer Friedensstifter",[145] als „Sicherer der ‚sozialen, demokratischen und wirtschaftlichen Stabilität"[146] und als weltweites „Role Model"[147] dargestellt. Nicht ohne immer wieder das Wort „*W I R*" zu verwenden.

Das „*W I R*" erzeugt ein Gemeinschaftsgefühl, das mit der Realität freilich wenig zu tun hat. Offenbar genügt es vielen Bundesrepublikanern schon, wenn sie das Programm insoweit mitbestimmen können, als dass sie in einer Rundfunksendung anrufen und Onkel Franken aus Xanten oder Tante Trude aus Buxtehude grüßen dürfen.

An dieser Stelle verschone ich Sie mit weiteren Aussagen, die die herausragenden Leistungen der Matrix-machenden Freiheitskommandanten der Bundesrepublik beschreiben sollen.

Toleranz

Toleranz ist das Paradebeispiel für einen Begriff, der oft völlig falsch verstanden und angewendet wird. Toleranz kommt aus dem Lateinischen „tolerare" und bedeutet *ertragen*, *erdulden*, *aushalten*.

Nun sollte Toleranz ein Grundpfeiler einer demokratischen Gesellschaft sein. Zur Demokratie gehören nun einmal Streit, Auseinandersetzung und letztlich der Kompromiss. **Ohne dass die Meinungen des oder der anderen toleriert werden, ist Demokratie schlicht nicht möglich.** Doch wie weit hat sich die eingeengte Debattenkultur in der Bundesrepublik von diesen einfachen Prinzipien schon verabschiedet?

Auf einer persönlichen Ebene habe ich keinen Grund, tolerant zu sein. Nehmen wir an, ich träfe auf einen Menschen, der in Teilbereichen seines Lebens zu anderen Schlüssen käme als ich. Nehmen wir an, ich träfe **einen Menschen**, der schwul ist. Warum sollte ich tolerant sein?

Sobald ich mich selbst in die Rolle versetzte, diesem schwulen Menschen gegenüber tolerant sein zu müssen, begäbe ich mich doch auf eine Stufe, die über dessen Stufe läge. *„Ich bin dann mal so gnädig und bin tolerant zu dir, du Schwuler, und ertrage und erdulde dich!“*, ist eindeutig nicht meine Position. Denn dessen Wahl der Sexualitätspräferenz geht mich doch gar nichts an. Es ist überhaupt nicht mein Anliegen. Ich habe gar nicht das Bedürfnis, diese Wahl ertragen oder erdulden zu müssen. Dessen Leben ist nicht mein Leben. Wenn derjenige glücklich ist, dann ist es doch in Ordnung. Ich werde ihm begegnen wie jedem anderen Menschen.

Sobald eine Ansicht oder Maßnahmen andere Menschen tangieren oder Auswirkungen auf die Gesellschaft haben, dann darf ich sie in einer Demokratie kritisieren, weil diese Kritik Grundpfeiler einer Demokratie sein sollte. Erst Kritik macht eine demokratische Gesellschaft aus.

Wenn ich also gegen die Beschneidungspraxis bei Säuglingen opponiere, bin ich immer noch tolerant. Selbst wenn ich dagegen demonstrierte, wäre ich es, der Wortbedeutung nach, immer noch. Ich brächte in den Momenten nur meinen Unmut zum Ausdruck, dass es einer anderen Seite der Gesellschaft erlaubt ist, mit Gewalt, Messer und ohne wirksame Betäubung, **mit Ausnahme von Alkohol**, jungen Wesen Körperteile abzuschneiden und **sich dabei diesen jungen Wesen gegenüber alles andere als tolerant zu zeigen**. Selbst wenn ich an die Grenzen meiner Toleranz stieße, wäre ich immer noch tolerant, **solange ich es noch ertrüge und erduldete.** Dennoch ist in einer demokratischen Kultur der Streit darüber erlaubt, ob solche Praktiken nicht eher unter dem Aspekt der Freiwilligkeit und des mündigen Einverständnisses erlaubt sein sollten oder ob der Zwang gegenüber Säuglingen überhaupt legitim ist (siehe dazu mein Buch »Kampf gegen Gott«).

Gegen Ansichten oder Dinge zu argumentieren oder andere Sichtweisen einzunehmen, hat mit Toleranz nichts zu tun. Die tatsächliche Intoleranz anderer zu enttarnen, ist nicht intolerant.

Weitere Matrixwörter

Es gibt noch viele weitere Wörter, die bei einem durchschnittlichen Bundesrepublikaner Reflexe hervorrufen, die als *„antrainiert"* bezeichnet werden können. Äußern Sie eins, wird der unsichtbare Rahmen, die Matrix, fast fühlbar. Oft verfällt der Angesprochene in einen angespannten Zustand und wartet geradezu auf die nächsten Worte des Sprechers, um diesen in Schubladen stecken oder zurechtweisen zu können. Dass hierbei die Matrix und das Eltern-Ich in vollster Güte zur Geltung kommen, ist dem Angesprochenen jedoch in keiner Weise bewusst. Haltung zeigen, Ethik und Zivilcourage kommen, so dünkt dieser, nur aus ihm selbst heraus. Echte Bildung und Kenntnisse das angesprochene Thema betreffend sind jedoch meist Fehlanzeige.

Dieselben Mechanismen existieren in Kulten wie bei den Zeugen Jehovas. Äußern Sie mal einem solchen gegenüber, Sie hätten das Buch eines Abtrünnigen gelesen und beobachten, was passiert. Abtrünnige sind Aussteiger dieser Sekte, die die Lehren kritisch analysiert haben und vor den Machenschaften der Zeugen Jehovas warnen – für einen Zeugen Jehovas ist das also eine Steigerung im Vergleich zu jemandem, der wegen eines *„Fehlverhaltens"* aus der Sekte ausgeschlossen wurde. Zeugen Jehovas unterliegen einem umfassenden Glaubenssystem, in dem zahlreiche Tricks des Framings angewendet werden und die *„4T"* nach Birkenbihl besonders strahlen (siehe Kapitel „Geistesvirus", Seite 94). Das Wort *„Abtrünniger"* unterliegt also einem immensen Frame. Abtrünnige seien die *„Küchenhelfer Satans"*, behauptete Thomas Fiala, ein Angehöriger der Zeugen Jehovas, in einer *„Ansprache über Abtrünnige"*.[148] Bei dem Verwenden des Wortes *„Abtrünniger"* werden also bei einem durchschnittlichen Zeugen Jehovas meist Mauern und Abwehrmechanismen hochgefahren, **damit er sich eben nicht mit den Inhalten der Kritik auseinandersetzen muss.** In der Schweiz darf die *„menschenrechtswidrige Praxis der Ächtung"* der Zeugen Jehovas übrigens gerichtsfest als *„von oben verordnetes Mobbing"* bezeichnet werden. Auch folgende Bemerkung gilt nicht als strafbare, üble Nachrede:

> *„Die Geschlossenheit des Systems und der dogmatische Glaube fördern grundsätzlich sexuellen Missbrauch, speziell an Kindern. Diese haben verinnerlicht, dass ihre Bedürfnisse an zweiter Stelle kommen."*[149] [150]

Solches Verhalten, also das Hochfahren der Mauern und Abwehrmechanismen, ist jedoch bei den allermeisten unserer Zeitgenossen zu beobachten, wenn sie mit Realitäten konfrontiert werden, die sie nicht wahrhaben wollen.

Woke, als ob das für Wachheit stünde, rechts, links, Kommunismus, Sozialismus, Nationalsozialismus, Querdenker, Verschwörungstheoretiker, Jude, Judentum, Muslim, Islam, Esoterik, AfD, Grüne, Impfung, Holocaust, Antisemitismus, Klimaleugner, Heilpraktiker, Migration, arm, reich, oben, unten, Bürgergeldempfänger, Technologieoffenheit, die ziemlich geschlossen ist – die Liste ließe sich endlos fortsetzen.

Nutzen Sie Metaphern und Bilder!

Ohne Frames geht es nicht. Ohne Framing werden Sie niemals überzeugen können. Wer glaubt, er käme ohne Framing aus, irrt gewaltig. Damit überlässt er anderen den Frame, der in den Zuhörern entsteht. Wer wirksam framen möchte, sollte und muss geradezu Metaphern verwenden.

Ein kleines Beispiel aus meiner beruflichen Praxis: Ich habe mal eine, meiner Ansicht nach viel zu intensive Qualitätskontrolle eines Produkts kritisiert, bei der das Schriftbild eines jeden produzierten Teils kontrolliert wurde. Erst als ich nach einiger Zeit die Metapher verwendet habe, dass das Unternehmen sich so verhielte, als würde der Drucker einer Druckerei jedes seiner gedruckten Bücher lesen müssen, wurde wirksam gegengesteuert und die Prozessverbesserung in Angriff genommen. Zusätzlich habe ich auf sachlicher Ebene den jährlichen Euro-Betrag genannt, der die Kosten für das Prüfen beziffert hat.

Entfluchung und Enttäuschung als Segen!

Framing wird jedoch dann kritisch, wenn es in ein gesamtes Deutungssystem eingebettet wird und zugleich die „*4T*“ nach Birkenbihl, die das jahrtausendealte Virus des Geistes beschreiben, zur Wirkung kommen (siehe Kapitel „Geistesvirus“, Seite 94).

Je stärker der Frame auf individueller Ebene gesetzt ist, desto mehr wird mit antrainiertem Verhalten auf ein Thema reagiert, desto eher wird das Thema zu einem „*Darüber-spricht-man-nicht*“, desto mehr wird es nicht mehr sachlich betrachtet werden können, desto mehr ist das individuelle Ich zugunsten der Matrix untergegangen. Desto mehr Zerstörung und Drama sind die Folgen.

Das alles ist mit der Magie der Sprache möglich. Doch mit den Kenntnissen der Zusammenhänge ist theoretisch auch eine ENT-Fluchung oder eine ENT-Täuschung möglich.

Theoretisch? Naja: Es kommt auf den Willen eines jeden Einzelnen an, die seit Jahrtausenden festgefahrenen Mechaniken auch überwinden zu wollen. Welcher Segen das wäre!

Hegel'sche Dialektik als Manipulation

These, *Antithese*, *Synthese* – wir haben es schon betrachtet. Interessant wird es, wenn Hegel als Manipulation eingesetzt wird.

Wie können Sie als Strippenzieher, wenn Sie ein Ziel verfolgen, die Menschen zum Mitmachen bewegen?

Indem Sie selbst die Thesen und Antithesen präsentieren oder die Menschen dazu bringen, die Antithesen zu formulieren, die Sie für sie vorgesehen haben. Im besten Fall unterstützen Sie beide Seiten, also die Seite der These und der Antithese, damit Sie auch wirklich der Gewinner sind. Das Beste daran ist: Es funktioniert!

Als Meister der Magie könnten Sie sich selbst beweihräuchern, wenn Sie das Problem geschaffen haben, das Sie mit den Thesen und Antithesen aus der Welt räumen wollen.

Als Großmeister der Magie dürfen Sie sich fühlen, wenn Sie das Problem in die Welt setzen, das in der Realität im Grunde überhaupt nicht vorhanden ist.

Gaukeln Sie den Menschen einfach ein Problem vor, verwenden Sie die bereits zuvor benannten Techniken, präsentieren Sie Lösungen, unterstützen Sie bereitwillig Lösungsvorschläge anderer, die Ihre Magie für sich übernehmen, und bedanken Sie sich freundlich für die Mitarbeit. Ein Preis und etwas Lametta wird Ihnen auch zukünftige Unterstützer zuspülen. Peanuts sind manchmal gut angelegt.

Habeck'sche Wärmepumpendialektik

Können Sie sich an die unsägliche Habeck'sche Wärmepumpendialektik erinnern? Sie ist überhaupt nur möglich, weil der Frame „*Klimakatastrophe*“ inzwischen weitestgehend gesetzt ist.

Versetzen Sie sich doch mal in die Rolle eines Heizministers eines Staates, dessen Einwohnern Sie seit Jahren erzählen, dass es eines Tages so heiß sein wird, dass sie keine Winter mehr befürchten, sondern vor den Sommern Angst haben müssten. Denen wollen Sie eine neue Heiztechnologie verkaufen, die in der Anschaffung ungleich teurer ist als das seit Jahrtausenden verwendete Holz. Oder Kohle. Oder Gas. Das müssen Sie natürlich noch schnell als braun und von Putin kommend framen. Der hat das Gas abgedreht, egal welchen Teil Sie selbst zu dieser Politik beigetragen haben. Das behaupten Sie jedenfalls. Da ist es einerlei, ob Sie bereits sechs Jahre zuvor den Baustopp der Pipeline gefordert haben,[151] die günstiges Gas zu Ihren Insassen fördern könnte. Wie würden Sie sich fühlen, wenn die olle Pipeline, die Sie nie wollten, dann endlich in die Luft flöge bzw. ins Wasser? Könnten Sie sich noch zurückhalten, das Datum der Explosion als neuen ~~National~~- Insassenfeiertag vorzuschlagen?

Da Sie die Wetterwandelangst bereits erfolgreich in einem Großteil Ihrer Insassen aktiviert haben, trauen die sich bei den immensen Schneemassen, die Sie im Winter 2023 vor der Tür finden, schon gar nicht mehr vor dieselbige. Es könnte ja noch die Sonne hervortreten – hinter dem seit Jahren installierten Wolkenschleier.

Nun hauen Sie mal die „*Idee*“ der Wärmepumpe raus und laden die Verbände ein, kurzfristig Stellung zu beziehen. Den einen oder anderen „*Fehler*“, also z.B. die Kurzfristigkeit Ihres Anliegens, kalkulieren Sie bewusst ein, damit Sie auf diese Kritik noch eingehen und demokratische Kultur vorgaukeln können. Faseln Sie zusätzlich noch etwas von alternativen Heizmöglichkeiten, dessen technische Rahmenbedingungen Sie selbstverständlich vorgeben. Ihre verbündeten Magier der Massenbeeinflussung lassen Sie zugleich an den Energiepreisen drehen, damit Ihre Vorschläge sich irgendwann rechnen – zumindest mit den Taschenrechnern, die Ihre Mitmagier verwenden. Die Funktion *„Sinnvolle-Return-on-Invest-Rechnung"* beherrschen diese Taschenrechner nicht. Wetten, dass Sie Sieger sind? Niemand wird sich gegen Ihre Pläne stellen! Der Frame ist seit Jahrzehnten gesetzt und neue Frames wie *„Technologieoffenheit"* werden implantiert. Ihre Insassen werden das sogar noch gut finden, da Sie ja an der Diskussion beteiligt werden – an der, die Sie vorgegeben haben. Sie können das als Heizungsminister ganz besonders gut, wenn Sie vorher Märchenbücher für Kinder geschrieben oder einen Doktor in Philosophie erworben haben. Als Doktor der Philosophie kennen Sie Hegel selbstverständlich.

Die Heizungsbauer der Republik freuen sich über neue Aufträge – und dass Ihre Nachfolger eines Tages Oma Bömmelkamps Kohleofen technologieoffen verbieten werden, kann Ihnen egal sein. Die übrigen Bundesrepublikaner werden dann bereits um**gerüstet** haben, völlig ent**rüstet** Oma Bömmelkamp als Umweltsau bezeichnen und die eigentlich noch ganz **rüstige** Oma ins Altenheim verfrachten. Es hätte doch genug Abfalltonnen mit Pfandflaschen gegeben, mit denen sie ihre Wärmepumpe hätte bezahlen können. Außerdem ist es im Altenheim schön warm, das regeln Sie zur Not mit Besuchszeiten, damit die Kälte draußen bleibt. Und schließlich bleibt das Gesicht unter einer Maske auch noch wärmer. Da können Sie noch auf Altbestände zurückgreifen. Sie benennen die Filtertüte eben schnell noch in Wärmemaske um. In das Haus von Oma Bömmelkamp können Sie nun die Leute einziehen lassen, die Sie dafür vorgesehen haben. Damit Sie sich besser fühlen können! Ihr Gesellenstück der Magie können Sie sodann Ihren Meistern vorlegen![O]

Die Rhetorik der bundesrepublikanischen Außenministerin

Annalena Charlotte Alma Baerbock ist der Name unserer besten Außenministerin aller Zeiten. Das kann man nun wirklich mit Fug und Recht behaupten, denn sie ist die erste Frau im Amt. Das der Name *„Alma“* junge Frau bedeutet, haben wir an anderer Stelle schon beleuchtet. Haben Annalenas Eltern 1980 mit diesem Namen etwa eine gewisse Vorahnung zum Ausdruck bringen wollen? Wussten sie vielleicht schon, welche Seele sich da bei ihnen ankündigt? Die Steigerung von Alma ist tatsächlich Charlotte, die mit *„die kleine Freie“* übersetzt werden kann. Und wie sehr sich die Bedeutungen dieser Namen in dem Verhalten dieses jungen Mädchens spiegeln!

Kobolde des Regenbogenlandes

So argumentierte sie im Sommerinterview 2019 höchst wissenschaftlich, dass es nun die ersten Batterien gäbe, *„die auf Kobold verzichten können“*.[152]

Hunderttausende Kilometer entfernte Länder des Regenbogenlandes

Die *„junge Frau“*, also Alma, schwadronierte am Rande der UN-Klimakonferenz in Scharm el-Scheich über die möglichen Folgen des Klimawandels in einem *„Land, das hunderttausende von Kilometern entfernt liegt“*.[153]

Im Regenbogenland schreibt keiner Bücher allein

Annalenas Lebenslauf führte immer wieder zu Diskussionen, weshalb dieser das ein oder andere Mal angepasst werden musste. Auch ihr Buch »Jetzt: Wie wir unser Land erneuern« zog sie Ende 2021 nach Plagiatsvorwürfen zurück. Der Salzburger Medienwissenschaftler und Plagiatsgutachter Stefan Weber warf Baerbock vor, sie habe

> *„eine Art Libretto-Plagiarismus angewandt: Unter Vorlage anderer Texte hat sie eigene Kopfarbeit simuliert.' Ein Muster des Nicht-Selber-Denkens und -Schreibens werde in dem Werk sichtbar. […] Dem Ullstein-Verlag wirft er ‚Schlamperei, Unsauberkeit und ein dilettantisches Vorgehen' vor.*"[154]

Zu ihrer Verteidigung sagte sie: *„Niemand schreibt ein Buch allein.*"[155] So ist das in Almas Regenbogenland. Ihre Freunde des Regenbogenlandes sehen das offenbar ähnlich.

> *„Das ist der Versuch von Rufmord', erklärte ein Parteisprecher am Dienstag (29.06.2021) in Berlin. ‚Wir weisen den Vorwurf einer Urheberrechtsverletzung entschieden zurück'. Ein Blogger, der bereits falsche Behauptungen zu Frau Baerbocks Abschluss verbreitet habe, versuche erneut, ‚bösartig' den Ruf der Parteichefin zu beschädigen, hieß es vonseiten des Parteisprechers weiter.*"[156]

In dem 4T-Regenbogenland gilt es als bösartig, wenn man dessen Hauptakteure auf Fehler hinweist. Moralisten des Regenbogenlandes dürfen sich andere Dinge herausnehmen als die, die noch nicht in das Land des Regenbogens einquartiert worden sind. Dort herrschen offenkundig auch eigene physikalische Verhältnisse, und die Erinnerung an das Ohm'sche Gesetz verblasst immer mehr.

Strom und Panzer im Regenbogenland

Wer sich in dieser Welt der Realität ein wenig mit Spannung, Stromstärke, Widerstand, Leistung etc. auseinandergesetzt hat und weiß, wie schwer es ist, einmal erzeugte elektrische Energie zu puffern bzw. zu speichern, kann die folgenden einzigartigen und absurden Worte Almas einfach nicht mit eigenen Worten wiedergeben:

> *„Die osteuropäischen Staaten haben schon gesagt: ‚So geht das nicht weiter, ihr verstopft unsere Netze.' Deswegen haben wir gesagt, diese zehn Prozent Export die können wir an Kohle vom Netz nehmen. Und natürlich gibt es Schwankungen. Das ist vollkommen klar. An Tagen wie diesen, wo es grau ist, da haben wir natürlich viel weniger erneuerbare Energien. Deswegen haben wir Speicher. Deswegen fungiert das Netz als Speicher. Und das ist alles ausgerechnet. Ich habe irgendwie keine wirkliche Lust, mir gerade mit den politischen Akteuren, die das besser wissen, zu sagen, das kann nicht funktionieren."*[157]

Ist das die Vorstellung von Almas Regenbogenland? Da alle Fahrzeuge vom Markt verschwunden sein werden bzw. in Ländern weiterfahren, die hunderttausende Kilometer entfernt liegen, können die ehemaligen Nutzer dieser bösen, lauten Blechteile, die für manche junge Frau des Regebogenlandes sowohl seitens der Bedienung als auch des technischen Verständnisses viel zu anstrengend und kompliziert gewesen waren, ihre Fahrzeugbatterien mit nachhause nehmen. Ist etwas mehr Strom im Netz, dürfen sie dann ihre 72Ah-Batterie aufladen, um abends das 1000W-Heizöfchen ein paar Minuten betreiben zu können. Ach, was schreib ich da? Hunderttausende Stunden! An einem einzigen Abend! Wir sind ja in der Welt gewisser *„junger Frauen"*. Da wird das funktionieren! Einfamilienhäuser gibt es ja sowieso keine mehr – im Regenbogenland. Außer hinter den Mauern. Oder vor den Mauern. Es kommt eben nur darauf an, auf welcher Seite man steht. Vielleicht wird man diese

Mauern auch wieder als „antifaschistische Schutzwälle“ bezeichnen – oder Regenbogengrenze. Wer weiß das schon?

Da Annalena sich offenbar schon im Regenbogenland der Zukunft aufhält, wirft sie auch mal Daten der Vergangenheit durcheinander. Für Annalena fuhren Panzer bereits im 19. Jahrhundert, und wer sich in den Farben des Regenbogens um 360 Grad dreht, nimmt in diesem Land, fernab der Realität, wohl gänzlich neue Positionen ein.

> *„Auf der Münchner Sicherheitskonferenz behauptete sie, Putin müsse seinen Kurs gegenüber der Ukraine um 360 Grad drehen.“*[153]

Chefdiplomatin im Dackelzuchtcenter?

Sicher ließen sich diese Eigenschaften als charakterliche und selten auftretende Züge bezeichnen, die nicht der Rede wert wären, würden wir über eine Bäckereifachverkäuferin oder über die Präsidentin des örtlichen Dackelzuchtcenters reden. Eine Alma, im wahrsten Sinne des Wortes, bei der Hirn und Mund offenbar nicht die gleiche Taktung aufweisen, sollte jedoch nicht den Chefdiplomatenposten der Bundesrepublik einnehmen dürfen. Wieso lässt man *„Alma"* das alles durchgehen? Stellen Sie sich bitte vor, ein Helmut Kohl als Kanzler oder ein Hans-Dietrich Genscher als Außenminister hätten sich die zuvor geschilderten und noch folgenden Fauxpas geleistet. Wie sehr wäre Kohl durch die Journaille zerrissen, mit allerlei Aussagen über seine Körperfülle oder dessen *„Pfälzer Einfalt"* bedacht worden.

Was also befähigt Alma Baerbock, diesen Posten einzunehmen? Liegt es etwa daran, dass sie das Young-Global-Leadership Programm des von Klaus Schwab gegründeten *World Economic Forums* durchlaufen hat? Der schrieb das Buch »The Great Reset«, und es gab Zeiten da wurden Sie als Verschwörungstheoretiker bezeichnet, wenn Sie nur daraus zitiert haben.

Annalenas Gebieter?

Das ist der Klaus, der

> *„am 11. September [2001] in New York verweilte und mit Rabbi Arthur Schneier in seiner Park-East-Synagoge frühstuckte, als die ‚beiden Flugzeuge das World Trade Center trafen'. […] Schneier ist u.a. Ehrendoktor an zehn Universitäten, Vizepräsident der amerikanischen Sektion des ‚Jewish-World-Congress', Mitglied des ‚Council on Foreign Relations', führt eine eigene Stiftung und wurde 2000 von Bill Clinton mit der*

‚Presidental Citizen Medal', der zweihöchsten zivilen Auszeichnung der USA, ausgezeichnet.

Zum 20. Todestag des Rabbiners Menachem Schneerson hielt Schneier eine Lobrede, in der er den kontroversen Rabbi als ‚spirituellen Giganten' lobte und seine Sekte Chabad Lubawitsch als ‚Licht auf die jüdischen Menschen' bezeichnete. Dieser Rabbi Schneerson glänzte einst mit Aussagen wie: ‚Der Körper einer jüdischen Person ist von einer grundlegend anderen Qualität als der Körper von anderen Nationen dieser Welt […] Die gesamte Realität der Nichtjuden ist bloße Nichtigkeit'. Oder: ‚Die wichtigste spirituelle Mission dieser Generation besteht darin, zum letzten Krieg des Exils zu schreiten, um alle nichtjüdischen Staaten zu erobern und zu reinigen – auf dass das Königtum unserem Gott zukomme'."[158]

Nun haben wir uns der Kriegsrhetorik nicht nur langsam genähert, sondern sind gleich mittendrin. Rabbi Schneerson und Israels Ministerpräsident Netanjahu kannten sich persönlich. Netanjahu bat den Rabbi gerne mal um Hilfe und Segen und versicherte dem Rabbi gegenüber, sie würden vieles tun, damit der Messias endlich erschiene.[159] Netanjahu schrieb bereits 1995, also sechs Jahre vor dem Kollaps des World-Trade-Centers, in einem Buch,

„dass, wenn der Westen nicht aufwacht, und die selbstmörderische Natur des militanten Islam nicht erkennt, das nächste, was Sie sehen werden, sein wird, dass der militante Islam das World Trade Center zum Einsturz bringt."[P]

Auch Putin und Trump sind über die Chabad-Bewegung bestens miteinander verbunden.[160] [161] *„Putin [half] Chabad dabei, eine der beeindruckendsten jüdischen Wiederbelebungen der Neuzeit zu bewerkstelligen*".[162]

Wie Annalena auf einfachste kommunikative Tricks hereinfällt

Die junge Frau des Regenbogenlandes leistet sich, wie sollte es auch anders sein, weitaus heftigere Fauxpas als Kobolde in Batterien zu wähnen. So hielt sie am 24.1.2023 eine Rede in der parlamentarischen Versammlung des Europarats, in deren Anschluss den Mitgliedern die Möglichkeit gegeben wurde, Baerbock zu befragen. Die Lieferung von Leopard-Panzern in die Ukraine war damals auf deutscher Seite noch nicht beschlossen worden. Christopher Chope, aus dem Vereinigten Königreich, wies Baerbock darauf hin, dass sie scheinbar nicht einräumen wolle, dass ihre machtvolle Rede Hinweise liefere, dass Deutschland Leopardpanzer liefern müsste. Deutschland verweigere diese Ressourcen der Ukraine, das verlängere den Krieg und diene Putin.

> *„Was können wir tun, um zu helfen, Ihre großzügigen Worte über die Ukraine umzuwandeln in Handeln seitens Ihrer Regierung? Wenn das Parlament des Vereinigten Königreichs in einem Punkt einig sein kann, warum kann das nicht das deutsche Parlament?"*[163]

Nach der Lektüre dieses Buches erkennen Sie die faulen Tricks der Ansprache. Er *„lobt"* sie wegen ihrer *„machtvollen"* Rede aus dem *„stützenden Eltern-Ich"*, zumindest ist das das Ziel seiner Ansprache, kritisiert aus dem kritischen *„Eltern-Ich"* eine scheinbare Verweigerungshaltung der Deutschen und behauptet dreist, dass diese den Krieg verlängere. Auch hier wird mit dem Aspekt der Schuld gearbeitet. Deutschland ist mit dieser Behauptung schuld an einem längeren Krieg. Hört sich wirklich nach guten *„Bündnispartnern"* an.

Sodann folgt ein wirklich billiger Trick, der in Unternehmensberatungen häufig angewendet wird. Man bringt den Unternehmensberatern bei, die Fragestellung *„Was muss passieren, dass XY sich zu einem besseren Zustand hin verändert?“* zu verwenden. In einem therapeutischen Bereich ist diese Form der Fragestellung sehr hilfreich, denn sie bringt den Klienten unter Umständen zum ersten Mal dazu, nicht über Probleme, sondern über Lösungen zu sprechen. Christopher Chope fragt, wie sie helfen könnten, dass sich das deutsche Parlament so entscheide, wie er sich das vorstellt. Diese Frage ist keine Frage, sondern schlicht Provokation. Er beendet seine Befragung mit einer rechtfertigenden Warum-Frage.

Baerbock, die ihren kindlichen Zustand meines Erachtens häufig offen zur Schau stellt, antwortet erst einmal klug. Mit den Fingern auf andere zu zeigen, brächte der Ukraine weder Frieden noch Freiheit. Wenn wir anfingen, das Spiel des *„mit-dem-Finger-auf-andere-zeigen“* zu spielen, gewänne Putin. Es ginge schließlich um unterschiedliche Positionen in einem demokratischen Prozess und deshalb frage sie nicht bei Kollegen anderer Staaten nach, weshalb es denn so lange dauere, Waffen, Leoparden- oder Bradleypanzer zu liefern. Gegenseitige Schuldzuweisungen führten nur zu mehr Spaltung in Europa.

Mit den Inhalten dieser Aussagen könnten wir vermuten, dass das Erwachsenen-Ich Baerbocks antwortete. Doch ihre Mimik – den Link zu dem Video finden Sie im Literaturverzeichnis[163] – drückt meiner Meinung nach den Zustand des trotzigen Kind-Ichs aus. Und so kam es, wie es kommen musste. Alma konnte sich einfach nicht zurückhalten:

> *„We are fighting a war against Russia and not against each other!“*

Die Mimik dabei spricht Bände.

„Wir kämpfen einen Krieg gegen Russland und nicht gegeneinander!“

Einige Jahre zuvor äußerte sie in ihrer *„versprecherischen“* Art und Weise: *„Lasst uns Europa verenden!“* Was geht in dieser Dame wirklich vor?

So etwas hätte einem deutschen Chefdiplomaten niemals passieren dürfen. Im Regenbogenland sieht das freilich anders aus, da schützen *„uns“* die schön bemalten Mauern unserer Zeit. Können Sie sich Alma in harten Verhandlungen mit einem Lawrow, Putin, Erdogan, Trump, Netanjahu oder einem Xi Jinping vorstellen? Also meine Vorstellungskraft kann in diese hunderttausende Kilometer entfernten Sphären nicht vordringen.

Weshalb belässt die Deutsche Demokratische Bundesrepublik ein solches Fiasko in dieser Rolle? Liegt es daran, dass man dieses kleine, trotzige Kind-Ich nicht ernst nimmt oder sogar belächelt? Welch ein Trugschluss! Die Leoparden sind schon lange geliefert und spielen schon keine Rolle mehr auf den Feldern, die *„Schlachtfelder“* genannt werden, weil ein großer Teil schlicht zerstört wurde. Annalena ist übrigens auch für die Lieferung von Taurus-Marschflugkörpern. Almas sollten also nicht unterschätzt werden. Oder liegt es doch an Klaus und seinen Kumpanen, dass Alma so lange ihre Rolle spielen darf? Bleibt zu hoffen, dass Klaus Schwabs Eltern den richtigen Namen für Klaus wählten. Klaus heißt: *„Das Volk siegt!“* Die unbedingte Voraussetzung dafür wäre jedoch, dass es dazu aus seinem Schlaf erwachte. Würde es nicht schlafen, hätten solche Darstellerinnen keine Chance auf den Chefdiplomatenposten. Mal von den Fehlleistungen abgesehen: Welche ihrer Leistungen bleiben denn sonst in Erinnerung? Ach ja: Sie benannte das Bismarck-Zimmer des Auswärtigen Amtes um. Das kann man ihr lassen.

Was macht diese Form der Kommunikation jedoch mit dem Gegner, den Baerbock ja klar definiert und sogar den Krieg erklärt? Fühlt der Gegner sich nun darin bestätigt, dass der kollektive Westen einen lang geplanten Krieg gegen Mütterchen Russland führe, so wie er es selbst glaubt? Was ergäbe der Realitätsscheck im Vergleich zu der Aussage Baerbocks? Oder sind die Aussagen Baerbocks als ein starkes Anzeichen für einen Friedenswunsch zu verstehen? Wohl kaum!

Völkerrecht als bedrucktes Klopapier

Nein, der Angriff Putins ist nicht durch das Völkerrecht gedeckt. Dieser Krieg ist eine Schande! Putin ist natürlich NICHT der Vorzeigedemokrat, wie das Gerhard Schröder 2004 zum Ausdruck gebracht hatte. Russlands Krieg hat, Stand 31.1.2024, zu 10.378 toten Zivilisten[164] und Israels Bombenteppiche gegen Gaza in fünf Monaten zu mehr als 31.000 zivilen Todesopfern und knapp 80.000 Verletzten geführt.[165]

Das Völkerrecht ist das Papier nicht wert, auf das es gedruckt wurde. Nicht der Krieg gegen die Ukraine ist der erste heiße Europas seit 1945, sondern der Krieg gegen Serbien, bei dem deutsche Soldaten 1998 beteiligt waren, und der unter der rot-grünen Bundesregierung Gerhard Schröders begonnen wurde. Die Friedenspartei der Grünen startete also, kurz nachdem sie zum ersten Mal an einer Regierung beteiligt war, den ersten Kriegseinsatz der Bundesrepublik. Heute ist es ausgerechnet diese Partei, die am lautesten nach Waffenlieferungen krakeelt. Dieser Krieg gegen Serbien war völkerrechtswidrig. Das hat sogar Gerhard Schröder eingestanden:

> *„Er selbst habe als Kanzler beim Jugoslawienkonflikt ebenfalls gegen das Völkerrecht verstoßen. ‚Da haben wir unsere Flugzeuge (...) nach Serbien geschickt, und die haben zusammen mit der Nato einen souveränen Staat gebombt – ohne dass es einen Sicherheitsratsbeschluss gegeben hätte.*‘“[166]

Der Krieg *„unserer Verbündeter“* gegen den Irak? Völkerrechtswidrig! Es gibt eine vom 10.6.1999 gültige Vereinbarung des UN-Sicherheitsrates, also eine völkerrechtliche Vereinbarung, dass der Kosovo **innerhalb Serbiens** eine erhöhte Autonomie benötige. Die einseitige Anerkennung des Kosovo und die Abtrennung von Serbien sind also völkerrechtswidrig. Ich kann mich an die, fast schon verzweifelten, Appelle Gregor Gysis erinnern, wie er damals darauf aufmerksam machen wollte, dass genau diese Entscheidung eines Tages dazu führen könnte, dass andere Staaten zukünftig auch kein Interesse mehr an der Einhaltung des Völkerrechts haben würden.

Dr. Dieter Deiseroth, ehemaliger Richter am Bundesverwaltungsgericht, bemerkt dazu:

> „*Das heißt in der Konsequenz: Selbst wenn etwa – wie 1999 im Kosovo-Krieg der NATO-Staaten gegen Jugoslawien – das ‚Bombardement gegen das Territorium eines Staates durch die Streitkräfte eines anderen Staates oder der Gebrauch von jedweden Waffen durch einen Staat gegen das Territorium eines anderen Staates‘ (Art. 8-bis Abs. 2 b RömSt) von den militärisch intervenierenden Staaten als ‚humanitäre Intervention‘ bezeichnet wird, erfüllt dies den Tatbestand des Art. 8-bis Abs. 2 b RömSt und stellt eine strafbare völkerrechtswidrige militärische Aggression/Angriffshandlung dar. Eine Rechtfertigung nach Völkervertrags- oder Völkergewohnheitsrecht ist nicht ersichtlich.*“[167]

Die Türkei ist völkerrechtswidrig in Syrien einmarschiert. Die Angriffe der USA und Israels auf Syrien? Völkerrechtswidrig! Am 20.8.1980 verabschiedete der Sicherheitsrat der Vereinten Nationen eine Resolution, die das Jerusalemgesetz der Israelis, das die Annexion Ost-Jerusalems durch Israel festhält, für nichtig erklärt.[168] Wann wurde das umgesetzt?

Sind die Werte des Westens nicht oft genug die verkehrten? Da das Vorbereiten eines Angriffskriegs 1999 strafbar war – es gibt eine geänderte Rechtslage seit 2016 – wo sind die Gerichtsverfahren derer, die den Kosovokrieg zu verantworten hatten?

Wo sind die Gerichtsverfahren gegen die Covid-Maßnahmenverordner? Ist das hier ein Rechts- oder doch schon ein Unrechtsstaat?

Meines Erachtens hat der Ukrainekrieg eine Vorgeschichte, die mindestens zwanzig Jahre zurückreicht. Auch dieser Krieg ist ein Krieg, der viele Väter und Mütter hatte. Doch wie hat sich die Kommunikation in der Bundesrepublik inzwischen in Richtung Krieg und Kriegseinsatz verschoben?

Da diskutieren Offiziere der Bundeswehr im März 2024, wie sie möglichst unbemerkt Taurus in die Ukraine liefern könnten und wie viele Marschflugkörper benötigt würden, um die Krim-Brücke zum Einsturz zu bringen. Glauben Sie, dass der Grund des Leaks war, die Bevölkerung der Bundesrepublik zu einem Aufbegehren gegen die Lieferung zu bewegen? Wenn das so wäre, wäre dieses Ziel verfehlt worden, denn die bundesrepublikanische Journaille krakeelt eher darüber, dass dies ein Propagandastück Putins sei und *„wir“ „uns“* nicht spalten lassen sollten. Putin ist also schuld, dass deutsche Offiziere wieder über Angriffe auf Mütterchen Russland diskutieren. Natürlich! Putin ist für die deutsche Politik zur Opferanode mutiert. Ihm kann alles in die Schuhe geschoben werden, die Bevölkerung wird es hinnehmen. Im Zweifelsfall wird man Angriffshandlungen als *„legitime Verteidigungshandlungen“* framen, damit der Deutungsrahmen so gesetzt ist, dass die Verteidiger strafrechtlich nicht als Angreifer verurteilt werden können.

Wollen CDU/CSU den Krieg nach Deutschland bringen?

Ministerpräsident Söder:

> *„Wir haben ein eigenes und moralisches Interesse, der Ukraine zu helfen.“*[169]

Moral und *„Wir“*, da sind sie wieder. Sie finden in der deutschen Politik wenige, in dessen Gesicht sich der Charakter so stark widerspiegelt wie bei Söder.

> *„Vor dem Hintergrund der Abhöraffäre von Luftwaffen-Generälen, bei der mögliche Einsatzszenarien besprochen wurden und von Russland als Beleg für eine Einbindung Deutschlands in den Ukraine-Krieg werteten, sprach sich Söder von einem Vorgehen nach dem Motto ‚jetzt erst recht‘ aus.“*[169]

Der Skandal liege, laut der bundesrepublikanischen Journaille, also eher darin, dass Russland abgehört habe, und nicht in der Vorbereitung eines Angriffs auf fremdes Territorium. Welche Steigerungsform der eskalierenden Kommunikation fehlt bei Söder noch? Der Leibhaftige!

> *„Diese Bockbeinigkeit des Kanzlers geht am Ende zulasten der Sicherheit Deutschlands.“*[169]

Die *Nichtlieferung* von Taurus müsse, seinen Aussagen zufolge, ein Eskalationsszenario bedeuten und Putin ermuntern, weitere Staaten anzugreifen. Der Nichteinsatz einer Waffe, so wird es hier geframed, sei Eskalation. Die realistische Frage lautete jedoch, ob sich die Lage nicht erst durch die Lieferung und den Einsatz der Waffe verschärfte. Söder will hier seinen Jüngern offenbar vermitteln, dass die Eskalation vermieden werden könne, wenn die Krim-brücke oder gleich der Kreml durch den Taurus zerstört würde. Das Gegenteil dürfte richtig sein.

Zudem sieht Söder Bockbeine, die er in der Gestalt des Kanzlers vermutet – wen wundert das noch? Er ist es, der den Teufel in Form des Baphometen sprachlich ins Spiel bringt. Oder sieht Söder dessen eigenes Spiegelbild? Ist die **Nichtlieferung** von Taurus nun satanisch?

Zwar regiert er Bayern, auf Bundesebene sind CDU/CSU jedoch in der Opposition. Noch! Anstatt dass die Opposition jedoch endlich deutlich wahrnehmbar Friedensverhandlungen fordert, steigert sie sich mehr und mehr in den Kriegswahn hinein. Der Kriegswahn ersetzt kurzzeitig den Klimawahn!

Auch der Vorname Roderich lässt erahnen, dass gewisse alte Verhaltensweisen noch nicht überwunden werden konnten. Wann endlich schlägt sich die Menschheit Wahnbegriffe wie Ruhm, Ehre, Stolz und Heldentum endlich aus dem Kopf? Roderich setzt sich aus **hrod** *„Ruhm"*, *„Ehre"* und **rik** *„mächtig"*, *„reich"* zusammen. Mächtig durch Ruhm und Ehre. Roderich Kiesewetter, der an Nine-Eleven 1963 geboren wurde, ist Mitglied des Bundestags und der CDU. Er kommt dem Ursprungsbefehl, den ihm seine Eltern in den Namen gelegt haben, als Oberst a.D. der Bundeswehr, so gut nach, dass er gewisse westliche Werte, die sich nun oft genug als die verkehrten herausgestellt haben, nach Russland und Israel exportieren will. Wäre er mit seinen Ideen erfolgreich, stiege die Gefahr, dass wir wieder mehr Deutsche in Leichensäcken sähen. Deren Inhalte würde man wieder Lametta-Klimbim umhängen, auf dem *„Ruhm"*, *„Stolz"* oder *„Ehre"* eingraviert wären.

> *„Ja, das bedeutet auch, dass wir bereit sind, mit unserem Leben die Sicherheit Israels zu verteidigen."*[170]

„Reine #Entspannungspolitik ohne Abschreckung führt zu Inkonsequenz und Schwäche, sie bringt keinen Frieden. Für nachhaltigen Frieden für [Ukraine und EU] muss #Russland verlieren lernen. Wir müssen „all in" für die Freiheit gehen! Slava Ukraïni!"[171]

„„Der Krieg muss nach Russland getragen werden. Russische Militäreinrichtungen und Hauptquartiere müssen zerstört werden', sagte Kiesewetter: ‚Wir müssen alles tun, dass die Ukraine in die Lage versetzt wird, nicht nur Ölraffinerien in Russland zu zerstören, sondern Ministerien, Kommandoposten, Gefechtsstände', betonte er. Offen forderte er auch die Lieferung der Taurus: Scholz müsse sich bei Joe Biden in Washington ‚grünes Licht' geben lassen, die Marschflugkörper zu liefern."[172]

„*Wir sind Kriegsziel*", betont Kiesewetter, „*Putin sieht uns als Feind. Das ist das Kernargument, warum Taurus nötig ist.*"[173]

Sein Fraktionschef Merz sieht den Krieg gegen die Ukraine als ein Krieg gegen die Demokratie.[174] Redet er von der Bundesrepublik? In der den Insassen basisdemokratische Abstimmungen wichtige Themen betreffend, wie Waffenlieferungen, Krieg oder Frieden, Rente, Euro oder DM, Euro- oder Bankenrettung, gar nicht erst gestattet sind? Merz lässt mit seiner CDU immer wieder neu darüber abstimmen, ob der Kanzler vom Bundestag aufgefordert werden solle, „*endlich*" Taurus zu liefern.[175]

„Die Zeitenwende ist ganz überwiegend ein richtiges Wort geblieben. Aber zur umfassenden Tat hat es bisher jedenfalls nicht gereicht."[176]

Zeitenwende – ein Wort, das inzwischen für plumpe Aufrüstung und Kriegsspiele herhalten muss.

„Es fehlt eine an unseren Interessen und auch an unseren Werten ausgerichtete Strategie, die unsere Handlungsinstrumente benennt und im Abgleich der Interessen und der zur Verfügung stehenden Instrumente konkrete Maßnahmen beschreibt.“[176]

Richtig, Friedrich, es fehlt den Völkern der Welt tatsächlich an Handlungsinstrumenten, Kriegstreiber schnell in dafür vorgesehene Einrichtungen unterbringen zu können. Denn Friedrich, *„der an Frieden Reiche*“, wird einen heißen, großen Konflikt wahrscheinlich gut und sicher unter einem schwarzen Felsen verbringen dürfen. Zwischen 2016 und 2020 war er schließlich Aufsichtsratsvorsitzender von *BlackRock* Deutschland (black rock = schwarzer Felsen) und auch Mitglied in der *Trilateralen Kommission* und der *Atlantik-Brücke*. *BlackRock* wird vom jüdisch-stämmigen US-Amerikaner Larry Fink geleitet und ist mit über 10.000.000.000.000 Dollar verwaltetem Vermögen der weltgrößte Vermögensverwalter. Nach einem evtl. heißen Krieg würde Friedrich den Frieden sicher genießen dürfen. Schließlich wäre ja kaum noch jemand da, mit dem er Krieg spielen könnte. Weitere Zitate anderer Kriegsbegeisterter erspare ich uns beiden. Die Frage ist nur, welche Geister die Kriegsbegeisterten befallen haben.

Die lustvolle Kriegsrhetorik der Bundesrepublik

Satiriker und Ex-Kriegsreporter Gerhard Kromschröder ist der Meinung, dass die Kriegsrhetorik in Deutschland geradezu lustvoll angenommen und sich in ihr gesuhlt würde. Die grüne Friedenspartei gefiele sich darin, *„immer neue Waffenlieferungen zu fordern und wechselnde Kriegsszenarien auszumalen"*. Er spricht auch davon, dass westliche Journalisten in der Ukraine geführt würden. *„Die Bewegungsfreiheit von Journalisten ist davon abhängig, was das Militär gestattet."* Vom Irakkrieg berichtet er, dass die Journalisten ihre Texte hätten vorlegen und in dem Rahmen bleiben müssen, den das Militär vorgegeben habe. Zum heutigen Zustand der Journaille bemerkt er:

> *„Abweichende Meinungen erhalten nicht mehr den Raum, den sie verdienen."*[177]

Auch der inzwischen verstorbene Udo Ulfkotte berichtete von seiner ersten Erfahrung als Kriegsberichterstatter. Journalisten im Irak steckten wochenalte Panzer in der irakischen Wüste in Brand, um damit *„aktuelle Bilder von jüngsten Kampfhandlungen"* zu erzeugen. Er deckte später auf, welche Organisationen

> *„unsere Medien propagandistisch einseitig beeinflussen, etwa: Atlantik-Brücke, Triliterale Kommission, German Marshall Fund, American Council on Germany, American Academy, Aspen Institute und Institut für Europäische Politik."*[178]

Wo ist der Protest der Bevölkerung? Wo war der Protest, als die *„Verbündeten"* Bomben und Drohnenraketen in alle Teile der Welt exportierten und Millionen Menschen ihr Leben lassen mussten? Wo ist der Massenprotest gegen die Gestalten, die die Eskalation immer weiter befeuern? Der kleine Mann gefällt sich wieder in seiner Rolle des von seinen Herren befohlenen Gratis-Mutes, wenn er Haltung zeigen darf und das Gewissen des Eltern-Ichs, das er aus sich selbst kommend wähnt, in von der Regierung befürworteten **Demonstrationen gegen die Opposition** in den Asphalt der Straßen trägt. Massenweise Proteste gegen Kriege, die nun auch erstmals zu einer Bedrohung für den Bundesrepublikaner werden könnten, sind derweil nicht in Sicht. Was ist aus diesem Staatskonstrukt und dessen Insassen nur geworden?

Frieden nach Kriegskommunikation?

Position der Stärke oder der Schwäche?

Sicher, die aufrüstende europäische Kommunikation könnte einen potentiellen Gegner, wie immer er auch heißen möge, zum Umdenken bewegen. Ein Krieg gegen Europa hieße für alle Beteiligten, Blutopfer en masse. Das würde, im besten aller Fälle, durch den Gegner frühzeitig erkannt und zu dessen Einstellung der Waffenhandlungen führen. Allerdings wäre dies mit einem Gesichtsverlust verbunden und dem Gefühl, verloren zu haben. Undenkbar, wenn es nicht wenigstens einen faulen Kompromiss geben würde. Außerdem hat die Geschichte schon oft genug gezeigt, dass Waffenstillstände niemals aus einer Position der Schwäche heraus vorteilhaft für denjenigen sind, der zuvor die Waffen niedergelegt hat. So haben die 14 Punkte des Friedensvorschlags von US-Präsidenten Wilson, die er 1918 dem Deutschen Reich präsentierte und aufgrund dessen das Deutsche Reich die Waffen niederlegte, nichts mehr mit dem zu tun, was dem deutschen Volk 1919 in den Versailler Verträgen diktiert wurde. John Maynard Keynes, den jeder VWL-Student wegen seiner „*deficit-spending-Idee*" kennen sollte, trat 1915 als Berater

> „*in das britische Schatzamt ein und leitete dessen Delegation auf der Friedenskonferenz von Versailles. 1919 trat Keynes von dieser Position zurück, da er die alliierten Reparationsforderungen für volkswirtschaftlich nicht vertretbar hielt.*"[179]

Damit untertreibt die Bundeszentrale für politische Bildung. Vielmehr sah er den Zweiten Weltkrieg voraus und wollte keiner der Väter dieses Krieges sein.

> „*Denn wenn wir bewusst auf die Verarmung Mitteleuropas hinarbeiten, dann wird – das wage ich vorherzusagen – die Rache nicht auf sich warten lassen. Nichts kann dann mehr lange den*

letzten Bürgerkrieg zwischen den Mächten der Reaktion und den verzweifelten Zuckungen der Revolution aufhalten, jenen Bürgerkrieg, angesichts dessen die Schrecken des Krieges mit Deutschland wie ein Nichts scheinen werden, jenen Krieg, der, ganz gleich wer siegt, die Zivilisation und den Fortschritt unserer Generation vernichten wird."[180]

Einen Vorhofstaat mit Waffen vollzustopfen, ist als „*Politik der gezielten Opferanode*" zu bezeichnen. Von daher stimmt es gewissermaßen, dass die Ukraine für Europa kämpft. Allerdings nur, wenn man die Realität ausblendet, dass der Krieg einen Vorlauf über mehrere Jahrzehnte hatte, in denen die Interessen aller Beteiligter nicht hinreichend gewürdigt worden sind. Wenn allein diese Tatsache gewürdigt wird, muss doch gefragt werden, für welche Interessen die Söhne und Töchter der Ukraine und Russlands tatsächlich abgeschlachtet werden. Weshalb sind z.B. die durch den Sicherheitsrat bestätigten, völkerrechtlich bindenden Minsk-Abkommen nicht umgesetzt worden? Weshalb präsentiert man den Bevölkerungen der Welt nicht die Bemühungen um den Frieden? Präsentiert Friedensgespräche, macht Live-Schaltungen inkl. der Übersetzungen in alle Sprachen der Welt, wie die gewählten Vertreter der Welt kommunikativ um Frieden ringen? Stattdessen präsentiert man Panzer und Raketen, deren Treffer, feiert Tote der anderen Seite und rüstet weiter auf.

Doch wie können die Krieger, die verbal so hochgerüstet haben, nun noch sinnvoll verhandeln und sich in ihren Friedenswünschen ernst nehmen? Jede weitere verbale Aufrüstung führte zu einer Verunmöglichung des Friedens, da der Friedenswunsch nicht ernst genommen würde. Jede Pause eines Konflikts wäre auf beiden Seiten mit einer massiven Hochrüstung verbunden. Jede Drohung mit Atomwaffen, Taurus etc. wird irgendwann zu einer leeren Drohung, wenn die Drohung nicht doch ein- und umgesetzt wird. Denn auch

Drohungen, die nicht umgesetzt werden, führen irgendwann zu einem Gesichtsverlust.

In dem mehr als 1.000 Jahre alten Märchen, in dem der Junge aus einer Laune heraus beim Hüten der Schafe aus Jux und Dollerei vor dem Wolf warnt, wird dieser nach dem zweiten Fehlalarm nicht mehr ernst genommen. Der schlaue Wolf taucht beim dritten Male tatsächlich auf und verschlingt die ganze Schafherde – und in manchen Versionen des Märchens auch den Jungen. Selbst wenn es in naher Zukunft zu einem Waffenstillstandsabkommen oder einem Friedensvertrag kommen sollte, wäre dieser nur von dauerhafter Natur, wenn zusätzlich abgerüstet würde. An allen Fronten. Und die Interessen aller berücksichtigt würden.

Ob das im Sinne der Weltenlenker ist? Oder näherten wir uns mit diesen Vereinbarungen der New World Order, welche die schlafenden Völker dann herzlichst willkommen hieße?

Einkreisung Russlands und Schwächung Deutschlands als Ziel der Matrix-Macher

Auf den jetzigen Zeitpunkt bezogen bleibt zu konstatieren, dass die internationalen Matrix-Macher es wieder einmal geschafft haben, die Völker gegeneinander aufzuhetzen. Laut George Friedman, der 1949 als Sohn einer jüdischen Familie in Budapest, Ungarn, geboren wurde und 2015 Chef von Stratfor war, einer US-amerikanischen Denkfabrik, die *„Analysen, Berichte und Zukunftsprojektionen zur Geopolitik, zu Sicherheitsfragen und Konflikten anbietet“*,[181] seien die Beziehungen zwischen Deutschland und Russland – und das schon in den Zeiten des Ersten und Zweiten Weltkriegs – ein Hauptinteresse der US-Außenpolitik. Er äußerte 2015: *„Wenn vereint, sind sie [Deutschland und Russland] die einzige Macht, die uns bedrohen kann. Unser Hauptinteresse galt sicherzustellen, dass dieser Fall nicht eintritt.“*[182]

> *„Und gestern haben die Vereinigten Staaten angekündigt, dass sie vorhaben, die Waffen in die Ukraine zu liefern[…] Bei allen diesen Handlungen agieren die Vereinigten Staaten außerhalb der Nato. […] Der Punkt bei der ganzen Sache ist, dass die USA […] einen Sicherheitsgürtel um Russland herum aufbauen. […] Russland glaubt, die USA beabsichtigen, die Russische Föderation zu zerschlagen. Ich denke, wir wollen sie nicht töten, sondern nur etwas verletzen bzw. Schaden zufügen. Jedenfalls sind wir jetzt zurück zum alten Spiel. […] Die alten Römer haben auch keine Truppen in entlegene Regionen außerhalb des Römischen Imperiums entsandt, sondern sie haben prorömische Könige dort eingesetzt. Die Frage, die jetzt für die Russen auf dem Tisch ist, ist, ob man die Ukraine als eine Pufferzone zwischen Russland und dem Westen haben will, die wenigstens neutral bleiben wird, oder wird der Westen so weit in die Ukraine vordringen, dass der Westen (NATO) nur 100 km von Stalingrad und 500 km von Moskau entfernt sein wird. Für*

Russland stellt der Status der Ukraine eine existenzielle Frage dar. Und die Russen können bei dieser Frage nicht einfach so weggehen, loslassen. Für die USA gilt, wenn Russland sich an der Ukraine weiter hängt, wir Russland stoppen werden. Deutschland befindet sich in einer sehr eigenartigen Lage. Der ehemalige Bundeskanzler Schröder ist im Aufsichtsrat von Gazprom. Die Deutschen haben ein sehr komplexes Verhältnis zu den Russen. Die Deutschen wissen selbst nicht, was sie tun sollen. Sie müssen ihre Waren exportieren, die Russen können ihnen die Waren abnehmen. Andererseits verlieren sie den Freiraum, den sie brauchen, um andere Sachen aufzubauen. Für die Vereinigten Staaten ist es das Hauptziel, dass […] deutsches Kapital und deutsche Technologien und die russischen Rohstoff-Ressourcen und die russische Arbeitskraft sich zu einer einzigartigen Kombination verbinden, die die USA seit einem Jahrhundert zu verhindern suchen.
Also, wie kann man das erreichen, dass diese (deutsch-russische) Kombination verhindert wird? Die USA sind bereit, mit ihrer Karte diese Kombination zu schlagen: das ist die Linie zwischen dem Baltikum und Schwarzem Meer. Für die Russen ist die Frage, dass die Ukraine ein neutrales Land wird, kein pro westliches. […] Nun, wer mir eine Antwort darauf geben kann, was die Deutschen in dieser Situation tun werden, kann mir auch sagen, wie die nächsten 20 Jahre Geschichte aussehen werden. […] Denken Sie über die ‚Deutsche Frage' nach, welche jetzt wieder mal aufkommt. Das ist die nächste Frage, die wir stellen müssen, was wir aber nicht tun, weil wir nicht wissen, was die Deutschen tun werden.«[183] [182]

Stellte sich die deutsche Frage also erst wieder, falls Deutschland sich anders entschiede, als wie es dieser Matrix-Macher der *„freien Welt"* vorsieht? George Friedman spricht in seiner Rede immer wieder von der Höhe des deutschen Bruttoinlandsprodukts und wie

Deutschland die EU-Freihandelszone ausnutze. Können Sie sich daran erinnern, wie Trump von den Mitgliedern der NATO forderte, 4% des BIP in Verteidigungsausgaben zu stecken[184], wie er kritisierte, Deutschlands BIP sei zu hoch[185], oder Kritik daran übte, dass Gas aus Russland importiert würde? Wie Biden ankündigte, dass die Amerikaner das Projekt Nord-Stream 2 zweier *„unabhängiger"* Staaten zu einem Ende brächten, falls Russland in die Ukraine einmarschiere?[186]

Die Gaspipeline ist kein Thema mehr, Kraftwerke werden hierzulande mehr und mehr ab- und in den europäischen Nachbarstaaten aufgebaut und produzierende Unternehmen verlassen das Land in Scharen, weil Energie- und Nebenkosten so hoch sind. Habeck beschwert sich derweil in den USA über deren niedrige Energiepreise!

Sollte Trump wiedergewählt und seine Pläne für die Zolltarife umgesetzt werden, wird Deutschlands BIP bis 2028 um weitere 1,8% fallen. Bis dahin werden sicher genug *„deutsche"* Produktionswerke in den USA aufgebaut worden sein.

Was können wir konstatieren? Manchmal ist es auch bei einem Völkerstreit sinnvoll, den lachenden Dritten zu suchen. Die Einkreisung Russlands ist eine langgehegte Strategie. Wieso werden die Zusammenhänge, die ich hier lapidar zusammengefasst habe, in den öffentlichen Medien nicht wesentlich intensiver diskutiert? Liegt es vielleicht doch an den Mitgliedschaften der leitenden Journalisten in gewissen Übersee-Institutionen, wie Udo Ulfkotte es behauptete?

Die Heilung der Folgen der Hetze und des Kriegs wird jetzt schon Jahrzehnte benötigen. Wie viele Väter, Mütter, Kinder, Brüder, Schwestern usw. wieder einmal sinnlos verheizt worden sind! Russland und große Teile Europas stehen sich feindlich gegenüber, die Gasversorgung Deutschlands ist sabotiert, die eigenen Kraftwerke werden abgebaut und Deutschlands protestierende Bauern entfernen sich schnell wieder, wenn sogenannte Querdenker in den Reihen der Protestler zu befürchten sind.

Ihr Bauern, schaut endlich hin und lasst nicht zu, dass sie uns spalten! Wir brauchen Eure Bauernschläue!

Als Strack-Zimmermann im März 2024 in einem Gautinger Kino Russland vor einem starken Europa warnte, protestierten draußen einige Mitglieder der Partei *Die Basis* für eine Entspannungspolitik gegenüber Russland. Zusätzlich parkten einige Bauern ihre Traktoren vor dem Kino, um für ihre Sache zu protestieren.

> *„Sie rückten aber schnell wieder ab. ‚Mit Querdenkern', wie es vom Kreisverband der Landwirte gegenüber dem Merkur hieß, wolle man schließlich gar nichts zu tun haben.*"[187]

Gerade die Bauern täten gut daran, sich nicht spalten zu lassen. Auch bei ihnen muss die Erkenntnis erst noch durchdringen, dass die Drosselung der Produktion landwirtschaftlich erzeugter Lebensmittel, so wie es in den Niederlanden weit oben auf der Agenda steht, langfristigen Zielen dient, die die Matrix-Macher schon seit vielen Jahren formuliert haben.

Feindbilder

Kurt Robert Spillmann, geboren 1937, ist Schweizer Historiker, Konfliktforscher und emeritierter Professor für Sicherheitspolitik und Konfliktforschung der ETH Zürich. 1989 verfasste er zusammen mit seiner Frau Kati Spillmann, einer Psychoanalytikerin, ein Werk über die Entstehung von Feindbildern und wie sie überwunden werden können.[188] Sie beschreiben, dass das Freund-Feind-Denken evolutionsbiologisch in uns verankert ist. Sie betonen, dass unser Gehirn nicht als ein Organ zum *„Zwecke objektiver Welterkenntnis entstanden ist"*, sondern der *„Verbesserung unserer Lebenschance"* zu dienen habe. Auch sie gehen in ihrem Werk darauf ein, dass unsere *„höheren"* Gehirnfunktionen, wie z.B. Vernunft oder Verstandeskräfte, sich sofort und unmittelbar den elementaren Bedürfnissen wie *„wichtige vegetative Lebensfunktionen"* unterzuordnen haben. Sie benennen Hunger als mögliche Ursache dieses Untergangs der Verstandeskräfte.

Um wie viel mehr gelten diese Erkenntnisse in Bezug auf das bewusste Herbeiführen von Traumata, wie wir es bereits intensiv beleuchtet haben? Die beiden erläutern, dass Feindbilder keine Folge eines *„Aufbauprozesses"*, sondern *„Ausdruck eines Abbauprozesses"* seien. Exakt wie weiter oben beschrieben sehen sie das Entstehen von Feindbildern als Zurückfallen in **archaische Muster oder in frühkindliche Emotionen bzw. Entwicklungsstufen** an.

Was sagt uns das über den Zustand der heutigen bundesrepublikanischen Gesellschaft? Infantilisierung der Politik für Infantile muss die Folge sein! So wie Ärzte Krankheitsbilder als Syndrome beschrieben, so ordnen sie dem Feindbildsyndrom sieben typische Merkmale zu. Ich habe die jeweils ersten Begriffe wie Misstrauen, Schuldzuschiebung etc. übernommen und die Phänomene mit eigenen Wörtern wiedergegeben:

1. *„Misstrauen"*: Was vom Feind stammt, muss schlecht und schädlich sein, selbst wenn es gut ist. Selbst wenn wir es als gut erkennen, führt er etwas im Schilde.
2. *„Schuldzuschiebung"*: Im Grunde müsste ich nur *„Putin"* schreiben, und Sie wissen exakt, wie das gemeint ist. Oder *„Virus"*. Der Feind ist schuld an der Realität.
3. *„Negative Antizipation"*: Als Antizipation ist die Erwartung zu verstehen, die jemand auf ein zukünftiges Verhalten hat. Auf den Feind bezogen heißt das: Er will nur Schaden zufügen.
4. *„Identifikation mit dem Bösen"*: Abtrünnige sind Feinde, sind Küchenhelfer Satans (s.o.).
5. *„Nullsummendenken"*: Was gut für den Feind ist, ist schlecht für mich und umgedreht!
6. *„De-Indivudalisierung"*: Der Freund meines Feindes ist auch mein Feind, das ist doch klar und unter strammen Bundesrepublikanern täglich zu beobachten! Der Feind meines Feindes kann zu meinem Freund werden.
7. *„Empathieverweigerung"*: Gemeinsamkeiten werden negiert, Gefühle und menschliches Verhalten dem Feind gegenüber werden als schädlich angesehen.

Sollten Sie Ähnlichkeiten mit dem Zustand der Gesellschaft der Bundesrepublik feststellen, ist das durchaus erwünscht. Die beiden Forscher schlagen einige mögliche Lösungsansätze vor, um verfeindete Gruppen wieder zusammenzubringen, betonen jedoch, dass es ein äußerst komplexer Vorgang ist und noch nicht viel Forschungsarbeit dazu existiere. Ferner beschreiben sie, dass Menschen mit Vorurteilen gewisse Informationen gar nicht aufnehmen wollen oder dazu neigen, Informationen in ihrem Sinne zu verdrehen. Wie sinnvoll Kommunikation mit solchen Menschen ist, liegt auf der Hand.

Eskalationsphasen zwischen Menschen und Gruppen

Friedrich Glasl, österreichischer Ökonom und Konfliktforscher, entwarf ein Modell, das, im Gegensatz zum Modell nach den beiden Spillmanns, neun Stufen der Eskalation zwischen den Konfliktparteien beschreibt. Das Modell ist nicht nur bei Konflikten zwischen Staaten, sondern auch bei Streitigkeiten zwischen Einzelpersonen, wie z.B. bei einer Eskalation einer Ehescheidung, zu beobachten.

Konflikte entstehen dadurch, dass Interessen oder Ziele der Konfliktparteien nicht miteinander vereinbar sind. **Verteilungskonflikte**, bei dem über die Verteilung von Ressourcen gestritten wird, oder Konflikte über die Aufteilung von Arbeitszeiten, gehören in diese Kategorie. (Ein Beispiel: Das Lithiumvorkommen der Ukraine wird auf 500.000 Tonnen geschätzt. Lithium wird in Batterien verwendet.)

Ein weiteres Feld sind **Beziehungskonflikte**, bei denen belastende Erfahrungen oder Vorurteile Ursache sind.

Statuskonflikten liegt die Angst zugrunde, Macht, Einfluss oder einen Titel zu verlieren.

Innerhalb von Organisationen sind **Rollenkonflikte** an der Tagesordnung, die letztlich durch das Unternehmen zu verantworten sind. Würde von Anfang an eine saubere Analyse der Geschäftsprozesse durchgeführt, würden diese Konflikte nicht entstehen. Sind die Geschäftsprozesse nämlich einmal mit Strukturbäumen zu Papier gebracht, können diesen Prozessen bzw. Aufgaben Rollen bzw. Stellen zugeordnet werden. Selbstverständlich muss diese Dokumentation laufend aktualisiert werden, wenn Prozesse hinzukommen oder wegfallen. Dieses Grundlagenwissen wird in mittelständischen Unternehmen jedoch selten angewendet, weshalb es in diesen

Organisationen, die diese einfachen Prinzipien nicht anwenden, häufig zu Rollenkonflikten kommt.

- Die **erste Phase** der Eskalation benennt Glasl als Zustand der „*Verhärtung*". In der ersten Stufe der ersten Phase prallen häufiger Meinungen aufeinander, die jedoch noch nicht als Konflikt zu bezeichnen sind. In der zweiten Stufe der ersten Phase setzt bereits ein Spalten in Schwarz und Weiß ein. Es entsteht Streit und es wird versucht, den anderen von den eigenen Argumenten zu überzeugen. In der dritten Stufe der ersten Phase verlieren die Kontrahenten bereits das Mitgefühl für den anderen, Gespräche werden abgebrochen und es findet keine Kommunikation mehr statt. Innerhalb dieser drei Stufen ist nach Glasl jedoch noch alles offen, ein „*Win-Win*" für beide Seiten noch möglich. Noch suchen beide Seiten eine Lösung, kommunizieren respektvoll und würdigen die Interessen des anderen.

- Die erste Stufe der **zweiten Phase** ist durch das Bilden von Koalitionen gekennzeichnet. Es werden Verbündete gesucht, um den Gegner zu denunzieren. Es geht nicht mehr um Interessensausgleich, sondern um Gewinnen. In der zweiten Stufe der zweiten Phase gibt es kein Vertrauen mehr in die Gegenseite und man arbeitet daran, dass der Gegner die moralische Glaubwürdigkeit verlieren soll. Der Kampf zwischen „*Gut*" und „*Böse*" entbrennt. Putin ist nicht mehr Putin, sondern Putler oder Hitler. Die dritte Stufe der zweiten Phase ist durch Drohungen gekennzeichnet. Man zeigt das eigene Vernichtungspotential, indem man direkt an der Grenze zu Russland Manöver an Manöver durchführt. Diese Phase ist nach Glasl die Phase „*Win-Lose*". Beide Seiten sehen sich in der Lage, den Konflikt zu gewinnen, um den Preis, dass die jeweilige Gegenseite verliert.

- Die **dritte Phase** ist als „*Lose-Lose*“ gekennzeichnet. Lose-lose für den Zustand, dass es nur noch Verlierer geben wird. Beide Seiten sind so stark in den Konflikt verstrickt, dass nicht mehr über Lösungen verhandelt werden kann. Klares Kennzeichen dafür ist, dass Papst Franziskus zu Friedensverhandlungen auffordert und Baerbock das nicht mehr verstehen kann.

Baerbock und Strack-Zimmermann als immense Gefahr für Deutschland

> „*‚Ich verstehe es nicht in diesen Zeiten‘, sagte Baerbock dazu. ‚Vielleicht müsse man mit denjenigen, die die Forderungen nach Friedensgesprächen vorbringen, in die Ukraine fahren‘, so die Außenministerin.*“[189]

Damit zeigt sie deutlich, dass sie keine Rolle in Friedensverhandlungen spielen sollte. Meines Erachtens stellt sie eine nicht unerhebliche Gefahr für die Bewohner der Bundesrepublik Deutschland dar.

> „*Bevor die ukrainischen Opfer die weiße Flagge hissen, sollte der Papst laut und unüberhörbar die brutalen russischen Täter auffordern, ihre Piraten-Fahne – das Symbol für den Tod und den Satan – einzuholen*“,[190] äußerte Strack-Zimmermann.

Marie-Agnes – der Namensbedeutung nach auch als „*Geschenk Gottes*“ zu verstehen. Bleibt die Frage, welcher Gott gemeint ist und wer beschenkt werden soll? Marie geht auf Miriam zurück, was wieder „*Geliebte Amuns*“ bedeuten könnte. Der Bibel nach wird der jüdische Gott Jahwe den ägyptischen Gott Amun vernichten.

Als weiterer, kleiner Einschub sei mir der Hinweis gestattet, wie das Judentum Gott und Satan definiert:

„Den Widersacher Gottes bezeichnet das Judentum als Jezer Hara, der mit ‚Satan' gleichzusetzen ist. Das Judentum versteht Satan nicht als eigenständiges Wesen. Satan stehe nicht in Konkurrenz zu Gott, denn das zweite Gebot schließe eine zweite Gottheit aus. ‚Ein Gott, der nicht alleine steht, wäre ja eben gerade nicht allmächtig und deshalb auch nicht würdig, überhaupt als Gottheit bezeichnet zu werden.'[191] *Die Figur des boshaften Gegenspielers, die das Christentum als personifiziertes Böse, als Satan bezeichnet, verneint das Judentum ausdrücklich. Selbst die Finsternis, die absolute Dunkelheit käme von Gott selbst und ist damit ein Teil des Menschen.*"[192]

Der Name „*Agnes*" könnte auch als Lamm übersetzt werden. Wird Zeit, dass die Lämmer aufwachen, Agnes Strack! Oder wollen sich die Lämmer wieder opfern lassen?

Abgesehen von der Namensbedeutung sehen wir anhand des Eskalationsmodells – Strack-Zimmermann bringt ja, konsequent dem Modell folgend, selbst „*Satan*" ins Spiel –, dass auch sie nicht mehr geeignet ist, in der Debatte ernstgenommen zu werden.

„Der CDU-Außenpolitiker Kiesewetter schrieb auf X, der Papst stelle sich auf die Seite des Aggressors."[193] Wer nun die Aussage von Strack-Zimmermann, die russischen Täter hielten die Fahne des Satans hoch, und die Kiesewetters, dass sich der Papst auf die Seite des Aggressors stellte, konkludiert, muss zu dem Schluss kommen, der Papst sei auch auf der Seite von Satan. Wie „*guuuuuut*" sich Bundesrepublikaner wieder wähnen.

Die **erste Stufe** der dritten Phase ist laut Glasl als Stufe der begrenzten Vernichtung gekennzeichnet. Eigene Verluste werden hier in Kauf genommen, solange man die Verluste des Gegners höher wähnt. Die **zweite Stufe** dieser Phase ist die der Zersplitterung: Unterstützer des Gegners sollen vernichtet werden.

Die **dritte Stufe** der Phase, die neunte des Modells, ist als *„Gemeinsam in den Abgrund"* zu bezeichnen. Der Gegner muss besiegt werden, selbst wenn *„ich"* oder *„wir"* mit zugrunde gehen.

Die beiden Modelle verdeutlichen, wie sich die bundesrepublikanische Debatte auf die eigene Zerstörung zubewegt. Sicher, Russlands Armee ist geschwächt, sämtliche Ziele, die Friedman beschrieben hatte, sind erreicht. Doch selbst wenn Russland am Boden läge und die radioaktiven Folgen eines Atombombenabwurfs übertrieben dargestellt würden,[194] [195] wäre es dennoch richtig, eine solche Politik gegenüber Russland zu betreiben – eine Strategie, die Russland seit Jahren einkreist? Selbstverständlich nehme ich zur Kenntnis, dass es Berater in der Nähe Putins gibt, die von einem großrussischen Reich, von Dublin bis Wladiwostok, träumen.[196] Und ich nehme sehr wohl wahr, wie weit sich die russische Kommunikation inzwischen entwickelt hat, nachdem die russische Seite über Jahre hinweg Lösungsvorschläge vorgelegt hat, die brüsk zurückgewiesen oder überhaupt nicht debattiert worden sind. Auf die russische Kommunikation einzuwirken, erscheint mir jedoch von dieser Seite aus noch schwieriger als auf die bundesrepublikanische. Ich wünsche mir von allen Seiten der Nationen einen größeren Friedensdrang, wenn ich mein illusionäres Kind-Ich einen Moment zum Ausdruck bringen darf.

Wo sind Deutschlands Bauern? Wo sind die Millionen, die sich laut wahrnehmbar an der Debatte beteiligen? Wo ist die Bildung der Massen, die anhand der einfachen Modelle, die hier im Buch vorgestellt worden sind, nicht nur Frieden in ihre eigenen Beziehungen bringen könnten, sondern auch erkennen könnten, wie dramatisch fehl am Platze einige Politiker der BRD sind? Wie leicht die Menschen, so sie es denn nur wollten, erkennen könnten, wie Spaltung und Traumatisierung eingesetzt werden. Seit Jahrtausenden![Q]

Frieden durch Wissen

Wären die Grundlagen der Kommunikation, die in diesem Buch beleuchtet werden, in weiteren Teilen der Bevölkerung als Wissen vorhanden, gäbe es weniger Streit und mehr Frieden. Würde der ständig auf Appellebene Hörende auch die drei anderen Seiten der Kommunikation in seinen Gesprächen berücksichtigen, wäre dessen Leben deutlich entspannter. Wäre das erwachsene Kind, das andere Menschen in ihr kritisches oder fürsorgliches Eltern-Ich befördert, bereit, sich selbst in Bezug auf seine Zustände zu reflektieren, müsste es sich nicht so häufig bevormundet behandelt fühlen. Würde der ständig Polternde sein Wirken hinterfragen und beleuchten, dass andere Erwachsene nicht so behandelt werden sollten, könnte auch dieser mehr entspannen. Selbst das freie Kind-Ich könnte mehr zum Zuge kommen, wären wir in Kontakt mit diesem Teil unseres Seins. Wären wir bereit, andere Realitäten als gleichwertig neben unserer Realität (be-)stehen zu lassen, ohne anderen unsere Realität überstülpen zu wollen, gäbe es zumindest mal keine Religionskriege mehr. Vielleicht könnten ganze Völker erkennen, dass die Wahrheiten anderer Völker, und damit deren Realität, auch absolut wahre Aspekte beinhalteten.

Wären sich die Menschen der Macht des Framings bewusst, würden sie sich nicht mehr so leicht zu Aktionen hinreißen lassen, die sie langfristig selbst zerstören. Wären sich ganze Gesellschaften der Verantwortung des Anwendens dieses hier vermittelten Wissens bewusst, wäre die Chance zum Frieden größer. Selbst Almas könnten die Aufgaben übernehmen, die sie gut auszuführen in der Lage wären. ***Baerbock wäre definitiv keine Außenministerin.*** Ich würde sie mir nicht einmal in der Kinderbetreuung vorstellen wollen – es gäbe sicher andere Aufgaben für sie.

Vielleicht sind diese, meine Ideen, Vorstellungen meines illusionären Kind-Ichs, das mag sein. Vielleicht habe ich Sie dann mit meinem Buch in eine andere Welt entführt, vielleicht sogar in eine illusionäre Märchenwelt.

Andererseits sind diese hier geschilderten Grundlagen der Kommunikation nun wirklich keine höhere Mathematik. Rechnen, Lesen und Schreiben konnte man mir auch beibringen. Weshalb bringt man jungen Menschen die hier vermittelten Kenntnisse nicht schon in der Schule bei? Natürlich! Sie wären nicht mehr so leicht manipulier- und als Soldaten verheizbar. Behalten wir das Vermitteln dieser Kenntnisse deshalb lieber solchen Büchern vor? Die allenfalls ein paar tausend Menschen erreichen?

Und damit sind Sie im Spiel! Sie können Ihr Feld – Ihre Matrix – mit diesen Kenntnissen bereichern und eigene Matrizen erschaffen. Sie können dieses Wissen vermitteln! Selbstverständlich werden Sie dabei feststellen, dass Menschen allzu oft ***nicht*** an Erkenntnis interessiert sind. Es wird Menschen geben, die dauerhaft in ihrem Kind-Sein verbleiben oder ihre Spiele spielen wollen. Dr. Eric Berne erklärte gar in den Schlussworten eines seiner Bücher, dass es für die gesamte Menschheit keine Hoffnung gäbe.[197] Hubbard war der Meinung, dass *„der aberrierte [krankhafte, mit falschem Bewusstsein versehene] Mensch […] in seinem gegenwärtigen Zustand nicht imstande [ist], ein ausgerufenes goldenes Zeitalter auch nur für drei Minuten aufrechtzuerhalten, selbst wenn er über alle Werkzeuge und allen Wohlstand der Welt verfügte.*“[198]

Dennoch haben wir keine andere Wahl, wenn wir mehr Frieden in unserer Kommunikation erreichen wollen. Vielleicht wird eines Tages auch die gesamte, große Matrix zum Positiven verändert, wenn wir gemeinsam Verantwortung für das Schaffen der uns direkt umgebenden Matrix übernehmen. Vielleicht könnten wir das Geistesvirus, das viele auch als *Wetiko* bezeichnen, endlich besiegen! Vielleicht werden dann auch, auf lange Sicht gesehen, weniger völlig unfähige Gestalten in politische Entscheidungspositionen bugsiert, die den Völkern der Welt mehr nutzten, als dass sie ihnen Schaden zufügten.

Streit

Streit und Auseinandersetzungen sind Realität und werden es noch lange bleiben. Hier an dieser Stelle, an der wir uns beide langsam voneinander verabschieden, möchte ich Ihnen noch den einen oder anderen Hinweis mitgeben, der Ihnen in Ihrer alltäglichen Kommunikation helfen könnte.

Nicht entführen lassen

Lassen Sie sich nicht entführen! In einem Streit oder einer, scheinbar sachlichen, Auseinandersetzung, in der Sie die besseren Argumente auf Ihrer Seite haben, wird Sie Ihr Gegenüber in andere Bereiche entführen wollen, in denen er glaubt, Sie schlagen zu können! Lassen Sie das nicht zu.

Von Zeugen Jehovas lernen am Beispiel der Katholiken

Nehmen wir an, Sie diskutierten mit einem Zeugen Jehovas. Sie berichteten ihm von der australischen, königlichen Kommission,[199] die die massiven Kindesmisshandlungen der Zeugen Jehovas zum Gegenstand von Anhörungen und Untersuchungen machte. Mit diesem Vorstoß würden Sie das Realitätsgerüst eines durchschnittlichen Zeugen Jehovas ins Wanken bringen, da er diese Informationen womöglich zum ersten Mal hörte. Schließlich werden Zeugen Jehovas dazu ermutigt, Berichte oder Kommentare von Kritikern nicht in ihre Realität vordringen zu lassen. Einschränkung der Kommunikationsvielfalt ist ein Kernelement von Kulten, denn ansonsten hätte es das Geistesvirus nach Birkenbihl schwerer, sich auszubreiten. Was glauben Sie, weshalb die Präsidentin der Europäischen Kommission, Ursula von der Leyen, den russischen Auslandsfernsehsender *Russia Today* verbannt sehen möchte und den

„Sprachrohren des Kreml nicht länger gestatten" will, *„ihre toxischen Lügen zu verbreiten, um Putins Krieg zu rechtfertigen und zu versuchen, unsere Union zu spalten."*?[200]

Die Wahrscheinlichkeit wäre also hoch, dass Ihr Gegenüber, also der Zeuge Jehovas, nicht über diese Information verfügte. Sie würden erst einmal eine überraschte Reaktion beobachten können. Sobald Sie den Sachverhalt erläutert hätten, wäre die Wahrscheinlichkeit groß, dass er mit den Missbrauchsskandalen der Katholischen Kirche antwortete, denn die sei ja schließlich viel schlimmer. Er versuchte, Sie auf ein Feld zu ziehen, auf dem Sie nicht gewinnen könnten! Das Thema war jedoch nicht die Katholische Kirche! Er selbst ist es ja, der seine Gemeinschaft als die einzig wahre verkaufen will. Lassen Sie sich nicht entführen!

Die Wahrheit von Fanatikern

Nehmen wir an, Sie diskutierten ferner den Begriff der *„Wahrheit"*. Grundsätzlich können wir verschiedene Interpretationen des Wahrheitsbegriffs diskutieren. Lassen Sie uns zwei verschiedene Definitionen untersuchen. Einmal den Begriff der *„absoluten Wahrheit"* und andererseits die Formulierung *„Wahrheit kommt von Wahrnehmen"*. Als absolute Form der Wahrheit ließe sich festhalten, dass der Apfel herunterfällt, wenn wir ihn aus einer Höhe von 2m loslassen.

Philosophisch könnte man sicher argumentieren, dass selbst hier ein Absolutheitsanspruch nicht erwiesen sei. Lassen Sie uns andere Dimensionen oder Universen ausblenden und nehmen wir einfach an, der Apfel fiele herunter. Der allergrößte Teil der Menschen würden nun behaupten, er sei tatsächlich heruntergefallen. Lassen Sie uns für das weitere Verständnis festhalten, dies sei nun die absolute Wahrheit.

Untersuchen wir nun den Fall *„Wahrheit kommt von Wahrnehmung"*. Nehme ich jemanden als unfreundlich wahr, muss das noch lange nicht absolut gelten. Vielleicht würde mir gar ein großer Teil der Menschen widersprechen. Auch das wäre jedoch eine denkbare Definition von Wahrheit, denn schließlich wäre es ja meine Wahrheit, weil ich *„jemanden"* als unfreundlich wahrgenommen hätte. Im Grunde befinden wir uns ganz in der Nähe der *„ARK-Definitionen"* (nach L. Ron Hubbard).

Ein religiöser Mensch wähnt sich jedoch meist, im Zustand der absoluten Wahrheit zu sein. Dessen Sein sei absolute Wahrheit! Das Feststellen von Ähnlichkeiten mit den Wahnideen zeitaktueller Politiker ist ausdrücklich erwünscht. Zeugen Jehovas drücken es meist sogar so aus: *„Ich bin 1946 [oder 1970 oder 2020] in die Wahrheit gekommen!"*

So ist es relativ leicht, den Wahrheitsbegriff zu entzaubern. Damit rechnet ein durchschnittlicher Zeuge Jehovas nicht, da sich die allerwenigsten Menschen überhaupt einmal auf die Definition des Begriffs eingelassen haben. Er muss also, streng dem Begriffe folgend, sich der absoluten Wahrheit mächtig wähnen, denn was machte eine Wahrnehmung mehr oder weniger auf der Welt schon für einen Unterschied? Die einfache Wahrnehmung wäre es ja gar, die sich eben nicht absolut verkaufen müsste. Wer sich jedoch im Besitz der absoluten Wahrheit dünkt, wird sich ungern Änderungen des eigenen Lehrkonzepts stellen wollen. Lehren müssten nicht verändert worden sein, wenn der Absolutheitsanspruch der Wahrheit schon vor der Änderung der Lehre gegolten haben soll. Wiese man einen Zeugen Jehovas also auf die zahlreichen Lehränderungen seiner Lehre hin, würde dieser meist mit *„heller werdendem Licht"* antworten. Bei Covid wurde diese Floskel in ähnlicher Weise gebraucht. Die Wissenschaft lerne ja immer weiter. Die offiziell verkündete Wissenschaft verweigerte sich jedoch in diesen Zeiten echter Erkenntnisgewinne.

Verschwörungstheoretiker als große Befreiungs-Geister

„Man lasse sich nicht irreführen: große Geister sind Skeptiker. Zarathustra ist ein Skeptiker. Die Stärke, die Freiheit aus der Kraft und Überkraft des Geistes beweist sich durch Skepsis. Menschen der Überzeugung kommen für alles Grundsätzliche von Wert und Unwert gar nicht in Betracht. Überzeugungen sind Gefängnisse.“[201]

Erklären Sie diese Worte Nitzsches mal einem durchschnittlichen Bundesrepublikaner, der noch mit dem Frame *„Verschwörungstheoretiker“* arbeitet. Wenn also das gesamte Lehrgebäude eines Zeugen Jehovas oder eines anderen Absolut-Wissers vor einer Änderung der Lehren als absolut wahr verkauft worden ist, kann die Gesamtlehre nach einer Änderung nicht mehr wahr sein. Oder umgekehrt. Sie kann davor nicht als absolut wahr aufgefasst werden. Wenn Sie mit diesen Aspekten den Wahrheitsbegriff eines Zeugen Jehovas angreifen, wird er entweder das Gespräch abbrechen oder das Konzept *„Leerreden“* anwenden. Lassen Sie uns doch zuvor weiter den Begriff der Wahrheit und Nietzsches Sicht darauf erörtern:

„Erwägt man, wie notwendig den allermeisten ein Regulativ ist, das sie von außen her bindet und fest macht, wie der Zwang, in einem höheren Sinn die Sklaverei, die einzige und letzte Bedingung ist, unter der der willensschwächere Mensch, […] gedeiht: so versteht man auch die Überzeugung, den »Glauben«. Der Mensch der Überzeugung hat in ihr sein Rückgrat. Viele Dinge nicht sehn, in keinem Punkte unbefangen sein, Partei sein durch und durch, eine strenge und notwendige Optik in allen Werten haben – das allein bedingt es, dass eine solche Art Mensch überhaupt besteht. Aber damit ist sie der Gegensatz, der Antagonist des Wahrhaftigen – der Wahrheit […]. Dem Gläubigen steht es nicht frei, für die Frage »wahr« und »unwahr« überhaupt ein

Gewissen zu haben: rechtschaffen sein an dieser Stelle wäre sofort sein Untergang. Die pathologische Bedingtheit seiner Optik macht aus dem Überzeugten den Fanatiker […]. Aber die große Attitüde dieser kranken Geister, dieser Epileptiker des Begriffs, wirkt auf die große Masse – die Fanatiker sind pittoresk, die Menschheit sieht Gebärden lieber, als dass sie Gründe hört.“[201]

Finden Sie Ähnlichkeiten zu dem Parteienapparat der Bundesrepublik?

Falls sich der Zeuge Jehovas also noch mit Ihnen unterhielte, würde er nun auf andere Gebiete seines Religionssystems wechseln wollen. Eine mögliche Technik wäre dabei die des Leerredens. Doch „*Lassen Sie sich nicht entführen*“, ist erst einmal die grundlegende Empfehlung, die auch im Alltag häufiger Betrachtung finden könnte.

Typisches Streitverhalten innerhalb von Beziehungen

Sie können sich sicher vorstellen, dass mir häufig von Kommunikationsproblemen berichtet wird. Da ich mir jedoch keine objektive Sicht der Dinge erlauben kann, wenn ich nur eine Seite anhöre, verweise ich meine Gesprächspartner sehr häufig darauf, was sie in ihrer Kommunikation hätten besser machen können. Das wissen viele und entscheiden dann, mir deshalb lieber nichts oder gerade deswegen etwas zu erzählen, damit sie eine wirkliche Reflektion erhalten.

Das Entführen auf andere Themenfelder ist alltäglicher Bestandteil vieler Kommunikationsstrategen. Es ist ein so fester Bestandteil so vieler konflikthaltiger Gespräche, die am Ende jedoch meist zu nichts führen. Nehmen wir an, B beschwere sich bei A über ein Verhalten, das ihn verletzt habe. Äußerte A nun: „*Ja, aber du hast am 18.4.1972 dieses und jenes getan!*“…

STOPP!

Das bringt nichts. Lassen Sie sich nicht entführen! Ist 1972 tatsächlich noch nicht aus der Welt geschafft und belastet es noch immer, sollte es nicht jetzt geklärt werden! Denn ansonsten landen Sie in 1954 oder beim Ur-Opa, dessen Verhalten 1882… Sie wissen genau, was ich meine! Erst einmal wäre das angesprochene Verhalten zu diskutieren und die Situation zu klären. Möchte A selbst auch nicht so behandelt werden, wie er B in der Situation behandelte, wäre es jetzt auch noch nicht angemessen, zu schildern, was seinerseits zu diesem Verhalten geführt hatte. Erst sollte diese Situation bereinigt werden. Wenn A reflektieren und sich entschuldigen würde, wäre die Situation frei, um zu erläutern, wie es dazu kommen konnte.

Doch kommunizieren Sie beide im Erwachsenen-Ich! Lassen Sie den Kindergarten draußen!

Vielleicht wäre B tatsächlich der Auslöser für A's Verhalten. Das könnte ihm jedoch nur bewusst gemacht werden, indem nun A äußerte, was ihn bewogen habe, den Fehler zu machen, denn ansonsten hätte er sich nicht entschuldigen brauchen. Das gäbe B die Möglichkeit der Reflektion und auch der Entschuldigung. So lassen sich mehrere Themen anhand einer Kette klären – was meist bewirkt, dass sich die Menschen auf Augenhöhe begegnen. Hey, *„wir sind alle Fehler und machen Menschen"*, hatte ich gerade versehentlich auf der Tastatur. Also, wir sind alle Menschen und machen Fehler! Wie leicht Augenhöhe wäre! Entführungen auf andere Themenfelder, ohne die zugrundeliegende Situation geklärt zu haben, führen jedoch zu emotionalen Verstrickungen, einem wilden Durcheinander und mehr Streit!

Wenn in einzelnen Punkten jedoch noch keine Übereinkunft erzielt werden kann, wechseln Sie auf Felder, in denen Sie sie erzielen könnten und verschieben Sie **gemeinsam** die Klärung des noch offenen Punktes, wenn es Ihnen die Beziehung wert ist!

Übrigens ist auch das eine Empfehlung, die wirklich weiterhelfen kann: Sollten Sie sich überfordert fühlen, sollten Sie spüren, dass Ihr trotziges oder dämonisches Kind-Ich protestiert – hey, wir sind alle so! Dann unterbrechen Sie die Kommunikation und teilen Ihrem Gesprächspartner mit, weshalb das so ist. Dass der Grund alleine bei Ihnen liegt, Sie erst einmal Ihre Emotionen klären wollen und bieten Sie einen Termin für die Weiterführung des Gesprächs an. Sie sind voll im ARK, haben die Beziehung nicht abgebrochen, und auch Ihr Gegenüber sollte verstehen, wie es gemeint ist. Vergessen Sie den Termin bitte nicht und klären Sie, was zu klären ist, wenn es Ihnen die Beziehung wert ist.

Auch wenn Ihr Chef um die Ecke gebogen kommt und sich fürchterlich über eine Situation aufregt – fallen Sie nicht sofort in den Zustand des Kindes. Wenn Sie es ihm gegenüber schaffen, dessen Emotionen wie Wut usw. zu spiegeln, das heißt, offen zu äußern, dass Sie für dessen Wut Verständnis haben, weil beispielsweise ein Schaden entstanden ist oder etwas schief gelaufen ist, würdigen Sie das. Wenn Sie selbst die Ursache sind, können Sie es genauso handhaben, sich für den Umstand entschuldigen und daran mitarbeiten, sei es durch die Verbesserung von Geschäftsprozessen, oder wie auch immer, dass dies in Zukunft nicht mehr vorkommt. Wie oft führt allein das Gefühl, dass sich *„der Chef“* verstanden fühlt, dazu, dass auf einmal ganz viel Luft und Wut entweichen. Sollten Sie es jedoch mit einem Choleriker zu tun haben, der Streit sucht oder Freude daran hat, ständig auf anderen herumzuhacken, legen Sie ihm, ohne Ihren Namen zu nennen, dieses Buch auf dessen Schreibtisch! Oder suchen Sie schnellstens das Weite!

Die Magie des Leerredners umkehren

Es ist eine oft praktizierte Technik von Menschen, die eine Situation eben nicht klären oder einem Argument ausweichen wollen, das Gegenüber *„totzuquatschen“* oder *„leerzureden“*. Das Gegenüber fühlt sich danach tatsächlich leer oder kraftlos. Oft wird das Opfer des Leerredners auch noch in dessen Deutungsrahmen hineingezogen und übernimmt dessen Deutungen des Weltgeschehens – oder gaukelt dieses Verständnis vor, um endlich aus der Situation entlassen zu werden. Leer und ohne Energie fühlt sich der, dessen Problem nicht geklärt und gelöst wurde – der Leerredner fühlt sich hingegen bestens. Er sieht sich als Gewinner und strotzt vor Energie, die er Ihnen entzogen hat. Doch wie einfach ließe sich dieses Spielchen umdrehen?

Die Müdigkeit entsteht durch die Anspannung, die der Konflikt mit sich bringt, und durch das intensive Zuhören der Argumente, die der Leerredner vorträgt. Je intensiver sich der Zuhörer den Argumenten des Leerredners stellt, gar anfängt darüber nachzudenken oder eigene Argumente über dessen zahlreiche Themen entwickelt, desto anstrengender wird es. 20% des Energieumsatzes eines Menschen gehen auf das Konto des Hirns – und in solchen Situationen ist es in einem hohen Maße beschäftigt. Folgende Empfehlung gilt also nur dann, wenn Sie es mit einem echten Leerredner zu tun haben. Echte Leerredner wollen sich ja eben nicht mit Ihnen oder Ihren Argumenten auseinandersetzen, sondern Sie mit anderen Argumenten *„überzeugen“*, die mit der Situation, die Ihnen wichtig ist, jedoch nichts zu tun haben.

Die Frage wäre grundsätzlicher Natur: *„Wieso tun Sie sich das an?“*

Wenn Sie allerdings, aus welchen Gründen auch immer, nicht anders können, als einem Leerredner ausgeliefert zu sein, dann stellen Sie auf Durchzug. Folgen Sie den Argumenten nicht intensiv, lassen Sie sich gedanklich nicht auf dessen Spiele ein, entwickeln Sie keine eigenen Argumente, denken Sie an andere Dinge, die Sie interessieren, hören Sie höchstens mit einem „*halben*“ Ohr zu! Irgendwann wird der Leerredner seinen Schwall beenden! Dessen Spiel hat schon oft funktioniert und deshalb wird er erwarten, dass Sie nun klein beigeben oder sich auf dessen Felder entführen lassen und über das debattieren, was dem Leerredner wichtig ist. Ganz im Sinne des Geistes, dass er sich nicht mit Ihren Argumenten, das eigentliche Themengebiet betreffend, auseinandersetzen muss. Er wird Sie erwartungsfreudig anschauen!

Sobald Sie dem Leerredner gegenüber dessen Argumente würdigen und diesem bestätigen, sich gerne zu einem späteren Zeitpunkt darüber unterhalten zu wollen, aber erst einmal lieber die Situation klären wollen, die Ihnen wichtig war, werden Sie meist beobachten können, wie die Energie aus dem Leerredner plötzlich hinausgleitet. Körpersprachlich wird er etwas in sich zusammensacken. Manche fangen mit ihrem Schwall von vorn an, wiederholen alle „*Argumente*“ noch einmal, gehen noch einmal von B zu Z, eröffnen AA und AB, um Sie erneut fragend anzusehen.

Sobald Sie den Leerredner erneut zurück zur Situation A bringen, werden solche Leerredner meist in sich zusammenfallen. Zwar greifen sie daraufhin oft persönlich an, z.B. könne „*man*“ mit Ihnen ja gar nicht diskutieren, oder er wird andere verdrehende Kommunikation erfinden, die er Ihnen in die Schuhe schieben will. Sie haben Ihre Energie jedoch halten können und das, was der Leerredner mit Ihnen bezwecken wollte, ist nun bei ihm selbst eingetreten. Nun erreichen Sie eine neue Form der Beziehung, die auch dem Leerredner fremd ist. Entweder wird er sich der Situation, die Ihnen wichtig war, doch stellen wollen oder eben nicht. Seine Strategie des Leerredens wird er Ihnen gegenüber jedoch nicht mehr so schnell anwenden. Wenn er sich nicht auf Sie einlassen will, dann prüfen

Sie, welche Priorität Sie diesem Menschen in Ihrem Leben gestatten wollen. Es gibt genug, die nicht wollen – solche finden sich überall! Auch in einem Ende liegt ein Anfang – der Friede fängt jedoch bei uns selbst an!

Literatur- und Quellenverzeichnis

[1] „Der Corona-Leugner in meiner Familie“, ZEIT ONLINE GmbH, 30.1.2022 [Online] www.zeit.de/news/2022-01/30/der-corona-leugner-in-meiner-familie [Zugriff am 10.9.2023]

[2] „Die schwer erkrankte Gesellschaft – Interview mit Dr. Hans-Joachim Maaz“, IFVE GmbH Köln (Politik Spezial – Stimme der Vernunft), 8.9.2023 [Online] www.youtube.com/watch?v=RmeYGL00LoE [Zugriff am 9.9.2023]

[3] „vgl. die Seite ‚Abwehrmechanismus'“, Wikipedia [Online] https://de.wikipedia.org/wiki/Abwehrmechanismus

[4] „Wikipedia – Vier-Seiten-Modell“, Wikimedia Foundation Inc. [Online] https://de.wikipedia.org/wiki/Vier-Seiten-Modell [Zugriff am 4.1.2024]

[5] „Zitate berühmter Personen“, 13.11.2022 [Online] https://beruhmte-zitate.de/zitate/1975382-carl-r-rogers-empathisch-zu-sein-bedeutet-die-welt-durch-die-a/ [Zugriff am 19.9.2023]

[6] C. Rogers, Therapeut und Klient, Frankfurt am Main: Fischer, 1983 (22. Auflage 2013), S. 17

[7] ebd., S. 22

[8] [Online] https://de.wikipedia.org/wiki/Bildungsurlaub

[9] K. Popper, Die offene Gesellschaft und ihre Feinde II. Falsche Propheten Hegel, Marx und die Folgen, Tübingen: Hrsg.: Hubert Kiesewetter, ISBN 3-16-148069-4, 2003, S. 281

[10] F. Nietzsche, Werke in drei Bänden (Morgenröte), Bd. 1, München, 1954, S. 1027-1028

[11] A. Lowen, Bioenergetik – Therapie der Seele durch Arbeit mit dem Körper, Reinbek bei Hamburg (Febr 1979): Rowhwolt-Verlag, 4. Auflage Dezember 2015

[12] „Herausforderungen: Verbundenheit und Autonomie mit Verweis auf Focus Studie / Focus Magazin Nr. 46/1997“, Karl Kreichgauer Walldorf, [Online] www.liebewohl.de/inhalt/herausforderungen_autonomie.htm [Zugriff am 6.1.2024]

[13] ebd., „Herausforderungen: Verbundenheit und Autonomie mit Verweis auf eine Studie von ElitePartner-Trendmonitor“, [Online]

[14] E. Berne, Was sagen Sie, nachdem Sie Guten Tag gesagt haben?, Bd. Februar 1993, Frankfurt am Main: Fischer Taschenbuch Verlag, 1983, S. 26

[15] ebd., S. 27

[16] ebd., S. 147

[17] ebd., S. 130

[18] ebd., S. 126

[19] ebd., S. 181

[20] ebd., S. 171

[21] ebd., S. 155

[22] ebd., S. 215

[23] ebd. S. 126

[24] „Lexikon der Neurowissenschaft: Massenpsychose", Spektrum der Wissenschaft Verlagsgesellschaft mbH [Online] www.spektrum.de/lexikon/neurowissenschaft/massenpsychose/7445 [Zugriff am 29.1.2024]

[25] „Die 3 größten Finanzfehler von Besserverdienern (youtube)", Investors, Anna & Eddy • Lazy, 24.1.2024 [Online] www.youtube.com/watch?v=0L2gQ97XmO8 [Zugriff am 29.1.2024]

[26] „Räumliches Sehen mit nur einem Auge: Ist das möglich?", aumedo GmbH, [Online] www.aumedo.de/ist-raumliches-sehen-mit-nur-einem-auge-moglich/ [Zugriff am 29.1.2024]

[27] A. Mohl, „Der große Zauberlehrling Teil 1 Das NLP-Arbeitsbuch für Lernende und Anwender", Paderborn: Junfermann Verlag, 2013, S. 177

[28] „Stanford-Prison-Experiment", Wikipedia Foundation [Online] https://de.wikipedia.org/wiki/Stanford-Prison-Experiment#Eskalation_und_Abbruch_des_Experiments [Zugriff am 4.2.2024]

[29] „Das Böse und das Heldenhafte", BpB Bundeszentrale für politische Bildung, 29.1.2011 [Online] www.bpb.de/veranstaltungen/reihen/konferenz-holocaustforschung/191272/das-boese-und-das-heldenhafte/ [Zugriff am 4.2.2024]

[30] V. Birkenbihl, „Vera F Birkenbihl Viren des Geistes" [Online] www.youtube.com/watch?v=iuig9SCHvqw [Zugriff am 21.3.2024]

[31] „Ruhrkultour", Verantwortlich für dieses Blog: Edith Winkelmann, Dipl. Soz. Wiss., [Online] https://ruhrkultour.de/lothar-wieler-faq/corona-regeln/

[32] Zimbardo, „Are you going out in public today and wearing a mask?? The answer should be YES!", 15.7.2020 [Online] www.facebook.com/100057155031625/videos/are-you-going-out-in-public-today-and-wearing-a-mask-the-answer-should-be-yes/214686169744723/ [Zugriff am 18.3.2024]

[33] (WJLED), „Jack Black fordert: ‚Sei ein Held, trag eine Maske'", ORF, 17 07 2020 [Online] https://oe3.orf.at/stories/3005061/ [Zugriff am 3.2.2024]

[34] „Kein Held ohne Maske", Link des Impressums nicht abrufbar [Online] https://keinheldohnemaske.com/ [Zugriff am 3.2.2024]

[35] „Helden tragen Masken Umfangreiches Angebot in den 96-Fanshops", Hannover 96 GmbH & Co. KGaA, 7.12.2020 [Online] www.hannover96.de/newscenter/news/details/28236-helden-tragen-masken-umfangreiches-angebot-in-den-96-fanshops.html [Zugriff am 3.2.2024]

[36] 27.4.2020 [Online] www.facebook.com/BMAS.Bund/photos/a.406396122742609/2868245413224322/?type=3 [Zugriff am 3.2.2024]

[37] „Held sein! Maske tragen!", Helios Klinik Leisnig , 29.4.2020 [Online] www.helios-gesundheit.de/standorte-angebote/kliniken/leisnig/news/2020/held-sein!-maske-tragen!/ [Zugriff am 3.2.2024]

[38] 11.8.2020 [Online] www.facebook.com/Rheinbahn/videos/echte-helden-tragen-maske/215982153175310/ [Zugriff am 11.8.2020]

[39] „'Lass Dich impfen! – Plakat-Kampagne der Stadt Wesel'", Stadt Wesel, 26.1.2022 [Online] www.wesel.de/rathaus-online/aktuelles/lass-dich-impfen-plakat-kampagne-der-stadt-wesel [Zugriff am 4.2.2024]

[40] „Lass dich impfen!", Presse- und Informationsamt der Bundesregierung [Online] www.bundesregierung.de/breg-de/service/datenschutzhinweis/lass-dich-impfen-1951902 [Zugriff am 4.2.2024]

[41] „'Ich glaube, dass wir bestimmte Beschränkungen akzeptieren müssen, wollen wir den #Klimawandel beherrschen.'", Facebook, 19.2.2021 [Online] www.facebook.com/Phoenix/videos/ich-glaube-dass-wir-bestimmte-beschr%C3%A4nkungen-akzeptieren-m%C3%BCssen-wollen-wir-den-k/442735013593148/?locale=de_DE [Zugriff am 6.2.2024]

[42] Phoenix, „phoenix persönlich: Prof. Karl Lauterbach zu Gast bei Alfred Schier" [Online] www.youtube.com/watch?v=Z1_uyCBQJis [Zugriff am 6.2.2024]

[43] „Die besten Corona-Zitate", Mark Max Henckel 22765 Hamburg [Online] https://pandemie20.de/die-besten-corona-zitate/ [Zugriff am 6.2.2024]

[44] V. Büssow, „Corona-Maßnahmen: Boris Palmer plädiert für „Beugehaft“ und Rentenkürzung für Ungeimpfte“, Frankfurter Rundschau GmbH, 24.12.2021 [Online] www.fr.de/politik/gruene-kritik-corona-boris-palmer-beugehaft-schlagstoecke-massnahmen-querdenker-rentenzahleung-91199562.html [Zugriff am 6.2.2024]

[45] „Gauck nennt Impfgegner ‚Bekloppte'“, Frankfurter Allgemeine Zeitung GmbH, 11.9.2021 [Online] www.faz.net/aktuell/politik/inland/joachim-gauck-greift-impfgegner-als-bekloppte-an-17532805.html [Zugriff am 6.2.2024]

[46] „Fake as fake can – ARD-Sender verbreitet erst Fake, löscht das peinliche Video und dreht es dann um“, Tichys Einblick GmbH, 14.3.2020 [Online] www.tichyseinblick.de/daili-es-sentials/ard-sender-verbreitet-erst-fake-loescht-das-peinliche-video-und-dreht-es-dann-um/ [Zugriff am 6.2.2024]

[47] „quer informiert Diskussion um Corona-Kommentar Stellungnahme zu einem quer-Kommentar in den sozialen Netzwerken“, Bayerischer Rundfunk, 16.6.2020 [Online] www.br.de/br-fernsehen/sendungen/quer/200314-quer-info-100.html [Zugriff am 6.2.2024]

[48] „Virus-Wahn: Corona, Spanische Grippe und Masernimpfzwang – Interview mit Dr. med. Claus Köhnlein“, Gesellschaft für Gesundheitsberatung GGB e.V. , 3.5.2020 [Online] www.youtube.com/watch?v=GxjPFQiI5rQ [Zugriff am 6.2.2025]

[49] „Die Abrechnung: Dr. Köhnlein: 1 Jahr Corona- Neues RT-Interview“, Das Interview wurde von russia today durchgeführt [Online] Die Abrechnung: Dr. Köhnlein: 1 Jahr Corona- Neues RT-Interview [Zugriff am 6.2.2024]

[50] www.facebook.com/mertes.alain/videos/kary-mullis-der-erfinder-der-pcr-tests-zur-der-ausagekraft-der-test-diesmal-im-i/196101101973717/

[51] M. Haynes, „COVID cases plummet after WHO changes testing protocol on Biden's Inauguration Day“, LIFESITE LifeSiteNews.com, 8.2.2021 [Online] www.lifesitenews.com/news/covid-cases-plummet-after-who-changes-testing-protocol-on-bidens-inauguration-day [Zugriff am 6.2.2024]

[52] „Interpreting a covid-19 test result“, BMJ Publishing Group Ltd, 12.5.2020 [Online] www.bmj.com/content/369/bmj.m1808/infographic [Zugriff am 6.2.2025]

[53] D. m. N. Ostendorf, „Vortestwahrscheinlichkeit“, DocCheck Community GmbH [Online] https://flexikon.doccheck.com/de/Vortestwahrscheinlichkeit [Zugriff am 6.2.2024]

[54] www.corodok.de/portugiesisches-berufungsgericht-pcr/ [Zugriff am 5.2.2024]

[55] A. Zimmermann, „Corona-Maßnahmen": Sie konnten wissen, was sie tun", Achgut Media GmbH, 9.11.2022 [Online] www.achgut.com/artikel/corona_massnahmen_sie_konnten_wissen_was_sie_tun [Zugriff am 6.2.2024]

[56] M. W. von Christiane Cichy, „Corona-Impfung – Ungeimpfte zu Unrecht beschuldigt?", Mitteldeutscher Rundfunk, 2.12.2022 [Online] www.mdr.de/nachrichten/deutschland/panorama/corona-impfung-wirkung-kritik-ungeimpfte-100.html [Zugriff am 6.2.2024]

[57] O. Klein, „War Schwedens Corona-Sonderweg doch richtig?", ZDF, 9.3.2023 [Online] www.zdf.de/nachrichten/panorama/corona-uebersterblichkeit-schweden-100.html [Zugriff am 5.2.2024]

[58] S. Barkey, „'Unrecht wiedergutmachen': Slowenien zahlt Corona-Strafen zurück Bußgelder gegen Corona-Verstöße wurden in Slowenien nachträglich als verfassungswidrig eingestuft. Das Parlament hat nun die Rückzahlung der Strafen beschlossen.", Berliner Zeitung, 22.9.2023 [Online] www.berliner-zeitung.de/news/unrecht-wiedergutmachen-slowenien-zahlt-corona-strafen-zurueck-li.434115 [Zugriff am 5.2.2024]

[59] „Bob der Baumeister: Können wir das schaffen?", Musikvideo [Zugriff am 24.3.2024]

[60] S. K. Jürgen Flauger, „Entschädigung für Atomausstieg: Konzerne erhalten 2,4 Milliarden Euro", Handelsblatt GmbH, 5.3.2021 [Online] www.handelsblatt.com/unternehmen/energie/energiewirtschaft-entschaedigung-fuer-atomausstieg-konzerne-erhalten-2-4-milliarden-euro/26977850.html [Zugriff am 9.2.2024]

[61] M. Adam, „Polen steigt in die Atomkraft ein", ARD, 11.4.2023 [Online] www.tagesschau.de/ausland/europa/polen-atomenergie-103.html [Zugriff am 9.2.2024]

[62] „Uno-Report: Strahlenschäden durch Fukushima statistisch nicht belegbar", Neue Zürcher Zeitung, 9.3.2021 [Online] www.nzz.ch/international/10-jahre-fukushima-laut-uno-blieb-die-strahlenkatastrophe-aus-ld.1605728 [Zugriff am 9.2.2024]

[63] „Der Mann starb an Lungenkrebs Fukushima: Japan bestätigt ersten Strahlentoten", Axel Springer SE, 5.9.2018 [Online] www.bild.de/news/ausland/news-ausland/fukushima-katastrophe-japan-bestaetigt-ersten-strahlentoten-57090634.bild.html [Zugriff am 28.2.2020]

[64] T. Raether, „Die Mutti aller Schlachten“, Süddeutsche Zeitung GmbH, 12.3.2017 [Online] https://sz-magazin.sueddeutsche.de/frauen/die-mutti-aller-schlachten-83392 [Zugriff am 9.2.2024]

[65] C. Kirchhof, „Habeck auf den Spuren der ‚Wirklichkeit'“, Tichys Einblick GmbH, 4.12.2023 [Online] www.tichyseinblick.de/feuilleton/medien/habeck-wirklichkeit-anne-will/ [Zugriff am 9.2.2024]

[66] F. Nietzsche, Der Antichrist Fluch auf das Christenthum, 1888 Kapitel 8

[67] ebd. Kapitel 15

[68] „'Löst die verdammten Probleme', bricht es aus Habeck heraus“, Stefanie Bolzen, Laurin Meyer für Welt Axel Springer Deutschland GmbH, 12.3.2024 [Online] www.welt.de/wirtschaft/article250481554/Habeck-Loest-die-verdammten-Probleme-bricht-es-aus-dem-Vizekanzler-heraus.html [Zugriff am 18.3.2024]

[69] R. Berlin-Brandenburg, „Diskussion in Potsdam Juli Zeh wirft Kanzler Scholz ‚Kita-Sprech' vor“, 31.1.2024 [Online] www.rbb24.de/politik/beitrag/2024/01/potsdam-nicolaisaal-juli-zeh-treffen-olaf-scholz.html [Zugriff am 9.2.2024]

[70] M. Thurnes, „Tierwohlabgabe, Klimageld und die Infantilisierung der Politik“, Tichys Einblick, 16.1.2024 [Online] www.tichyseinblick.de/meinungen/tierwohlabgabe-klimageld-infantilisierung-der-politik/ [Zugriff am 9.2.2024]

[71] „vgl. Kanzler lacht Bäcker aus: Der unfassbare Moment, in dem Scholz unsere Ängste verhöhnt“ [Online] www.nius.de/episodes/kanzler-lacht-baecker-aus-der-unfassbare-moment-in-dem-scholz-unsere-aengste-verhoehnt/06087196-661d-4e8f-a1a2-b8822b8e0f9a

[72] I. Hasewend, „Jacinda Ardern im Porträt: Eine Frau für alle Fälle“, Kleine Zeitung GmbH & Co KG Graz, 19.1.2023 [Online] www.kleinezeitung.at/lebensart/sonntag/5820878/Ruecktritt-in-Neuseeland_Jacinda-Ardern-im-Portraet_Eine-Frau [Zugriff am 10.2.2024]

[73] A. N. i. G. m. V. Balzer, „Neuseelands Premierministerin Ein starkes Zeichen der Solidarität“, Deutschlandradio, 19.3.2019 [Online] www.deutschlandfunkkultur.de/neuseelands-premierministerin-ein-starkes-zeichen-der-100.html [Zugriff am 10.2.2024]

[74] www.n-tv.de/der_tag/Papaya-positiv-auf-Corona-getestet-Tansania-kritisiert-WHO-article21766364.html

[75] S. Barbara Barkhausen, „«Bitte wartet nicht!» Aus diesem Grund beendet Jacinda Ardern jetzt ihre Zero-Covid-Strategie“, Luzerner Zeitung, 4.10.2021 [Online] www.luzernerzeitung.ch/international/neuseeland-bitte-wartet-nicht-aus-diesem-grund-beendet-jacinda-ardern-jetzt-ihre-zero-covid-strategie-ld.2197659 [Zugriff am 10.2.2024]

[76] czl/dpa, „Kehrtwende beim Rauchverbot sorgt in Neuseeland für Aufschrei“, Der Spiegel, 28.11.2023 [Online] www.spiegel.de/ausland/neuseeland-kehrtwende-beim-rauchverbot-sorgt-fuer-aufschrei-a-8ad42f09-77cf-466f-a84b-e5b7e109e161 [Zugriff am 10.2.2024]

[77] A. Hitler, Mein Kampf, München: Zentralverlag der NSDAP, 1943, S. 198.

[78] P. Brings, „Brings – auf den Punkt Homestory beim Virologen? Bitte nicht!“, t-online ist ein Angebot der Ströer Content Group, 4.4.2021 [Online] www.t-online.de/region/koeln/news/id_89780278/koeln-peter-brings-will-nichts-ueber-das-privatleben-von-corona-experten-wissen-.html [Zugriff am 10.2.2024]

[79] A. A. /. KEYSTONE, „Studie besagt: Corona war für Menschen bis 70 Jahre mit saisonaler Grippe vergleichbar“, Weltwoche Verlags AG, 8.3.2023 [Online] https://weltwoche.ch/daily/studie-besagt-corona-war-fuer-menschen-bis-70-jahre-mit-saisonaler-grippe-vergleichbar/ [Zugriff am 11.2.2024]

[80] S. Homburg, „Die Pandemie, die es nie gab: Eine umfassende Untersuchung von Stanford-Forschern entzieht der Corona-Politik den Boden. Dennoch sind künftige Freiheits-Beschränkungen nicht auszuschliessen“, Weltwoche Verlags AG, 2.3.2023 [Online] https://weltwoche.ch/daily/die-pandemie-die-es-nie-gab-eine-umfassende-untersuchung-von-stanford-forschern-entzieht-der-corona-politik-den-boden-dennoch-sind-kuenftige-freiheitsbeschraenkungen-nicht-auszuschliessen/ [Zugriff am 11.2.2024]

[81] T. Staff, „Full text of Netanyahu's speech at the opening of the US Embassy in Jerusalem“, Times of Israel, 14 05 2018 [Online] www.timesofisrael.com/full-text-of-netanyahus-speech-at-the-opening-of-the-us-embassy-in-jerusalem/ [Zugriff am 5.11.2020]

[82] „2. Mose 17 Hoffnung für alle“, ERF Mediem e.V. Hoffnung für Alle® (Hope for All)© 1983,1996, 2002, 2009, 2015 by Biblica, Inc.® [Online] www.bibleserver.com/HFA/2.Mose17 [Zugriff am 23.10.2020]

[83] „5. Mose 5:25“, ERF Medien e.V. (Revidierte Elberfelder Bibel (Rev. 26) © 1985/1991/2008 SCM R.Brockhaus im SCM-Verlag GmbH & Co. KG, Witten) [Online] www.bibleserver.com/ELB/5.Mose25 [Zugriff am 23.10.2020]

[84] A. Kohlhaas, Kampf gegen Gott, Amadeus Verlag, 2001

[85] F. Nietzsche, Der Antichrist Fluch auf das Christenthum, 1888 Kapitel 24

[86] Nietzsche, Jenseits von Gut und Böse, in: Bd. IV, S. 718 (Nr. 251)

[87] „Russisch-orthodoxe Kirche entfernt liberale Priester", SCM Bundes-Verlag gGmbH, 15.1.2024 [Online] www.jesus.de/nachrichten-themen/russisch-orthodoxe-kirche-entfernt-liberale-priester/ [Zugriff am 16.2.2024]

[88] „Matthäus 10:34", in *Bibel*

[89] „Im Wortlaut: Gabriel Energiewende als Teil eines epochalen Wandels", Presse- und Informationsamt der Bundesregierung, 24.1.2017 [Online] www.bundesregierung.de/breg-de/aktuelles/namensbeitraege/energiewende-als-teil-eines-epochalen-wandels-92244 [Zugriff am 16.2.2024]

[90] AFP/dpa/gub/ll, „Wirtschaftsminister Habeck sieht keinen Grund für „German Angst", Axel Springer Deutschland GmbH, 28.7.2023 [Online] www.welt.de/politik/deutschland/article246599452/Robert-Habeck-sieht-keinen-Grund-fuer-German-Angst.html [Zugriff am 16.2.2024]

[91] A. Walker, „Habeck stellt die Deutschen auf harte Zeiten ein: „Die Zeit für Gemütlichkeit ist vorbei", Münchener Zeitungs-Verlag GmbH & Co. KG, 16.2.2024 [Online] www.merkur.de/wirtschaft/vorbei-habeck-stellt-die-deutschen-auf-harte-zeiten-ein-die-zeit-fuer-gemuetlichkeit-ist-zr-92833812.html [Zugriff am 16.2.2024]

[92] C. Jung, Die Beziehungen zwischen dem Ich und dem Unbewussten. GW 7, Zitat §245, 246, 1928

[93] E. Berne, Was sagen Sie, nachdem Sie Guten Tag gesagt haben?, Bd. Februar 1993, Frankfurt am Main: Fischer Taschenbuch Verlag, 1983, S. 196, 197

[94] L. R. Hubbard, Wissenschaft des Überlebens, Kopenhagen: new era, 1982, 2007, S. 602

[95] ebd., S. 99

[96] ebd., S. 100-105

[97] „Focus Online Wenn Kinder ihre Eltern nicht mehr sehen wollen Eine Tochter erzählt, warum sie ihre Mutter trotz Krebs nie wieder sehen will", BurdaForward GmbH Focus online, 1.10.2023 [Online] www.focus.de/panorama/wenn-kinder-ihre-eltern-nicht-mehr-sehen-wollen-eine-tochter-erzaehlt-warum-sie-ihre-mutter-trotz-krebs-nie-wieder-sehen-will_id_215053903.html [Zugriff am 6.1.2024]

[98] „Das Aufeinandertreffen von Wahrnehmung und Wirklichkeit Demokratie unter Irrationalen“, Republik AG, Constantin Seibt (Text) und Leillo (Illustrationen, 15.1.2018 [Online] www.republik.ch/2018/01/15/demokratie-unter-irrationalen. [Zugriff am 23.2.2022]

[99] E. Wehling, Politisches Framing Wie eine Nation sich ihr Denken einredet – und daraus Politik macht, Halem Verlag 2016, 2016

[100] ebd., S. 17

[101] M. Röhlig, „bento - Das junge Magazin vom Spiegel –‚Klimawandel' oder ‚Klimakrise': Wie Sprache unser Denken über die Zukunft verändert“, DER SPIEGEL GmbH & Co. KG, 22.5.2019 [Online] www.bento.de/nachhaltigkeit/klimawandel-wie-framing-den-blick-auf-die-klimakrise-veraendert-a-01b18d55-d2a9-4b14-a276-dce86c7ad75a [Zugriff am 8.3.2020]

[102] E. Wehling, Framing Manual – Unser gemeinsamer, freier Rundfunk ARD", Berkeley International Framing Institute, S. 11

[103] ebd., S. 15

[104] E. Wehling, Politisches Framing Wie eine Nation sich ihr Denken einredet – und daraus Politik macht, Halem Verlag 2016, S. 18

[105] D. Ribitsch, „Erst Ich, dann vielleicht Wir? Fehlende Solidarität in Zeiten von Corona“, Alia Hübsch-Chaudhry DAS MILIEU, 1.9.2021 [Online] www.dasmili.eu/art/erst-ich-dann-vielleicht-wir-fehlende-solidaritaet-in-zeiten-von-corona/ [Zugriff am 19.2.2024]

[106] E. Wehling, Politisches Framing Wie eine Nation sich ihr Denken einredet - und daraus Politik macht, Halem Verlag 2016, S. 31

[107] N. Klempt, „Ein heißes Getränk als Problemlöser“, Kölner Stadtanzeiger DuMont Rheinland, Köln, 1.1.2015 [Online] www.ksta.de/ratgeber/gesundheit/psychologie-ein-heisses-getraenk-als-problemloeser-302566 [Zugriff am 20.2.2024]

[108] „Psychologie Heißer Kaffee weckt Sympathien“, Focus, 9.9.2015 [Online] www.focus.de/wissen/mensch/psychologie/heisser-kaffee-weckt-sympathien-psychologie_id_2154980.html [Zugriff am 20.2.2024]

[109] Wilbert, „'What is The Asian Disease Problem?' mit Verweis auf die Studie von Kahneman, Tversky: The Framing of Decisions and the Psychology of Choice“ [Online] www.youtube.com/watch?v=j4UUSu-A9Wk&t=50s [Zugriff am 20.2.2024]

[110] D. Kahneman, „JUDGMENT AND DECISIO NMAKING: A Personal View“, 3.5.1991 [Online] www.cs.cmu.edu/~jhm/Readings/kahneman-1991.pdf [Zugriff am 23.2.2024]

[111] C. Seibt, „Das Aufeinandertreffen von Wahrnehmung und Wirklichkeit Demokratie unter Irrationalen“, Republik AG, 15.1.2018 [Online] www.republik.ch/2018/01/15/demokratie-unter-irrationalen [Zugriff am 24.2.2024]

[112] E. Wehling, Politisches Framing Wie eine Nation sich ihr Denken einredet - und daraus Politik macht, Köln: Halem Verlag, 2016, S. 57ff

[113] https://fragdenstaat.de/anfrage/bundesweite-kommunikation-bzgl-corona/ [Zugriff am 24.2.2024]

[114] „Deutscher Bundestag Drucksache 20/5490 Schriftliche Fragen mit den in der Woche vom 30. Januar 2023 eingegangenen Antworten der Bundesregierung“, Deutscher Bundestag, 3.2.2023 [Online] https://dserver.bundestag.de/btd/20/054/2005490.pdf [Zugriff am 24.2.2024]

[115] „'Ich schütze mich…' Die Corona-Schutzkampagne für das Bundesgesundheitsministerium“, brinkertlück gmbh, 2022 [Online] www.brinkertlueck.com/arbeiten/bmg [Zugriff am 24.2.2024]

[116] „Red in a world of colours – Der Bundestagswahlkampf 2021“, brinkertlueck, 2021 [Online] www.brinkertlueck.com/arbeiten/spd [Zugriff am 24.2.2024]

[117] K. Doering, „Diese Agentur entwirft die Kampagne der SPD für die Bundestagswahl“, Berliner vorwärts Verlagsgesellschaft mbH, 2.11.2020 [Online] https://vorwaerts.de/parteileben/diese-agentur-entwirft-die-kampagne-der-spd-fur-die-bundestagswahl [Zugriff am 20.3.2024]

[118] ARD, Hart aber fair, „youtube Trumps Wahlkampf: Land spalten, Macht retten?“ Hart aber fair vom 5.11.2018 [Online] www.youtube.com/watch?v=vaOiz50j3c0

[119] E. Wehling, Politisches Framing - Wie eine Nation sich ihr Denken einredet - und daraus Politik macht, Köln: Halem Verlag, 2016, S. 34

[120] A. Kopietz, „So absurd waren Berlins Corona-Regeln: Auf der Bank mit Bierflasche? Verboten!“, Berliner Zeitung Berliner Verlag GmbH, 17.3.2023 [Online] Andreas Kopietz [Zugriff am 25.2.2024]

[121] P. Rall, „Corona-Infektion: Bestimmte Lieder bergen höheres Risiko“, futurezone ist eine Marke der FUNKE Mediengruppe, 11.2.2021 [Online] www.futurezone.de/science/article231449727/corona-infektion-bestimmte-lieder-bergen-hoeheres-risiko.html [Zugriff am 24.2.2024]

[122] „Absurde Corona-Regeln Schüler müssen im Stehen essen!“, Axel Springer Deutschland GmbH , 24.8.2021 [Online] www.bild.de/bild-plus/politik/inland/politik-inland/absurde-corona-regeln-schueler-muessen-im-stehen-essen-77471178,view=conversionToLogin.bild.html [Zugriff am 25.2.2024]

[123] E. Wehling, Politisches Framing Wie eine Nation sich ihr Denken einredet - und daraus Politik macht, Köln: Halem Verlag, 2016, S. 55

[124] ebd., S. 53

[125] ebd., S. 54

[126] ebd., S. 52

[127] ebd., S. 181-184

[128] www.hgv-altrip.de/index.php/heimat-und-geschichte/alle-beitraege/973-1947-fast-ausgetrocknet-hungersteine-am-altrhein.html

[129] „Was ist eigentlich Klima?“, Bundesrepublik Deutschland, vertreten durch das Bundesministerium für Umwelt, Naturschutz, nukleare Sicherheit und Verbraucherschutz (BMUV), 11.8.2021 [Online] www.umweltbundesamt.de/service/uba-fragen/was-ist-eigentlich-klima [Zugriff am 2.3.2024]

[130] „Wetter“, Der Deutsche Wetterdienst ist eine Bundesoberbehörde im Geschäftsbereich des Bundesministeriums für Digitales und Verkehr, [Online] www.dwd.de/DE/service/lexikon/begriffe/W/Wetter.html [Zugriff am 2.3.2023]

[131] E. Bader, „Rentenalter im Vergleich“, Wann gehen die Menschen in Rente? - Der große Europa-Vergleich, 27.7.2023 [Online] www.swp.de/panorama/renteneintrittsalter-in-deutschland-und-europa-vergleich-69164223.htm [Zugriff am 3.3.2024]

[132] „Renten auf einen Blick 2017 OECD- und G20-Länder – Indikatoren“, OECD, 6.7.2018 [Online] www.oecd-ilibrary.org/finance-and-investment/renten-auf-einen-blick_22224513 [Zugriff am 3.3.2024]

[133] „Bruttoersatzquoten“ [Online] www.oecd-ilibrary.org/bruttoersatzquoten_5j8pkntgxwzx.pdf?itemId=%2Fcontent%2Fcomponent%2Fpension_glance-2017-12-de&mimeType=pdf

[134] „Wohneigentumsquote in ausgewählten Ländern Europas 2021“, Statista, 2.1.2024 [Online] https://de.statista.com/statistik/daten/studie/155734/umfrage/wohneigentumsquoten-in-europa/ [Zugriff am 3.3.2024]

[135] D. Gräfe, „Einkommenssteuer-Vergleich Wer zahlt am meisten Steuern in Europa?“, Stuttgarter Zeitung Verlagsgesellschaft mbH, 16.8.2022 [Online] www.stuttgarter-zeitung.de/inhalt.einkommenssteuer-vergleich-wer-zahlt-am-meisten-steuern-in-europa.5fa47782-24a4-4ff5-a93d-130060abb858.html [Zugriff am 3.3.2024]

[136] https://energy.ec.europa.eu/data-and-analysis/weekly-oil-bulletin_en

[137] „Rundfunkpropaganda im Zweiten Weltkrieg“, Wikimedia Foundation Inc. [Online] https://de.wikipedia.org/wiki/Rundfunkpropaganda_im_Zweiten_Weltkrieg [Zugriff am 3.3.2024]

[138] „Was hat es mit dem so genannten ‚Framing Manual' auf sich?“, ARD, 17.2.2019 [Online] www.ard.de/die-ard/presse-und-kontakt/ard-pressemeldungen/2019/02-17-Was-ist-das-so-genannte-Framing-Manual-100/ [Zugriff am 3.3.2024]

[139] C. Ude, „Wirbel um Millionen-Gagen für die ZDF-Stars“, Kleine Zeitung GmbH & Co KG, 31.1.2024 [Online] www.kleinezeitung.at/kultur/medien/18048497/wirbel-um-millionen-gagen-fuer-die-zdf-stars [Zugriff am 3.3.2024]

[140] „ZDF-Staatsvertrag in Teilen verfassungswidrig“, Bundeszentrale für politische Bildung, 25.3.2014 [Online] www.bpb.de/kurz-knapp/hintergrund-aktuell/181313/zdf-staatsvertrag-in-teilen-verfassungswidrig/ [Zugriff am 3.3.2024]

[141] „Urteil vom 25. März 2014 – 1 BvF 1/11“, BVerfG, 25 03 2014 [Online] www.bundesverfassungsgericht.de/SharedDocs/Entscheidungen/DE/2014/03/fs20140325_1bvf000111.html [Zugriff am 3.3.2024]

[142] „Framing Manual – Unser gemeinsamer, freier Rundfunk ARD“, S. 8 [Online] https://cdn.netzpolitik.org/wp-upload/2019/02/framing_gutachten_ard.pdf

[143] „ebd. S. 20“

[144] „ebd. S. 50“

[145] „ebd. S. 38“

[146] „ebd. S. 35“

[147] „ebd. S. 66“

[148] BrunderInfo aktuell (www.bruderinfo-aktuell.de/) mit einer Ansprache von Thomas Fiala, „YouTube“, 28.5.2014 [Online] www.youtube.com/watch?v=joXPy_xY260 [Zugriff am 29.2.2020]

[149] „Tagesanzeiger Kopie des Artikels ‚Zeugen Jehovas reissen Familienauseinander' [Online] http://jz.help/wp-content/uploads/2020/07/%C2%ABZeugen-Jehovas-reissen-Familien-auseinander%C2%BB-Schweiz-Standard-tagesanzeiger.ch_.pdf

[150] mit Regina Spiess sprach Hugo Stamm, „Tagesanzeiger - Zeugen Jehovas reißen Familien auseinander", Tamedia Publikationen Deutschschweiz AG, 27.7.2015 [Online] www.tagesanzeiger.ch/schweiz/standard/zeugen-jehovas-reissen-familien-auseinander/story/25351068 [Zugriff am 8.9.2020]

[151] „Grüner fordert Baustopp von Nord-Stream-Pipeline" [Online] www.spiegel.de/politik/deutschland/syrien-und-russland-robert-habeck-fordert-stopp-von-nord-stream-2-a-1114012.html

[152] www.facebook.com/extra3/videos/meisterin-baerbock-und-ihr-pumuckl/949519108739412/?locale=de_DE

[153] H. Markwort, „Erstaunlich, welch Rede-Schnitzer Annalena Baerbock ohne viel Kritik übersteht", FOCUS online Burda, 6.3.2023 [Online] www.focus.de/magazin/archiv/rubriken-erstaunlich-welch-rede-schnitzer-annalena-baerbock-ohne-viel-kritik-uebersteht_id_187583764.html [Zugriff am 8.3.2024]

[154] C. Prantner, „Fall Baerbock: Gutachter spricht von ‚Schlamperei, Unsauberkeit und dilettantischem Vorgehen'", Neue Zürcher Zeitung, 3.7.2021 [Online] www.nzz.ch/international/annalena-baerbock-sind-die-plagiatsvorwuerfe-gezielter-rufmord-ld.1632961 [Zugriff am 8.3.2024]

[155] www.sueddeutsche.de/kultur/annalena-baerbock-plagiat-1.5347159

[156] K. Thorwarth, „Plagiatsvorwürfe gegen Baerbock – Jurist sagt: Da ist „nichts" dran", Fankfurter Rundschau, 23.9.2021 [Online] www.fr.de/politik/plagiatsvorwuerfen-plagiat-annalena-baerbock-gruene-jurist-bundestagswahl-berlin-90833101.html [Zugriff am 8.3.2024]

[157] „Kandidatin für den Parteivorsitz der Grünen„Ich bin leidenschaftliche Europäerin" Annalena Baerbock im Gespräch mit Barbara Schmidt-Mattern", Deutschlandradio, 21.1.2018 [Online] www.deutschlandfunk.de/kandidatin-fuer-den-parteivorsitz-der-gruenen-ich-bin-100.html [Zugriff am 8.3.2024]

[158] „Israel - USA", *In Deutschland verbotene Zeitung,* Nr. 58, S. 62, Dezember 2023

[159] „Bibi Netanyahu Meets the Rebbe | 1990" [Online] www.youtube.com/watch?v=rHBiT6eJaQQ [Zugriff am 8.3.2024]

[160] „Is love or politics behind Putin's promotion of Chabad?" [Online] www.timesofisrael.com/is-love-or-politics-behind-putins-promotion-of-chabad/

[161] B. Schreckinger, „Die Happy-Go-Lucky Jewish Group, die Trump und Putin verbindet Wo Trumps Immobilienwelt auf einen führenden religiösen Verbündeten des Kremls trifft.“ [Online] www.politico.com/magazine/story/2017/04/the-happy-go-lucky-jewish-group-that-connects-trump-and-putin-215007/

[162] C. Liphshiz, „Ukraine invasion puts Chabad of Russia ‘between a rock and a hard place’“, The Times of Israel, 3.4.2022 [Online] www.timesofisrael.com/ukraine-invasion-puts-chabad-of-russia-between-a-rock-and-a-hard-place/ [Zugriff am 8.3.2024]

[163] „Baerbock beim Europarat u.a. zum Krieg in der Ukraine und Gewalt gegen Frauen“, Phoenix TV, 24.1.2023 [Online] www.youtube.com/watch?v=7OUrOld-plU [Zugriff am 8.3.2024]

[164] „Ukraine-Krieg: Tote und Verletzte in der ukrainischen Zivilbevölkerung laut Zählungen[1] der UN“, Statista, 31.1.2024 [Online] https://de.statista.com/statistik/daten/studie/1297855/umfrage/anzahl-der-zivilen-opfer-durch-ukraine-krieg/ [Zugriff am 9.3.2024]

[165] „Israel / Palästinensische Autonomiegebiete: Anzahl der Todesopfer und Verletzten durch den Terrorangriff der Hamas gegen Israel und Gegenschläge seit dem 7. Oktober 2023“ [Online] https://de.statista.com/statistik/daten/studie/1417316/umfrage/opferzahlen-im-terrorkrieg-der-hamas-gegen-israel/ [Zugriff am 9.3.2024]

[166] „Schröder macht EU für Krim-Krise mitverantwortlich“, Der Spiegel, 3.9.2014 [Online] www.spiegel.de/politik/deutschland/krim-krise-ex-kanzler-gerhard-schroeder-kritisiert-eu-a-957728.html [Zugriff am 9.3.2024]

[167] D. Deiseroth, „Der unerfüllte Verfassungsauftrag des Artikels 26 Absatz 1 Grundgesetz Zum neu gefassten Verbot des Angriffskrieges im deutschen Völkerstrafgesetzbuch, in: Vorgänge Nr. 217 (Heft 1/2017), S. 95-111“, Humanistische Union [Online] www.humanistische-union.de/publikationen/vorgaenge/217-vorgaenge/publikation/der-unerfuellte-verfassungsauftrag-des-artikels-26-absatz-1-grundgesetz/ [Zugriff am 8.3.2024]

[168] „Resolution 478 des UN-Sicherheitsrates“, Wikipedia [Online] https://de.wikipedia.org/wiki/Resolution_478_des_UN-Sicherheitsrates. [Zugriff am 18.11.2020]

[169] G. Hegmann, „Söder fordert Taurus-Einsatz – und wirft Scholz „Bockbeinigkeit“ vor“, Welt, 5.3.2024 [Online] www.welt.de/wirtschaft/article250417072/Soeder-fordert-den-Taurus-Einsatz-Jetzt-erst-recht.html [Zugriff am 9.3.2024]

[170] „Deutsche Unterstützung für Israel“, ZDF heute, 15.10.2023 [Online] www.facebook.com/ZDFheute/videos/deutsche-unterst%C3%BCtzung-f%C3%BCr-israel/1695390694279496/ [Zugriff am 9.3.2024]

[171] R. Kiesewetter, „Twitter“, 3.8.2023 [Online] https://twitter.com/RKiesewetter/status/1687043953076367360 [Zugriff am 9.3.2024]

[172] F. Naumann, „'Krieg muss nach Russland getragen werden': CDU-Experte fordert Eskalation – gegen den Worst Case“, Frankfurter Rundschau, 14.2.2024 [Online] www.fr.de/politik/ukraine-waffen-deutschland-forderung-appell-kiesewetter-cdu-russland-krieg-putin-zr-92825380.html [Zugriff am 9.3.2024]

[173] T. Schröder, „Kiesewetter: ‚Desaster', Kühnert: ‚Klamauk'“, ZDF, 8.3.2024 [Online] www.zdf.de/nachrichten/politik/ausland/illner-ukraine-taurus-debatte-leak-100.html [Zugriff am 9.3.2024]

[174] „Friedrich Merz zum Angriff auf die Ukraine am 24.2.22“, Phoenix [Online] www.youtube.com/watch?v=lZCUx7XwWbc [Zugriff am 9.3.2024]

[175] „Merz will Bekenntnis der Ampel-Abgeordneten zu Taurus-Lieferung“ [Online] www.boerse.de/nachrichten/Merz-will-Bekenntnis-der-Ampel-Abgeordneten-zu-Taurus-Lieferung/35667318

[176] „Merz ruft zur Taurus-Lieferung an Ukraine auf“, boerse.de, 22.2.2024 [Online] www.boerse.de/nachrichten/Merz-ruft-zur-Taurus-Lieferung-an-Ukraine-auf/35784804 [Zugriff am 9.3.2024]

[177] C.-J. Göpfert, „Gerhard Kromschröder: „In Deutschland herrscht unsägliche Kriegsrhetorik“, Frankfurter Rundschau, 19.4.2023 [Online] www.fr.de/panorama/gerhard-kromschroeder-in-deutschland-herrscht-unsaegliche-kriegsrhetorik-92221691.html [Zugriff am 9.3.2024]

[178] „Gekaufte Journalisten - Udo Ulfkotte“, NuoVisio, 29.10.2015 [Online] www.youtube.com/watch?v=3ZLgW3hgRBY [Zugriff am 9.3.2024]

[179] „Keynesianismus“, Bundeszentrale für politische Bildung [Online] www.bpb.de/kurz-knapp/lexika/lexikon-der-wirtschaft/19777/keynesianismus/ [Zugriff am 9.3.2024]

[180] John Maynard Keynes: „Krieg und Frieden. Die wirtschaftlichen Folgen des Vertrags von Versailles“ Kalka, Neue Übersetzung von Joachim, Berenberg Verlag

[181] „Stratfor“, Wikipedia [Online] https://de.wikipedia.org/wiki/Stratfor [Zugriff am 9.3.2024]

[182] „George Friedman, ‚Europe: Destined for Conflict?'", Chicago Council on Global Affairs, 4.2.2015 [Online] George Friedman, „Europe: Destined for Conflict?" [Zugriff am 9.4.2024]

[183] „Das US-Imperium überzieht die Welt mit Krieg. Absichtlich. Zwei aufschlussreiche Belege.", Albrecht Müller Herausgeber von www.Nachdenkseiten.de und Vorsitzender der Initiative zur Verbesserung der Qualität politischer Meinungsbildung (IQM) e.V., 18.9.2018 [Online] www.nachdenkseiten.de/?p=47919 [Zugriff am 9.3.2024]

[184] „Donald Trump tells Nato allies to spend 4% of GDP on defence", THe Guardian [Online] www.theguardian.com/world/2018/jul/11/donald-trump-tells-nato-allies-to-spend-4-of-gdp-on-defence [Zugriff am 10.3.2024]

[185] „Trump's Right: Germany's Trade Surplus Is Too Big But getting a country of savers to start spending is easier said than done.", Bloomberg, 30.5.2017 [Online] www.bloomberg.com/view/articles/2017-05-30/trump-s-right-germany-s-trade-surplus-is-too-big [Zugriff am 10.3.2024]

[186] „President Biden on Nord Stream 2 Pipeline if Russia Invades Ukraine: ,'We will bring an end to it'", C.SPAN [Online] www.youtube.com/watch?v=OS4O8rGRLf8&t=115s [Zugriff am 10.3.2024]

[187] T. Gmach, „Strack-Zimmermann: ‚Jeder muss wissen – wer diesen Kontinent anrührt, bekommt es mit dem Kontinent zu tun'", 7.3.2024 [Online] www.merkur.de/lokales/starnberg/gauting-ort69895/strack-zimmermann-im-kino-gauting-demo-von-partei-die-basis-92877262.html [Zugriff am 10.3.2024]

[188] „Zürcher Beiträge zur Sicherheispolitik und Konfliktforschung Feindbilder: Entstehung, Funktion und Möglichkeiten ihres Abbaus", Forschungsstelle für Sicherheitspolitik und Konfliktanalyse Eidgenössische Technische Hochschule 8092 Zürich ISBN 3-905641-06-2, 1989 [Online] https://css.ethz.ch/content/dam/ethz/special-interest/gess/cis/center-for-securities-studies/pdfs/zb_12.pdf [Zugriff am 10.3.2024]

[189] L. Weyell, „Baerbock zu Papst-Äußerungen ‚Ich verstehe es nicht'", tagesschau ARD, 11.3.2024 [Online] www.tagesschau.de/inland/innenpolitik/miosga-baerbock-100.html [Zugriff am 11.3.2024]

[190] dpa/AFP/lay, „'Mut zu Verhandlungen' – Kretschmer stimmt Papst zu", Welt Axel Springer Deutschland GmbH, 11.3.2024 [Online] www.welt.de/politik/deutschland/article250502728/Ukraine-Krieg-Mut-zu-Verhandlungen-Kretschmer-stimmt-Papst-Franziskus-zu.html [Zugriff am 11.3.2024]

[191] D. Neumann, „Böser Trieb - Der Widersacher In der jüdischen Tradition ist Satan keine Person, sondern die Versuchung des Menschen“, Jüdische Allgemeine Herausgeber dieser Webseite ist der Zentralrat der Juden in Deutschland, 17.8.2015 [Online] www.juedische-allgemeine.de/religion/der-widersacher/ [Zugriff am 10.12.2020]

[192] A. Kohlhaas, Kampf gegen Gott, Fichtenau: Amadeus-Verlag, 2021

[193] „Krieg in der Ukraine Kritik an Papst-Äußerungen – Vatikan bestreitet Aufruf zu Kapitulation“, DLF Deutschlandradio, 10.3.2024 [Online] www.deutschlandfunk.de/kritik-an-papst-aeusserungen-vatikan-bestreitet-aufruf-zu-kapitulation-108.html [Zugriff am 28.3.2024]

[194] Castor Fiber Iratus, „Angst vor Atomkraft Schwindel - Galen Winsor - Nuclear Scare Scam [deutsche Untertitel]“, 22.6.2019 [Online] www.youtube.com/watch?v=pJxuo-PaEAA [Zugriff am 11.3.2024]

[195] „Galen Winsor – What stopped plutonium economy?“, Rod Adams, 2014 [Online] www.youtube.com/watch?v=8VvGw1tkT1Q&t=2262s [Zugriff am 11.3.2024]

[196] N. Schwieger, „Antiwestlicher Hassprediger und Putins „Gehirn“ – das ist Alexander Dugin“, Redaktionsnetzwerk Deutschlands Verlagsgesellschaft Madsack GmbH & Co. KG, 22 08 2022. [Online] www.rnd.de/politik/russland-alexander-dugin-antiwestlicher-hassprediger-und-putins-gehirn-OBCTVSUBKBE6LKKPFWLWHPLY3I.html/1000. [Zugriff am 17 03 2024].

[197] Berne, Dr. Eric, Spiele der Erwachsenen Psychologie der menschlichen Beziehungen, Reinbek bei Hamburg: Rohwohlt Taschenbuch Verlag, Oktober 1988.

[198] L. R. Hubbard, „Verstehen von Zuständen im Leben“, S. 258 [Online] https://stss.nl/stss-materials/Deutsch/Kurse%20Lesen%20am%20Computer%20DE_CS_CR/DE_CS_CR_Verbessern_von_Zustaenden_im_Leben.pdf

[199] www.childabuseroyalcommission.gov.au/case-studies/case-study-29-jehovahs-witnesses

[200] Jean-Philipp Baeck , Anne Fromm , Jean Peters, „Kriegsspiele gegen EU-Sanktionen“, Correctiv, 17.2.2023 [Online] https://correctiv.org/aktuelles/russland-ukraine-2/2023/02/17/eu-sanktionen-gcore-russia-today/ [Zugriff am 26.3.2024]

[201] „F. Nietzsche, Der Antichrist Fluch auf das Christenthum, 1888, Kapitel 52“

[202] A. Kohlhaas, „Die Unbestechlichen ‚Ethikrat als schlechter Scherz der Ethik? (+Artikel-Audio)'", Amadeus Verlag, 10.1.2022 [Online] https://dieunbestechlichen.com/2022/01/ethikrat-als-schlechter-scherz-der-ethik-artikel-audio/ [Zugriff am 6.1.2024]

[203] „relilex - Religion verstehen Beschneidung (Islam)", Comenius Institut [Online] http://relilex.de/beschneidung-islam/ [Zugriff am 6.1.2024]

[204] M. Lehming, „Tagesspiegel - Ethikrat: Einstimmig für die Beschneidung", Verlag Der Tagesspiegel GmbH, 24.8.2012 [Online] www.tagesspiegel.de/meinung/einstimmig-fur-die-beschneidung-2191495.html [Zugriff am 6.1.2024]

[205] B. Reitschuster, „reitschuster.de Fragen ab jetzt verboten! Laut Scholz gibt es keine Spaltung. Soll das jetzt auch auf der BPK durchgeboxt werden?", 21.12.2021 [Online] https://reitschuster.de/post/fragen-sind-ab-jetzt-verboten/ [Zugriff am 6.1.2024]

[206] „Focus online Coronavirus ‚Kompletter Unsinn': Drosten widerlegt Labor-Theorie und bügelt Nobelpreisträger nieder", BurdaForward GmbH , 14.5.2020 [Online] www.focus.de/gesundheit/news/unsinn-drosten-widerlegt-labor-theorie-und-buegelt-nobelpreistraeger-nieder_id_11983555.html [Zugriff am 7.1.2024]

[207] „Focus online Wolfgang Wodarg Top-Virologe Drosten zerlegt wirre Corona-These von Lungenarzt", Burda Medien, 20.3.2020 [Online] www.focus.de/gesundheit/news/drosten-zerlegt-thesen-von-lungenarzt_id_11788299.html [Zugriff am 8.1.2024]

[208] „Drosten: Vermeintliche Experten verbreiten Falschinformationen – ‚voller Unsinn'", RND.de, 12.5.2020 [Online] www.rnd.de/gesundheit/drosten-vermeintliche-experten-verbreiten-falschinformationen-voller-unsinn-LYYMT6HILO2BHQM3HS4TTM4ONA.html [Zugriff am 7.1.2024]

[209] D. Gräber, „Ursprung des Coronavirus – Drosten rudert zurück: Gefährliche Experimente in Wuhan", Ciceero Res Publica Verlags GmbH, 9.2.2022 [Online] www.cicero.de/innenpolitik/corona-drosten-interview-wuhan [Zugriff am 9.1.2024]

[210] „Covid-19-Pandemie Drosten über Verschwörungstheorien: ‚Finger davon lassen", Berliner Morgenpost, 7.6.2020 [Online] www.morgenpost.de/politik/article228986455/Christian-Drosten-erhaelt-Morddrohungen-Fuer-viele-Deutsche-bin-ich-der-boese-Typ.html [Zugriff am 7.1.2024]

[211] www.youtube.com/watch?v=00vydzwMskA [Zugriff am 7.1.2024]

[212] „Bitchute“, www.bitchute.com/video/B9IETh6FWaUI/ [Zugriff am 7.1.2024]

[213] T. Lau, „Umstrittene Ansichten zur Corona-Krise Lauterbach: ‚Wodarg redet blanken Unsinn'“, APOTHEKE ADHOC ist ein Dienst der EL PATO Medien GmbH, 18.3.2020 [Online] www.apotheke-adhoc.de/nachrichten/detail/coronavirus/lauterbach-wodarg-redet-blanken-unsinn/ [Zugriff am 7.1.2024]

[214] „Youtube. Kanal der SPD-Bundestagsfraktion Karl Lauterbach: Wolfgang Wodarg erzählt „blanken Unsinn“ zu Corona – das sind Fake News!“ [Online] www.youtube.com/watch?v=gQAnb4F5Hxw [Zugriff am 7.1.2024]

[215] A. Kohlhaas, „Wenn die Krankheit ins Gesundheitsministerium einzieht – Teil 1 (+Artikel-Audio)“, Amadeus Verlag, 1.2.2022 [Online] https://dieunbestechlichen.com/2022/02/wenn-die-krankheit-ins-gesundheitsministerium-einzieht-teil-1-artikel-audio/ [Zugriff am 7.1.2024]

[216] ebd., 3.2.2022 [Online] https://dieunbestechlichen.com/2022/02/wenn-die-krankheit-ins-gesundheitsministerium-einzieht-teil-2-artikel-audio/ [Zugriff am 7.1.2024]

[217] ebd., 5.2.2022 [Online] https://dieunbestechlichen.com/2022/02/wenn-die-krankheit-ins-gesundheitsministerium-einzieht-teil-3-artikel-audio/ [Zugriff am 7.1.2024]

[218] G. Beck, „Interview with Benjamin Netanyahu“, CNN, 17.11.2006 [Online] https://transcripts.cnn.com/show/gb/date/2006-11-17/segment/01 [Zugriff am 8.3.2024]

[219] C. v. Clausewitz, „Vom Kriege vollständige Ausgabe“, in *Erstes Buch: Über die Natur des Krieges*, Hamburg, Nikol Verlag, 2008, S. 49

[220] „ebd.“, S. 78

[A] **Drosten über Professor Dr. Luc Montagnier, den Entdecker des HIV, und dessen Vermutung, Covid stamme aus einem Labor:**

„,Es ist schwierig für einen aktiven Wissenschaftler in der Virologie zu sagen, dass ein Nobelpreisträger im Fach Virologie Unsinn verbreitet', so Drosten, ,aber das ist kompletter Unsinn.' Diese Ähnlichkeit sei vollkommen gewöhnlich. ,Dieses Thema ist einfach erledigt, auch wenn ein im Ruhestand befindlicher Nobelpreisträger in einer Talkshow darüber redet'."[206]

[B] *„Ursprung des Coronavirus –* ***Drosten rudert zurück:*** *Gefährliche Experimente in Wuhan"*[209]

[C] *„Drosten: Vermeintliche Experten verbreiten Falschinformationen ,voller Unsinn'"*[208]

[D] *„Wolfgang Wodarg Top-Virologe Drosten zerlegt wirre Corona-These von Lungenarzt"*[207]

[E] *„Covid-19-Pandemie Drosten über Verschwörungstheorien: ,Finger davon lassen'"*[210]

[F] Drosten: *„Ich bin sehr, sehr weit von der praktischen Medizin weg. Kommen Sie nicht zu mir, wenn Sie krank sind!"*[211] [212]

[G] Lauterbach über Wodarg: *„,Ich sage das ungerne, aber es muss sein: der von mir eigentlich geschätzte ehemalige SPD-Kollege Dr. Wolfgang Wodarg redet zu Covid-19 blanken Unsinn', so Lauterbach auf Twitter. ,In ganz Europa kämpfen Ärzte um das Leben der Erkrankten. Wodargs Position ist unverantwortlicher Fake News'.*"[213]

[H] Vgl. dazu auch Video der SPD-Fraktion Bundestag: Karl Lauterbach: Wolfgang Wodarg erzählt *„blanken Unsinn"* zu Corona – das sind Fake News![214]

[I] Lauterbach ist meines Erachtens nicht geeignet, den Posten des Gesundheitsministers zu besetzen. Weshalb ich das so sehe, habe ich in einer dreieiligen Artikelserie beschrieben. [215] [216] [217]

[J] Ethikrat als schlechter Scherz der Ethik?[202]

Das Wort *„Ethik"* stammt aus dem Griechischen und bedeutet *Charakter*, *Gewohnheit*, *Sitte* oder auch *sittliches Verständnis*. Die Sitte wiederum beschreibt Werte, Regeln oder Normen, die in einer Gemeinschaft gelten. Diesen Definitionen nach könnte verletzendes Verhalten anderen Menschen gegenüber durchaus als ethisch korrekt gelten, wenn in der zu untersuchenden Gemeinschaft solche Regeln oder Normen als verbindlich gelten.

Wie hätte seinerzeit ein Ethikrat der Mayas beispielsweise das Herausreißen schlagender Herzen oder das Häuten von Kindern beurteilt, wenn sie in Chichén Itzá den Göttern geopfert wurden? Wie hätte der Ethikrat der Azteken das gesehen, wenn er über ähnliche Rituale hätte befinden müssen? Wie würde ein deutscher Ethikrat im Jahre 1487 das Verbrennen von Hexen beurteilen? Wäre dessen moralischer Maßstab gar der zeitgleich erschienene Hexenhammer?

Diese Rituale waren die Werte und Normen der jeweiligen Kulturen. Waren diese Normen damals etwa nicht ethisch? Steht die Sitte nicht neuen, besseren Sitten entgegen, wie Nietzsche es formulierte?

> „*Die Sitte repräsentiert die Erfahrung früherer Menschen über das vermeintlich Nützliche und Schädliche – aber das Gefühl für die Sitte (Sittlichkeit) bezieht sich nicht auf jene Erfahrungen als solche, sondern auf das Alter, die Heiligkeit, die Indiskutabilität der Sitte. Und damit wirkt dieses Gefühl dem entgegen, dass man neue Erfahrungen macht und die Sitten korrigiert: d.h., die Sittlichkeit wirkt der Entstehung neuer und besserer Sitten entgegen: sie verdummt.*“[10]

Offenbar können Sitten der Entstehung besserer Sitten diametral entgegenstehen!

Wie würde der deutsche Ethikrat heutzutage wohl darüber urteilen, wenn er über religiöse Rituale urteilen müsste, in denen Babys Teile des Körpers weggeschnitten werden? Diese Frage hatte er 2012 zu beantworten, bevor der Deutsche Bundestag ein Gesetz verabschiedete, das die Beschneidung von Jungen erlaubt. Die Beschneidung ist alles andere als ein harmloser, kleiner Eingriff. Wenige Tage alten Menschen schneidet man ein Großteil der 72 Meter langen Nervenfasern der Vorhaut irreversibel weg – und das oft ohne Betäubung. Die Schmerzen des Babys möchte man manches Mal gerne durch die Gabe von Alkohol stillen. In meinem Buch »Kampf gegen Gott« gehe ich ausführlich auf die schweren physischen Folgen und die psychische Belastung ein, die manch Betroffener Jahrzehnte später noch ertragen muss.

Der gesamte Koran enthält übrigens – da sind sich die Islamwissenschaftler weitgehend einig – keine verbindliche Anordnung zur Beschneidung von Jungen![203]

Der Ethikrat stimmte der Beschneidung damals zu, wenn auch nur unter Auflagen. Die Beschneidung solle nicht gegen geltendes Recht verstoßen – so die einstimmige Meinung dieses Rates. Das war die Steilvorlage für Merkels Gesetzentwurf. Seit Ende 2012 ist die Beschneidung damit nicht mehr strafbar. Der Tagesspiegel erstickte vier Monate vor der

Abstimmung des Bundestags jegliche Kritik an der Beschneidungspraxis mit dem Hinweis, dass Kritiker zu akzeptieren hätten, *„dass die höchste institutionelle moralische Autorität in diesem Land, der Deutsche Ethikrat, nach eingehender Prüfung zu einem anderen Ergebnis gekommen ist. […] Wer sich dann noch dagegen stellt, braucht ein Argument, das der Ethikrat nicht bedacht hat. Die Suche danach dürfte schwierig werden.*"[204]

Jegliche Kritik gleich vorab wegbügeln – ist das nicht ein Kennzeichen der besten aller jemals existierenden Demokratien im besten aller jemals existierenden Deutschländer? So wie das sektenähnliche Ausschließen eines Journalisten aus der Bundespressekonferenz, der nur seiner Aufgabe nachkommt, der Regierung unbequeme Fragen zu stellen?[205]

Nun frage ich mich, an welcher Stelle des BGB ich denn die vom Ethikrat empfohlenen Auflagen wiederfinden kann, wie eine *„qualifizierte Schmerzbehandlung, eine fachgerechte Durchführung mit Betäubung und ein Vetorecht des Kindes abhängig von seinem Entwicklungsstand*"?[204]

Wo war der laut vernehmbare Einspruch des Ethikrates gegen den seit 2012 geltenden § 1631d des BGB, der die empfohlenen Auflagen eben nicht enthält? Wo war der Widerspruch der Journaille? Wo war die Bevölkerung, als am 12.12.2012 der Bundestag dem Ritual der Beschneidung den höchsten Segen erteilte? An dem Tag, an dem auch einige wenige Juden vor dem Reichstag protestierten, weil sie als Erwachsene immer noch an den Folgen der Beschneidung leiden?

Heute – zehn Jahre später [*der hier eingefügte Artikel stammt aus dem Jahr 2022 und wurde wenige Tage vor der Abstimmung über die Impfpflicht verfasst*] – stehen wir an einem ähnlichen Wendepunkt der Zeitgeschichte. In diesen Tagen soll im Bundestag entschieden werden, ob die grundgesetzlich garantierte körperliche Unversehrtheit reine Makulatur ist und erwachsene Menschen zur Teilnahme an einer höchst umstrittenen Impfserie, die den Namen nicht verdient, verpflichtet werden sollen!

Wie werden sich die Ethiker diesmal verhalten? Werden sie wieder nur ein paar Auflagen empfehlen, ein paar wohlfeile Bekenntnisse über die Lippen fließen lassen und schnell wieder in sicherer Deckung verschwinden und damit zeigen, dass sie zur scheindemokratischen Popanz-Industrie gehören? Oder werden sie endlich deutlich formulieren, dass ein erwachsener Mensch, unter selbstständiger Abwägung aller Risiken, im freiesten Deutschland aller Zeiten durchaus in der Lage ist, für sich und sein Leben frei zu entscheiden, welcher medizinischen Behandlung er sich aussetzen mag und welcher nicht?

Oder muss ein Erwachsener in diesem Land, einem Baby gleich, sich Gruppenzwang aussetzen und Eingriffe, die durchaus schädlich sein können, über sich ergehen lassen?

Zwischenzeitlich haben sich die Ereignisse derart überschlagen, dass der Ethikrat einer allgemeinen Impfpflicht kurz vor Weihnachten zugestimmt hat – wenn auch unter Auflagen. Kennen wir die Auflagen nicht irgendwoher?

Falls Ihre Moralvorstellung der des Ethikrates oder der Ethik des Bundestags widerspricht, dann äußern Sie sie deutlich wahrnehmbar! Es ist Zeit! Wir sind dem Totalitarismus viel zu nahe gekommen!

[K] Mancher Transaktionsanalyst könnte mir hier vorwerfen, ich hätte das Modell nicht hinreichend begriffen. Wenn jemandes Kind-Ich berührt worden wäre, würde schließlich das Kind-Ich antworten, selbst wenn es mit Normen und Gesetzen um sich würfe. Ich sehe das anders und verweise auf die Matrix-Transaktionsanalyse, die Skripts und Lebenspläne ganzer Familien und über Generationen hinweg zum Untersuchungsgegenstand macht. Dort herrscht die Theorie vor, dass alle drei Instanzen, also Eltern-, Erwachsenen- und Kind-Ich in der jeweiligen Instanz vertreten sind. Sprich, es findet sich auch das Eltern-Ich im Kind-Ich wieder und wirkt innerhalb der Instanz des Kind-Ichs, genauso wie das Kind-Ich und auch das Eltern-Ich Teil des Erwachsenen-Ich sind. Ob nun also das Eltern-Ich des Kind-Ich-Zustands mit Normen und Gesetzen antwortet oder das Eltern-Ich als eigene Instanz, ist im Rahmen dieses Buchs deshalb nicht weiter von Belang.

[L] Stellen Sie sich bitte vor, mehrere Mitarbeiter einer Firma befänden sich gemeinsam in einem Büro, das Fenster wäre geöffnet und *„jemand"* würde es mit einem lauten Knall schließen und sich wieder setzen. Unangenehm, oder? Einfacher wäre es, wenn *„jemand"* mitteilte, dass er kalte Füße, Hände, wie auch immer, habe und ob es für die anderen in Ordnung sei, wenn er das Fenster schlösse. Der laute Knall könnte entstanden sein, weil *„jemand"* der Griff aus der Hand gerutscht wäre, aber missinterpretiert werden, wenn kein *„Ups"* oder *„Sorry"* folgte, weil dann schnell unterstellt würde, *„jemand"* habe so gehandelt, weil er den anderen Vorwürfe machen wolle, dass das Fenster geöffnet sei und *„jemand"* fröre.

[M] *„Identifikation führt zum Untergang des Ichs"*, lautet ein Kapitel des Buchs »Deine Seele gehört uns«.

[N] Der Begriff „*Doppeldenk*“ wurde von George Orwell in dessen Roman »1984« verwendet und bezeichnet das Erkennen einer Behauptung als wahr, während das Gegenteil einer Behauptung ebenso als wahr empfunden wird. Doppeldenk erlaubt Kurswechsel des Regimes in kürzester Zeit, auch wenn der Wechsel des Kurses das absolute Gegenteil der zuvor verfolgten Programmatik bedeutet. Das heißt nicht nur die Lüge wird als wahr empfunden, sondern die Behauptungen, die vor dem Kurswechsel als wahr empfunden worden sind, werden in ihrer Bedeutung vergessen und damit null und nichtig. Die objektive Realität wird verleugnet und dennoch akzeptiert. Die Politik der letzten Jahrzehnte weist zahlreiche Situationen auf, in denen Doppeldenk gängige Realität war. Wen wunderte es noch, wenn Doppeldenk bald als Standard der Politik gegenüber den Bundesrepublikanern etabliert würde?

[O] Selbstverständlich ist die Bundesrepublik nur einer von vielen weiteren Staaten, die Heizgesetze in die Welt posaunen, unter denen die Bewohner zu leiden haben. Habeck und Konsorten sind nicht die alleinigen Urheber dieser Agenda, da es sich teilweise um jahrzehntealte Abkommen handelt, die derzeit durchgesetzt werden (vgl. das Buch „Wir töten die halbe Menschheit“). Auch in Frankreich sind Neuinstallationen von Öl- und Gasheizungen verboten. Dort setzt man allerdings weiter auf Atomkraft, weshalb der Strompreis deutlich günstiger als hierzulande ist. Nur Bundesrepublikaner trennen sich in ihrer unfassbaren „Schläue“ von ihren Kraftwerken. Aus diesen vorstehenden Gründen ist das entsprechende Kapitel teilweise als Satire zu verstehen. Dennoch funktionieren die Kommunikationsstrategien genau nach den in dem Kapitel benannten Mustern, wenn die Bevölkerungen von unsinnigen Maßnahmen überzeugt werden sollen.

[P] „*Netanyahu: Well, I was getting this question in the 1990s, and I said that the West really doesn't understand militant Islam. So I wrote a book in 1995, and I said that, if the West doesn't wake up to the suicidal nature of militant Islam, the next thing you will see is militant Islam is bringing down the World Trade Center.*“[218]

[Q] Westliche Politiker wenden gegenüber Putins Russland derzeit Strategien an, die schon von Clausewitz in seinem Werk »Vom Kriege« beschrieb, das heute noch als Lehrstoff in zahlreichen Militärakademien verwendet wird. Es sei mir noch gestattet, darauf hinzuweisen, wie von Clausewitz die „Matrix“ des Volkes und auch „Ruhm und Ehre“ in seinem Werke berücksichtigte:

> „*Die Leidenschaften, welche im Kriege entbrennen sollen, müssen schon in den Völkern vorhanden sein[...].*“[219]

„Von allen großartigen Gefühlen, […] ist […] keins so mächtig und konstant, wie der Seelendurst nach Ruhm und Ehre […]. […] ihrem Ursprung nach sind diese Empfindungen gewiss zu den edelsten der menschlichen Natur zu zählen […].“[220]

Dieses hier vorliegende Buch stellt den Versuch dar, diese Leidenschaften rechtzeitig überwinden zu lernen, bevor es zum Krieg, sei es im kleinen oder großen Kreise, kommen muss.

KAMPF GEGEN GOTT

Alexander Kohlhaas

Mehr als ein Aussteigerbuch für Sekten- und Religionsgeplagte

Dieses Buch richtet sich nicht nur an Aussteiger aus Sekten oder Religionen, sondern auch an Angehörige von Menschen, die sich in sektenähnlichen Strukturen befinden. Es richtet den Spot auf den blinden Fleck der Gesellschaft, der sie nicht wahrhaben lässt, wie sehr Menschen durch die Beschneidung, als auch durch langanhaltende Religions- und Sektenzugehörigkeit geschädigt sind. Es zeigt auf:

- Wie Sekten und Religionen die Psyche der Menschen nachhaltig beschädigen.
- Weshalb Aussteiger oft Jahre nach dem Ausstieg noch den Mechanismen der Sekte ausgesetzt sind und weshalb sie das dort antrainierte Verhalten nicht überwinden können.
- Weshalb die Zeugen Jehovas in Russland verboten sind.
- Wie führende Politiker weltweit auf die Erfüllung der Prophezeiungen des AT hinarbeiten.

ISBN 978-3-938656-63-1 • 21,00 Euro

DEINE SEELE GEHÖRT UNS!

Alexander Kohlhaas Anna-Maria Valeton

Zeugen Jehovas und Klimaretter – dasselbe Prinzip!

Glauben Sie, dass Religionen als überwunden anzusehen sind? Religionen, die seit Jahrhunderten Menschen spalten, verurteilen, abwerten und Andersdenkende diffamieren? Oder leben wir heute nicht in einer Zeit, in der solche teuflischen Methoden wieder zur vollen Wirkung kommen? Mit Insiderwissen eines Aussteigers einer Extremgruppe und einer Aussteigerin aus der Medienbranche beleuchten die Autoren:

- Welche Mechanismen in Extremgruppen wie Scientology oder den Zeugen Jehovas wirken und mit welchen Methoden sie Menschen an sich binden.
- Wie Klimaretter gleiche Methoden und religiöse Sprache verwenden!
- Welche Mechanismen in Greta Thunbergs Familie wirken, damit sie Erlösung erfährt!
- Wie der Öffentliche Rundfunk Framing als Waffe verwendet, um Menschen zu spalten

ISBN 978-3-938656-59-4 • 19,00 Euro

HANDBUCH FÜR GÖTTER

Medium Johannes Jan van Helsing

Egal, was die Illuminaten vorhaben, was ist DEIN Plan?

In diesem Buch spricht Jan van Helsing, der bereits im August 2019 über den Corona-Plan informiert war, mit Johannes, einem Hellsichtigen, der sozusagen einen guten „Draht nach oben" hat. Beide gehen der Frage nach, wieso die Mächtigen dieser Welt – die Illuminaten –, die hinter all diesen Szenarien stecken, eine solche Angst haben, dass ihre Machenschaften auffliegen, dass sie deswegen Videos, Bücher sowie Menschen auf dem gesamten Globus zensieren. Wovor haben sie Angst? Die Illuminaten kennen ein Geheimnis, das sie ganz schnell ihrer eigenen Macht berauben würde – hätten die Menschen Kenntnis davon. Es ist etwas, das in jedem von uns verborgen ist, weshalb man uns durch eine gigantische Ablenkungsindustrie davon abhält, uns auf die Suche nach diesem Geheimnis zu machen. Das „Handbuch für Götter" zeigt Möglichkeiten auf, wie jeder Einzelne diese Kraft entdecken und im täglichen Leben zum Einsatz bringen kann.

ISBN 978-3-938656-64-8 • 21,00 Euro

GRÜNLAND

Werner Pilipp

Für den normalen Bürger ist unsere Politik kaum mehr zu ertragen. Sind die denn alle bekloppt? Dass junge Klimakleber sich vor einen ideologischen Karren spannen lassen, weil sie es nicht besser wissen, ist das Eine. Doch was ist mit unseren Akademikern, mit den Wissenschaftlern? Die Klimadiskussion ist völlig absurd, ebenso wie unsere derzeitige Migrationspolitik, das leidige Impf-Thema oder das großkotzige Verhalten gegenüber Russland oder China, von denen wir wirtschaftlich abhängig sind. Wir verschulden uns für Länder, die laut Außenministerin Baerbock „hunderttausende Kilometer von uns entfernt" sind, das Verbrennerverbot nimmt uns unsere Mobilität, und das Verbot von Öl- oder Gasheizungen lässt uns im Kalten sitzen. Firmensterben oder -abwanderung sowie hohe Strom- und Heizpreise verarmen die Menschen noch weiter. Und was macht unsere Politik? Gender-Gaga, LGBTQ+-Wahnsinn, jährlich möglicher Geschlechterwechsel, Rassismuswahn, immer einschneidendere Bürgerentrechtung usw. Doch wer steuert das alles? Wer bestimmt, dass überall das Gleiche propagiert und Widerspruch nicht toleriert wird? Werner Pilipp hat in diesem Buch extrem detailliert aufgeführt, welche Interessensgruppen diesen Trend wollen, wem unsere Politiker eifrig dienen, welchen Kartellen fast alle Medien und TV-Sender gehören und was ihr wahres Endziel ist.

ISBN 978-398562-012-8 • 33,00 Euro

WENN DAS DIE PATIENTEN WÜSSTEN

Vera Wagner Jan van Helsing

Geld oder Gesundheit? Mensch oder Fallpauschale? Worum geht es in unserem Gesundheits-System? Warum sterben immer noch unendlich viele Menschen elend an Krebs, der Krankheit, deren konventionelle Behandlung horrende Summen verschlingt? Weil die wahren Ursachen das medizinische Establishment nur selten interessieren. Weil es bei der konventionellen Krebstherapie nicht um Heilung, sondern ums Geld geht, das ist die perfide Regel, nach der dieses System funktioniert. Bestimmte Dinge laufen nach dem immer gleichen Prinzip ab: Jemand entdeckt eine Krankheitsursache oder entwickelt eine vielversprechende Heilmethode, das Wissenschafts-Establishment will nichts davon wissen. Den Patienten bleibt nichts anderes übrig, als sich selbst auf die Suche zu machen nach wahren Ursachen und wahren Heilern. Sie finden sie oft in einer Welt jenseits des medizinischen Mainstreams, einer Welt, in der von Schulmedizinern aufgegebene Patienten die Chance auf ein zweites Leben bekommen.

ISBN 978-3-938656-75-4 • 25,00 Euro

GIFTDEPONIE MENSCH

Katja Kutza

Der ungewöhnliche Heilungsweg einer Amalgamvergiftung...

„Sie sind austherapiert. Wir können keine körperlichen Erkrankungen bei Ihnen feststellen und vermuten eine psychische Störung." Das waren die Worte, mit denen Katja Kutza aus den meisten schulmedizinischen Praxen entlassen wurde. Am Ende eines langen Leidensweges stand die Autorin mit einem nicht mehr funktionieren wollenden Körper und allein gelassen von Ärzten vor den Trümmern ihres einst glücklichen Lebens. Völlig verzweifelt an diesem Punkt angekommen, bekam ihr Leben endlich eine glückliche Wende. Nicht nur ihre Grunderkrankung – eine Amalgamvergiftung – wurde aufgedeckt, auch spirituelle, geistige und energetische Heilsysteme ebneten ihr den Heilungsweg. Auf diesem Weg zurück in ihr Leben machte sie zahlreiche wichtige Erfahrungen, die sie immer zuerst zu hundert Prozent am eigenen Leib spürte und erfuhr, um dann einen optimalen Genesungs- bzw. Lösungsweg zu erfahren. Ihr daraus entstandenes Wissen, ihre spannende Lebensgeschichte und ihre Erfahrungen auf körperlicher, geistiger und seelischer Ebene gibt sie in ihrem Buch völlig authentisch und ehrlich weiter, bietet Hilfe zur Selbsthilfe und macht Mut, niemals aufzugeben und offen zu sein, ungewöhnliche Wege zu gehen.

ISBN 978-3-938656-47-1 • 21,00 Euro

SPIKE

Dr. Martin Haditsch

Dr. Martin Haditsch ist ausgewiesener Experte und Facharzt für Hygiene und Mikrobiologie, Virologie und Infektionsepidemiologie, Infektiologie und Tropenmedizin. Aufgrund dessen zweifelte er schon frühzeitig an den propagierten Einschätzungen und Lösungen im Kampf gegen die „Corona-Pandemie", weswegen er zusammen mit dem österreichischen TV-Sender „Servus-TV" um die Welt reiste, um sich mit den führenden Wissenschaftlern und Medizinern auszutauschen. Der Vierteiler „Corona – auf der Suche nach der Wahrheit" wurde mit bis zu 10% Quote zur erfolgreichsten bzw. meistgesehenen Dokumentation in deutscher Sprache und war vermutlich zusammen mit anderen Initiativen Auslöser dafür, dass eine bereits gesetzlich beschlossene Impfpflicht in Österreich rückgängig gemacht werden musste. Viele Menschen glauben, dass die Pandemie überstanden und das normale Leben zurückgekehrt ist, doch immer mehr leiden und manche sterben auch an den Folgen des „Spikens", wie Dr. Haditsch die Corona-Impfung nennt. Dieses Buch soll nicht nur die Spike-bedingten Probleme aufzeigen, sondern auch schildern, wie Menschen, die unter den Folgen des Spikens leiden, geholfen werden kann.

ISBN 978-398562-017-3 • 23,00 Euro

GEISTWESEN

Prof. h.c. Manfred Krames

Können Sie sich vorstellen, dass 80% aller Depressionen und 90% aller Selbstmorde von geistigen Fremdwesen bzw. Besetzungen ausgelöst werden? So die Erkenntnis des erfolgreichen amerikanischen Psychiaters Dr. Wickland im vorigen Jahrhundert. Gleich vorab sei angemerkt, dass Prof. Krames kein Esoteriker ist, und auch von okkulten, mystischen oder spiritistischen Dingen hält er nichts. Als allerdings seine Frau begann, Nacht für Nacht mit Verstorbenen zu sprechen, wurde er wider Willen in die Welt der Fremdwesen eingeführt. Unglaubliche Zufälle und Fügungen führten ihn zu hellsichtigen Mönchen und Geistheilern der Weltklasse. Im Laufe seiner therapeutischen Tätigkeit lernte er, dass Süchte, Psychosen, Depressionen und Selbstmorde fast immer von Geistwesen ausgelöst werden. Bestätigt werden die Erkenntnisse durch Aussagen bzw. Erfahrungen namhafter Psychologen. Doch der Autor geht weit über psychologische Aspekte hinaus und befasst sich mit der Frage, welche Einwirkungen aus dem Jenseits bzw. aus der geistigen Welt es wirklich gibt.

ISBN 978-3-98562-007-4 • 21,00 Euro

KLIMATERROR

Michael Morris

Im Namen des „Klimas“ wird alles zerstört, was Generationen vor uns aufgebaut haben. Ahnungslose Klima-Aktivisten sind nur Statisten in einer Inszenierung, die als militärische Operation in den 1940er-Jahren begann und heute von den US-Multimilliardären hinter der Klima-Agenda zu einem immensen Geschäftsmodell ausgebaut wurde. Michael Morris deckt in seinem neuen Buch auf, dass der weltweit propagierte „Klimawandel“ nichts mit dem von den Menschen ausgestoßenen CO_2 oder mit Umweltschutz oder dem Retten des Planeten zu tun hat. Etwas viel, viel Größeres steckt dahinter. Der Autor zeigt die Zusammenhänge zwischen Geo-Engineering, Wettermodifikation, der Agenda 2030, dem European Green Deal und dem Plan 50/50, der neuen Eugenik und der drastischen Reduktion der Weltbevölkerung. Und wieso baut die reiche Elite unterirdische Städte? Weil sie Kenntnis hat von einem alle 12.000 Jahre stattfindenden Kataklysmus, der gravierende Veränderungen bringen wird: Vulkanausbrüche, Erdbeben und Wetterextreme.

ISBN 978-398562-015-9 • 21,00 Euro

ES IST KRIEG

Michael Morris

Die Superreichen gegen den Rest der Welt!

Wir befinden uns in jener Zeit, die künftig vielleicht als die Endschlacht um das Überleben der Menschheit in die Geschichtsbücher eingehen wird, und der Ausgang dieses Krieges ist ungewiss. • Die vermeintliche „Corona-Impfung“ zerstört das Immunsystem der Geimpften und führt dazu, dass jeder Betroffene an seiner ganz individuellen Schwachstelle erkrankt oder daran verstirbt. • Im Rahmen der Corona-Inszenierung sollen wir Menschen auf eine digitale Identität (QR-Code) reduziert werden, um uns uneingeschränkt kontrollieren zu können (Social Ranking System). • Die Lüge vom menschengemachten Klimawandel dient dem Zweck, die Bevölkerung in Angst zu halten und immer neue Steuern zu erheben und Verbote auszusprechen. • Die grassierende gewollte Inflation könnte schon bald zu einer Hyperinflation ausarten und in einer Währungsreform enden, um eine neue, rein digitale Weltwährung zu etablieren. All diese Themen sind eng miteinander verflochten und verfolgen dasselbe Ziel: den klassischen Menschen abzuschaffen und durch einen digital gesteuerten Sklaven zu ersetzen.

ISBN 978-3-938656-96-9 • 24,00 Euro